权威·前沿·原创

皮书系列为
"十二五"国家重点图书出版规划项目

民营经济蓝皮书

BLUE BOOK OF
NON-STATE-OWNED ECONOMY

中国民营经济发展报告
No.11（2013~2014）

ANNUAL REPORT ON NON-STATE-OWNED ECONOMY
IN CHINA No.11 (2013-2014)

中华全国工商业联合会
主　编／王钦敏
主　审／全哲洙

社会科学文献出版社
SOCIAL SCIENCES ACADEMIC PRESS (CHINA)

图书在版编目（CIP）数据

中国民营经济发展报告. 11，2013～2014/王钦敏主编. —北京：社会
科学文献出版社，2015.1
　（民营经济蓝皮书）
　ISBN 978 - 7 - 5097 - 7032 - 0

　Ⅰ.①中…　Ⅱ.①王…　Ⅲ.①民营经济 - 经济发展 - 研究报告 -
中国 - 2013～2014　Ⅳ.①F121.23

中国版本图书馆 CIP 数据核字（2014）第 312357 号

民营经济蓝皮书
中国民营经济发展报告 No. 11（2013～2014）

主　　编/王钦敏
主　　审/全哲洙

出 版 人/谢寿光
项目统筹/恽　薇　高　雁
责任编辑/蔡莎莎　王楠楠

出　　版/社会科学文献出版社·经济与管理出版分社（010）59367226
　　　　　地址：北京市北三环中路甲 29 号院华龙大厦　邮编：100029
　　　　　网址：www. ssap. com. cn
发　　行/市场营销中心（010）59367081　59367090
　　　　　读者服务中心（010）59367028
印　　装/北京季蜂印刷有限公司

规　　格/开　本：787mm × 1092mm　1/16
　　　　　印　张：17.5　字　数：284 千字
版　　次/2015 年 1 月第 1 版　2015 年 1 月第 1 次印刷
书　　号/ISBN 978 - 7 - 5097 - 7032 - 0
定　　价/75.00 元

各报告负责人及撰稿人

主 报 告

2013~2014 年中国民营经济分析报告

　　课题组负责人　林泽炎

　　课题组成员　涂　文　沈丽霞　林蔚然　陈建辉　陈聚春

　　　　　　　　梁岩涓　廖　骏　尚小琴　郭　蕾　刘佩华

　　　　　　　　房安文　冯东海　刘亚康　王树金　管相杰

专 题 报 告

2013 年全国个体私营经济发展报告

　　课题组负责人　赵　刚

　　课题组成员　张久荣　赵　莉

2013 年民营企业对外经济贸易发展报告

　　课题组成员　林卫龙　刘　颖

2013 年民营经济融资报告

　　课题组成员　纪　敏　王新华

2013 年中国民营经济税收发展报告

　　课题组负责人　付广军

　　课题组成员　史书新　张玉春　张　辉　龙海红　李冬梅

2013 年民营上市公司研究

课题组成员　孙卜雷　廖宗魁

区域及地方报告

课题组负责人　（按姓氏笔画顺序）

王力涛　牛予其　杨浩明　李光金　李俊波

别胜学　陈　峰　唐振富　黄正强　黄　琅

葛　敏　颜世元

出版说明

由全国工商联主编的《中国民营经济发展报告 No. 11 (2013~2014)》终于和读者见面了。全书分为主报告、专题报告、区域报告和地方报告。主报告采用大量数据系统分析了 2013 年我国民营经济发展的总体情况,客观分析了民营经济面临的机遇和挑战,并就当前民营经济发展面临的突出问题,提出了意见和建议。专题报告邀请国家有关部委和研究机构的专家,就个体私营经济、对外贸易、融资、税收、民营上市公司等多个领域,进行深层次的研究和分析。区域和地方报告重点反映了各地区民营经济发展的现状、特点、问题和趋势。

"民营经济蓝皮书"系列已经成为各界专家、学者及企业界人士了解民营经济、研究民营经济的"窗口"。希望通过我们的不懈坚持和努力,让更多的人关注中国民营经济的健康发展。

编 者

2014 年 11 月

Editors' Note

Annual report on Non-state-owned Economy in China No. 11 (2013-2014) by All-China Federation of Industry and Commerce consists of a main report, special topic reports, regional reports and provincial reports. The main report contains updates of China's non-state-owned economy, its major opportunities and challenges, and proposals for better developments. The special topic reports, written by invited professionals from government sectors and research institutes, cover a wide range of topics including private enterprises, listed private companies, as well as China's financing and tax policies for non-state-owned economy. The regional and provincial reports mainly focus on the developments, problems and proposals for China's non-state-owned economy in different regions and provinces.

We hope the book will help readers to learn about China's non-state-owned economy and draw more attention and support for the economy.

Editors
November 2014

目录

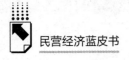

ＢⅣ　地方报告

皮书数据库阅读**使用指南**

CONTENTS

B I Main Report

B II Special Topic Reports

B Ⅲ   Regional Reports

B Ⅳ   Provincial Reports

主 报 告

Main Report

B.1

2013～2014 年中国民营
经济分析报告

摘 要:

　　2013 年, 世界经济复苏艰难, 国内经济下行压力加大, 自然灾害频发, 多重矛盾交织, 特别是产能过剩问题突出。中国面对困难奋力攻坚克难, 圆满实现全年经济社会发展主要预期目标, 改革开放和社会主义现代化建设取得新的成就。党的十八届三中全会的胜利召开拉开了全面深化改革的序幕。中国民营经济依然保持旺盛的发展活力, 迎全面深化改革的东风, 把握机遇、应对挑战, 实现了较高质量的快速发展。

　　党的十八届三中全会深刻反映了改革发展的趋势和要求, 回应了人民群众的期盼和关切, 为全面深化改革指明了方向。广大民营企业, 只有把握好全面深化改革的精神实质, 才能在激烈的市场竞争中迎来突破发展。在当前复杂的经济形势下, 推进民营经济持续健康地发展, 关键是把十八届三中全会精神

落到实处，坚定不移地推动市场化和法治化进程，为民营经济发展营造良好的发展环境。

关键词：

民营经济　全面深化改革　发展环境　建议

2013 年，世界经济复苏艰难，国内经济下行压力加大，自然灾害频发，多重矛盾交织，特别是产能过剩问题突出。面对严峻形势，党中央、国务院审时度势、沉着应对，坚持稳中求进的工作总基调，统筹推动稳增长、调结构、促改革，奋力攻坚克难，圆满实现全年经济社会发展主要预期目标，改革开放和社会主义现代化建设取得新的成就。党的十八届三中全会的胜利召开拉开了全面深化改革的序幕。

一　民营经济蓬勃发展

（一）2013年，民营经济继续保持良好发展势头

2013 年，在国内外经济形势复杂严峻的大背景下，中国民营经济仍保持旺盛发展活力，迎全面深化改革的东风，把握机遇、应对挑战，实现了较高质量的快速发展。

民营经济的数量规模继续扩大。截至 2013 年底，我国登记注册的私营企业达到1253.9 万户，个体工商户达到4436.3 万户，分别比上年增长15.5% 和9.3%（见表1、图1）。值得注意的是，两者均抑制了2012 年的下滑态势，且增长率均创出近年来的新高，这既得益于工商登记注册改革，也体现了民营经济人士旺盛的创业热情。私营企业注册资金为39.3 万亿元，户均注册资金达到313.5 万元，分别比上年增长26.4% 和9.4%。个体工商户注册资金超过2.4 万亿元，户均注册资金达到5.5 万元，分别比上年增长23.1% 和12.2%（见表2、图2）。同样，注册资金增长率和户均注册资金也创出近年来的新高，充分代表了民营经济的生机和活力。

表1　2006～2013 年个体、私营企业户数及增长率

单位：万户，%

年份	私营企业户数	增长率	个体工商户户数	增长率
2006	544.1	15.3	2595.6	5.3
2007	603.1	10.8	2741.5	5.6
2008	657.4	9.0	2917.3	6.4
2009	740.2	12.6	3197.4	9.6
2010	845.2	14.2	3452.9	8.0
2011	967.7	14.5	3756.5	8.8
2012	1085.7	12.2	4059.3	8.1
2013	1253.9	15.5	4436.3	9.3

注：表中历年私营企业户数均包含分支机构数量。

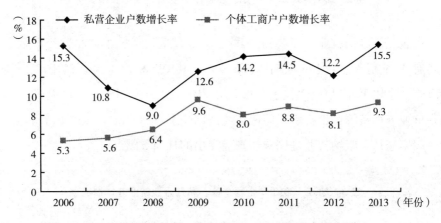

图1　2006～2013 年个体、私营企业户数增长率变化

表2　2006～2013 年个体、私营企业注册资金数额及增长率

年份	私营企业注册资金（万亿元）	增长率（%）	户均注册资金（万元）	个体工商户注册资金（亿元）	增长率（%）	户均注册资金（万元）
2006	7.6	23.9	139.7	6468.8	11.4	2.5
2007	9.4	23.5	155.7	7350.8	13.6	2.7
2008	11.7	25.0	178.6	9006.0	22.5	3.1
2009	14.6	24.8	197.8	10856.6	20.5	3.4
2010	19.2	31.1	227.1	13387.6	23.3	3.9
2011	25.8	34.3	266.5	16177.6	20.8	4.3
2012	31.1	20.6	286.5	19766.7	22.2	4.9
2013	39.3	26.4	313.5	24337.7	23.1	5.5

注：表中历年私营企业户数均包含分支机构数量。

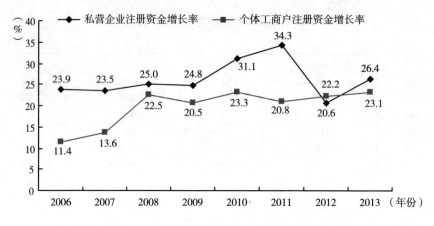

图2 2006~2013年个体、私营企业注册资金增长率变化

民营经济吸纳就业成绩斐然。截至2013年底，全国个体私营经济从业人员实有2.19亿人，较上年同期增长9.7%。其中，私营企业1.25亿人，增长10.9%，个体工商户0.93亿人，增长8.2%（见表3、图3）。民营经济多年来在就业方面持续做出贡献，即使在经济出现下行的状况下依然保持稳定，全社会越来越认可吸纳就业是民营经济最突出的社会贡献。

表3 2007~2013年全国个体、私营企业就业基本情况

单位：万人，%

年份	私营企业		个体工商户	
	绝对值	增长率	绝对值	增长率
2007	7253.1	10.1	5496.2	6.5
2008	7904.0	9.0	5776.4	5.1
2009	8607.0	8.9	6585.4	14.0
2010	9407.6	9.3	7007.6	6.4
2011	10353.6	10.1	7945.3	13.4
2012	11296.1	9.1	8628.3	8.6
2013	12521.6	10.9	9335.7	8.2

民间投资动力依然强劲。2013年全年，民营经济城镇固定资产投资共完成27万亿元，同比增长22.8%，占全国城镇固定资产投资的比重达到62%。其中，私营企业完成12.2万亿元，同比增长30.8%，占比达到27.8%（见表4）。而对

图 3　2007～2013 年个体、私营企业就业人数变化

比近年来各经济成分投资增长率的变化情况，虽然民营经济的投资增长率出现了一定程度的下滑，但仍旧一直维持在较高水平，在投资环境趋于完善的背景下，民间资本的投资潜力得到不断释放（见图 4、图 5）。2013 年，全国工商联开展了对民间投资 36 条 42 项实施细则的第三方评估工作，从所掌握的情况来看，各项实施细则在很大程度上还存在落实不到位的问题。国务院各有关部委随即针对全国工商联反映的具体问题，对实施细则进行了修订和完善。可以预计，随着这一进程的不断推进，民间投资的比重在未来一段时期内仍将继续得到提高。

表 4　按经济类型分城镇固定资产投资变化情况

单位：亿元，%

年份	指标	全国总计	国有及国有控股	外商及港澳台商投资	民营经济	私人控股
2005	绝对值	75095.1	38676.7	8424.4	27994.4	9950.0
	增长率	27.2	13.4	20.9	55.8	52.7
	比重	100.0	51.5	11.2	37.3	13.2
2006	绝对值	93368.7	44823.9	9925.3	38619.5	33378.2
	增长率	24.3	15.9	17.8	38.0	—
	比重	100.0	48.0	10.6	41.4	35.7
2007	绝对值	117464.5	52229.4	12192.7	53042.4	46405.1
	增长率	25.8	16.5	22.8	37.3	39.0
	比重	100.0	44.5	10.4	45.1	39.5

续表

年份	指　标	全国总计	国有及国有控股	外商及港澳台商投资	民营经济	私人控股
2008	绝对值	148738.3	63997.8	14179.2	70561.3	60193.2
	增长率	26.6	22.5	16.3	33.0	29.7
	比　重	100.0	43.0	9.5	47.5	40.5
2009	绝对值	194139	86536	14111	93492	33610
	增长率	30.5	35.2	-0.5	32.5	34.9
	比　重	100.0	44.6	7.3	48.2	17.3
2010	绝对值	241414.9	102129.7	15832.9	123452.3	49910.6
	增长率	24.5	18.0	12.2	32.0	32.2
	比　重	100	42.3	6.6	51.1	20.7
2011	绝对值	301932.8	107485.8	18798.1	175648.9	71838.8
	增长率	23.8	11.1	18.7	42.3	32.9
	比　重	100.0	35.6	6.2	58.2	23.8
2012	绝对值	364835.1	123693.5	20814.2	220327.1	92939.5
	增长率	20.6	14.7	10.7	25.4	30.3
	比　重	100.0	33.9	5.7	60.4	25.5
2013	绝对值	436527.7	144055.5	22016.6	270455.6	121519.5
	增长率	19.6	16.3	5.8	22.8	30.8
	比　重	100.0	33.0	5.0	62.0	27.8

注：1. 根据 2005～2013 年《中国统计年鉴》、2014 年 1 月《中国经济景气月报》数据计算；
　　2. 民营经济为全国总计减去国有及国有控股和外商及港澳台商投资；
　　3. 2005 年、2009～2013 年私人控股项下数据为私营企业数据。

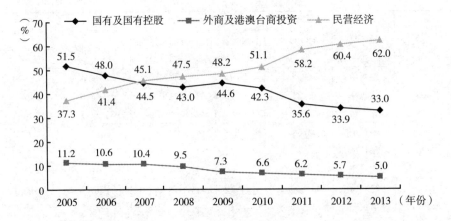

图4　2005～2013 年各经济成分城镇固定资产投资占比变化

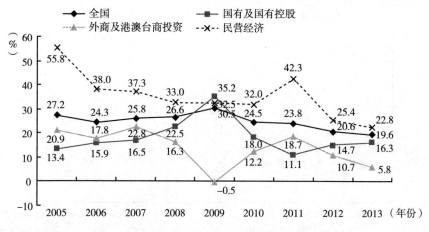

图5　2005～2013 年各经济成分城镇固定资产投资增长率变化

　　民营工业企业提质增效可期。2013 年，民营经济贡献的 GDP 总量超过
60%，据不完全统计，至少有 19 个省级行政区的民营经济对当地 GDP 的贡献
超过了 50%，广东省更是超过了 80%。2013 年，民营规模以上工业企业增加
值累计增速为 12.4%，连续 4 年呈下降趋势，但仍高于国有及国有控股企业
6.9% 和全部工业企业 9.7% 的平均水平（见表5、图6）。从趋势上看，从全
部到各类型企业，工业增加值增速自 2010 年以来都出现了一定程度的下滑，
特别是近年来从国家到地方更加注重转型升级，更加注重发展质量而非速度，
越来越多的企业加入淘汰落后产能的行列，这必然会带来增长速度的下滑，但
从另一个角度看也预示着今后的发展将更加节能和高效。

表5　工业增加值增长速度

单位：%

年份	全部工业企业	国有及国有控股企业	民营规模以上工业企业	股份制企业	外商及港澳台商投资企业
2007	18.5	13.8	26.7	20.6	17.5
2008	12.9	9.1	20.4	15.0	9.9
2009	11.0	6.9	18.7	13.3	6.2
2010	15.7	13.6	20.0	16.8	14.5
2011	13.9	9.9	19.5	15.8	10.4
2012	10.0	6.4	14.6	11.8	6.3
2013	9.7	6.9	12.4	11.0	8.3

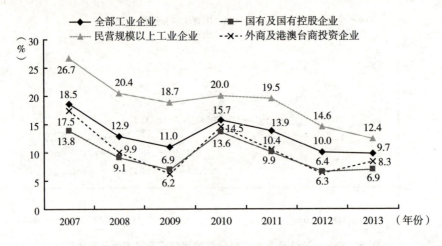

图6 2007～2013年各类型企业工业增加值增速变化

民营经济对外贸易一枝独秀。随着国家支持民营外贸企业发展的政策力度不断加大，尤其是促进外贸综合服务企业快速发展，为中小民营企业提供通关、融资、退税等服务，广大民营企业得以深度开拓国际市场，进出口保持快速增长势头，外贸经营主体格局继续发生积极变化。2013年，民营企业出口9167.7亿美元，增长19.1%；进口5764.8亿美元，增长27.8%，分别高于整体增幅11.2和20.5个百分点，特别是出口占比首次突破4成，和外资企业的差距继续缩小（见表6、图7、图8）。此外，在国家鼓励企业"走出去"战略的支持下，近两年民营企业充分利用"两种资源、两个市场"（特别是跨境并购）异军突起，成绩显著。

表6 各类型企业出口情况表

单位：亿美元，%

年份	总值	同比增长	国有企业			外资企业			民营企业		
			金额	比重	同比增长	金额	比重	同比增长	金额	比重	同比增长
2000	2492.03	—	1164.48	46.7	—	1194.37	47.9	—	133.18	5.3	—
2005	7619.99	—	1688.13	22.2	—	4442.09	58.3	—	1489.77	19.6	—
2006	9690.73	27.2	1913.45	19.7	13.3	5638.28	58.2	26.9	2139.01	22.1	43.6
2007	12180.15	25.7	2248.14	18.5	17.5	6955.19	57.1	23.4	2976.82	24.4	39.2
2008	14285.46	17.3	2572.28	18.0	14.4	7906.20	55.3	13.7	3806.98	26.6	27.9

续表

年份	总值	同比增长	国有企业			外资企业			民营企业		
			金额	比重	同比增长	金额	比重	同比增长	金额	比重	同比增长
2009	12016.63	-15.9	1909.94	15.9	-25.7	6722.30	55.9	-15.0	3384.39	28.2	-11.1
2010	15779.32	31.3	2343.60	14.9	22.7	8623.06	54.6	28.3	4812.66	30.5	42.2
2011	18986.00	20.3	2672.20	14.1	14.1	9953.30	52.4	15.4	6360.50	33.5	32.2
2012	20484.20	7.9	2564.20	12.5	-4.0	10233.60	50.0	2.8	7686.40	37.5	21.0
2013	22100.20	7.9	2489.90	11.3	-2.8	10442.60	47.3	2.1	9167.70	41.5	19.1

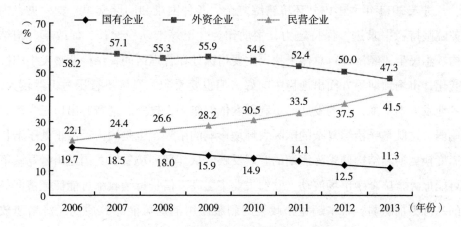

图 7 2006～2013 年各类型企业出口占比变化

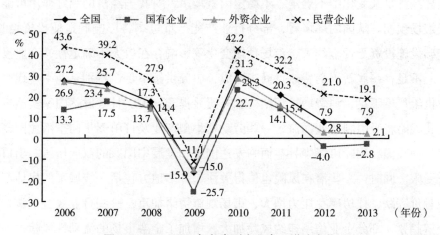

图 8 2006～2013 年各类型企业出口增速变化

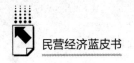

从产业分布来看，截至 2013 年底，私营企业主要集中在批发和零售业、制造业、租赁和商务服务业，分别实有 458.2 万户、240.3 万户和 140.7 万户，分别占私营企业总数的 36.6%、19.2% 和 11.2%。个体工商户主要从事批发和零售业，居民服务、修理和其他服务业，住宿和餐饮业，分别实有 2887.1 万户、420 万户和 368.8 万户，占比分别为 65.1%、9.5% 和 8.3%。从从业人员来看，个体私营经济从业人员在三次产业中的比例为 1:9.4:24。

（二）2014 年，经济形势复杂但发展平稳

进入 2014 年，国内外环境错综复杂，各种困难和问题交织。党中央、国务院坚持稳中求进，保持定力，主动作为，统筹推动稳增长、促改革、调结构、惠民生，经济运行总体平稳，主要指标处在合理区间，结构调整发生积极变化，市场预期等方面出现稳中向好。但也要看到，经济下行压力仍然较大，各地发展不平衡，制约发展的不利因素依然较多，投资、消费、出口三大动力偏弱。这既是受错综复杂的国际大环境影响的结果，也是国内经济正处于增长速度换挡期和结构调整阵痛期的客观反映。从外部环境看，美国退出量宽政策可能加大全球金融市场波动，欧洲失业率居高、信贷持续收缩可能使经济回稳的基础更加脆弱，日本超宽松政策的刺激作用消退可能导致后期经济增速放缓，新兴市场国家和发展中国家可能面临物价高企、资本外流等一系列困难，世界经济复杂变化中不确定、不稳定因素增多，对我国经济的利好作用可能弱于市场预期。从国内环境看，部分行业产能严重过剩将影响制造业投资增长，基础设施投资受资金约束、市场预期变化等影响存在较大不确定性，企业投资意愿不足；一些新兴消费热点尚未形成，服务供给不足，特别是新兴现代服务业供给严重不足，消费增长短期内难有明显提升；美、日等发达国家实施再工业化战略将吸引制造业回流，一些劳动密集型产业及订单逐步向东南亚国家转移，使我国在国际市场中日益面临发达国家和发展中国家的双面挤压，出口增长受限。同时，一些潜在风险也值得关注，许多地方包括一线城市的房地产出现量价齐跌，住房库存压力增大，市场观望情绪加重；一些行业效益下滑，资金链趋紧，部分企业信用违约风险加大，增加了金融市场的流动性风险；一些地方政府融资平台存在融资不规范、成本较高，以及收益与负债成本不匹配和

期限错配问题，潜伏着债务违约风险。

经济增长从高速向中高速换挡，经济结构从不平衡、不协调向优化协调转型，经济发展从注重数量转向注重质量效益，这些是我国经济发展的阶段性特征。我国仍处于重要战略机遇期，经济发展长期向好的基本面没有改变。一是我国经济的发展韧性和回旋余地很大。我国经济体量大，企业活力逐步增强，外汇储备多，经受得住考验。新型工业化、城镇化远未完成，城乡和区域发展潜力大，改善民生的市场空间十分广阔。二是宏观调控积累了经验。党中央、国务院创新宏观调控思路和方式，明确经济运行合理区间和政策框架，针对出现的不同情况，适时采取应对之策，成功战胜了经济下行的挑战。特别是没有采取短期刺激政策，不扩大赤字，不超发货币，为宏观调控留下了空间，为经济结构调整争取了时间。三是为继续应对经济波动做好了政策储备。近年来出台的一系列促改革、调结构、惠民生的政策措施，既利当前，更惠长远，今后一个时期将会继续发挥作用。就目前来看，就业形势总体较好，城镇新增就业不断增加，失业率处于较低水平；物价水平基本稳定，居民消费价格水平总体平稳。支撑经济平稳增长的因素增多。可以说，我国经济完全有条件、有能力在过去 30 多年快速增长的基础上，跨越中等收入陷阱，继续保持较长时期的中高速增长。

与此同时，2014 年民营经济仍然延续了较好的发展势头。在就业方面，截至 2014 年 6 月底，全国个体私营经济从业人员实有 2.32 亿人，比 2013 年底增加 1303.46 万人，增加数量较 2013 年同期增长 3.88 倍。其中，私营企业从业人员增加 691.11 万人，个体工商户从业人员增加 612.35 万人。第三产业个体私营经济从业人员增加最多，为 1130.75 万人，占增加总量的 86.75%。在登记注册方面，2014 年上半年，全国登记注册私营企业达到 1377.9 万户，同比增长 28%，注册资金达到 47.8 万亿元，同比增长 42.8%；个体工商户达到 4648.7 万户，同比增长 12.4%，注册资金达到 2.7 万亿元，同比增长 23.7%。在投资方面，2014 年上半年，全国完成固定资产投资（不含农户）共计 21.3 万亿元，同比增长 17.3%，其中国有及国有控股企业完成 6.6 万亿元，外资企业完成 1 万亿元，民营经济完成 13.7 万亿元，同比增长 20%，民间投资占比已经达到 64.3%，继续保持对经济社会发展的强劲助推力。在工

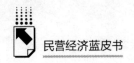

业方面，2014年上半年，民营规模以上工业企业增加值增速达到11.4%，虽较上年同期有所下降，但是仍显著高于全国8.8%的增速，而同期国有及国有控股企业和外商及港澳台商投资企业增速分别仅为5.5%和7.4%。在外贸方面，2014年上半年民营企业出口总额为4438.02亿美元，与2013年同期相比下降1.1%，占全国出口总额的比重为41.79%；进口总额为2741.32亿美元，与2013年同期相比增长6.3%，占全国进口总额的比重为28.59%。其中，私营企业出口总额为4167.78亿美元，进口总额为2211.14亿美元，与2013年同期相比分别增长0.8%和1.3%，所占比重分别达到39.25%和23.06%。

二 全面深化改革为经济社会发展注入强劲动力

2013年，党的十八届三中全会胜利召开，拉开了全面深化改革的序幕。党的十八届三中全会深刻分析了我国改革发展面临的重大理论和实践问题，提出了全面深化改革的指导思想、目标任务、重大原则。会议审议通过的《中共中央关于全面深化改革若干重大问题的决定》深刻反映了改革发展的趋势和要求，回应了人民群众的期盼和关切，为全面深化改革指明了方向。广大民营企业，只有把握好全面深化改革的精神实质，才能在激烈的市场竞争中迎来突破发展。

（一）全面深化改革的重点是经济体制改革

党的十八届三中全会明确提出，经济体制改革是全面深化改革的重点，核心问题是处理好政府和市场的关系，使市场在资源配置中起决定性作用和更好地发挥政府的作用。

改革开放以来，我国经济社会发展能够取得举世瞩目的成就，能够经受住国际金融危机和世界经济低迷的冲击，一个重要原因就是不断深化经济体制改革。当前，经济领域仍然存在一系列深层次矛盾和结构性问题，突出表现为政府直接配置资源过多、对经济活动干预过多、存在多种形式的行政垄断。政府的越位、错位、缺位阻碍了生产要素的自由流动，妨碍了公平竞争市场环境的形成，导致了部分商品和要素价格扭曲、产业结构不合理、产能过剩、一些领域和地方潜在风险积累、生态环境恶化。实践证明，在公平正义的前提下，凡是能够依靠市场调节并能产生效率和效益的都由市场做主，达到要素价格和供求关系真实、资源环境成本降低、市场主体创新活力增强的目的。而政府的作用在于弥补市场失灵，因势利导地履行宏观调控、公共服务、市场监管、社会管理、环境保护等职能。这"两个作用"优势互补、相辅相成，充分反映了中国共产党对社会主义市场经济规律性认识的与时俱进，必将最大限度地激发出各类市场主体创业、创新的活力。

以经济体制改革为重点，还体现在对其他改革的牵引作用上。经济基础决定上层建筑。经济体制改革的任务就是推动生产关系同生产力、上层建筑和经济基础相适应，进而牵引其他各领域改革，推动经济社会持续健康发展。经济体制改革的深入，必然会加快市场化进程，推动政府进一步简政放权，带动科技、教育、文化、医疗、社会保障、生态文明建设等领域的改革创新和繁荣发展。以"重点"牵引全面深化改革，必将为非公有制经济健康发展提供越来越广阔的空间。

（二）全面深化改革为非公有制经济带来机遇和挑战

改革开放以来的实践证明，每一次党的理论和实践的重大创新都带来了非公有制经济的快速发展。党的十八届三中全会（以下简称三中全会）围绕坚持和完善我国基本经济制度，提出了一系列重大理论观点和政策举措，将对非公有制经济发展产生极大的推动作用。

三中全会将基本经济制度提升到中国特色社会主义制度重要支柱、社会主义市场经济体制根基的高度，指出公有制经济和非公有制经济都是社会主义市场经济的重要组成部分，都是经济社会发展的重要基础，重申"两个毫不动摇"并赋予其新的内涵。这体现了党和国家发展非公有制经济政策的连续性和坚定性，昭示了发展非公有制经济绝不是可有可无的，更不是权宜之计，是坚持和发展中国特色社会主义必须毫不动摇执行的战略方针。

产权是所有制的核心。三中全会提出"公有制经济财产权不可侵犯，非公有制经济财产权同样不可侵犯"，并进一步指出保证各种所有制经济依法平等使用生产要素，公开、公平、公正地参与市场竞争，同等受到法律保护。这

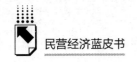

大大深化了基本经济制度的内涵，解除了非公有制经济的发展之虑、后顾之忧，也必将在土地、资本、技术、信息、知识等生产要素配置方面消除所有制差别带来的偏见和垄断，进而激发民间投资的巨大潜力。三中全会把发展混合所有制经济从"公有制的有效实现形式"提升到"基本经济制度的重要实现形式"，从允许各种所有制资本"参股"进一步完善为鼓励"交叉持股、相互融合"；鼓励民营企业参与国有企业改革，鼓励发展非公有资本控股的混合所有制企业，鼓励有条件的私营企业建立现代企业制度。这为非公有制经济参与国有企业改革、与各类资本平等竞争指明了方向，是坚持和完善基本经济制度的重要着力点。

三中全会提出坚持权利平等、机会平等、规则平等，废除对非公有制经济各种形式的不合理规定，消除各种隐性壁垒，制定民营企业进入特许经营领域的具体办法；强调实行统一的市场准入制度，在制定负面清单的基础上，各类市场主体可依法平等进入清单之外的领域。这些新政策，彰显了党和国家下决心破除垄断，建设统一开放、竞争有序的市场体系和公平、开放、透明的市场规则的魄力。

三中全会提出"强化企业在技术创新中的主体地位，发挥大型企业创新骨干作用，激发中小企业创新活力""发展技术市场，健全技术转移机制，改善科技型中小企业融资条件""允许具备条件的民间资本依法发起设立中小型银行等金融机构"，以及鼓励社会资本投向农业、城市基础设施、文化产业、医疗服务、生态环境保护、军品科研生产和维修等领域。这些改革措施，对于充分激发民间投资活力、促进民营企业转型升级，尤其是帮助中小微企业获得技术、资金、用地等方面的支持，把发展的立足点转到提高质量和效益上来，将起到极大的作用。

全面深化改革对非公有制经济不仅仅是激励和支持，同时也有规范和约束，客观上要求企业必须练好内功、提高素质。当前，许多企业技术创新和研发投入不足，没有形成核心竞争力，始终徘徊在产业链低端；一些企业无视生态环境保护，采取粗放型生产经营方式，造成能源资源的严重浪费；一些企业盲目扩张，导致资金链紧张甚至断裂，引发一系列社会问题；一些企业法律意识淡薄，忽视安全生产和保障职工合法权益，造成劳动关系紧张；一些企业缺乏商业道德，诚信缺失，扰乱了市场经济的正常秩序；一些大企业内部治理结构还不完善，没有建立现代企业制度。在全面深化改革的新形势下，市场经济将更规范，市场竞争将更激烈，优胜劣汰是根本规律，民营企业必须强化机遇意识和忧患意识，在抢抓机遇的同时清醒地认识自身不足，在内部治理、技术创新、经营管理、市场开拓等方面下功夫，提高企业自身素质和市场竞争力，努力实现科学发展。

（三）改革红利逐渐释放，发展前景可期

步入 2014 年，改革已进入攻坚期和深水区。习近平总书记指出，要"既勇于冲破思想观念的障碍，又勇于突破利益固化的藩篱"。李克强总理强调，要有"壮士断腕的决心、背水一战的气概"。这充分彰显了中央领导集体对全面深化改革的政治智慧和坚定决心。

按照中央提出的关于全面深化改革工作的路线图、时间表和任务书，各方面改革正在有序推进，在促进经济转型、完善市场体系等方面，出台了一系列改革举措。在行政管理体制方面，国务院已经取消或下放 468 项行政审批事项，占本届政府承诺的 70% 以上，至 2014 年底还将再取消和下放 200 项以上；实施企业注册资本认缴登记制度以来，全国新登记市场主体同比增长 40% 以上；建立涉企收费清单管理制度，清单外的项目一律不得收费，清单内的项目逐步减少数量，市场主体活力得到进一步激发。在金融体制改革和财税体制改革方面，国务院发布《关于进一步促进资本市场健康发展的若干意见》，中国人民银行主动实施金融去杠杆，全面放开金融机构贷款利率管制，确定了首批 5 家民营银行试点方案，成倍扩大中央财政新兴产业创投引导资金规模；扩大"营改增"范围，将小型微利企业减半征收年应纳税所得额提高到 10 万元，财税金融对实体经济的支持方式进一步创新。在投资体制方面，再次修订《政府核准的投资项目目录》，首批面向社会资本推出涉及交通、能源、通信等多个领域的 80 个示范项目，加速推进混合所有制，投资主体更加多元。这一系列改革举措，体现了以经济体制改革为重点的全面深化改革的内在要求，凸显了使市场在资源配置中起决定性作用和更好发挥政府作用的辩证统一。

非公有制经济人士作为中国特色社会主义事业的建设者，是改革开放的受

益者，也是全面深化改革的支持者和参与者。全面深化改革本质上是新形势下中国特色社会主义制度的自我完善和发展。改革越深入，就越能够解放和发展社会生产力，彰显中国特色社会主义制度的优越性，增强我国的综合实力和提高国际地位。随着改革的深入，各种阻碍非公有制经济公平参与竞争的隐性壁垒将不断消除，各种改革红利将充分释放，非公有制经济市场主体的活力将得到充分激发。在这一进程中，非公有制经济必将迎来新一轮发展的重大机遇。广大非公有制经济人士要坚定对全面深化改革的信心，支持改革、参与改革，以非公有制经济科学发展的新成就为转变经济发展方式做出新贡献，在中国经济提质、增效、升级中扮演更加重要的角色。

三　营造民营经济良好发展环境

30 多年的改革开放实践已经并将继续证明，民营企业是市场经济中富有活力和创造力的市场主体，是繁荣市场经济的有力支撑，是促进社会稳定、服务百姓生活、实现共同富裕的重要力量。在当前复杂的经济形势下，推进民营经济持续健康发展，关键是把十八届三中全会精神落到实处，坚定不移地推动市场化和法治化进程，为民营经济发展营造良好发展环境。

一是全面深化改革，进一步激发民间资本活力。清理和修订与党的十八届三中全会精神不一致的影响民间投资活力的行政法规、部门规章及制度，制定清晰透明、公平公正、操作性强的市场准入规则，从思想上消除所有制偏见，彻底打破"玻璃门""弹簧门""旋转门"等隐性障碍；切实推出一批有利于激发民间投资活力的示范项目，明确时间表和路线图，充分考虑民间资本的能力和需要，让民营企业真正进入一些符合产业导向、有投资预期、有利于转型升级的项目，形成示范带动效应，在推进经济结构战略性调整中大力发展混合所有制经济。

二是深化行政体制改革，加快转变政府职能。深化改革是加快转变经济发展方式的关键。经济体制改革的核心是处理好市场和政府的关系，必须更加尊重市场规律，更好地发挥政府职能。近年来，我国在行政体制改革和政府职能转变方面迈出了新的步伐。但总体来看，政府职能转变与建立服务型政府的进程和市场经济发展的要求仍不相适应。不少地方政企不分、政事不分、政社不分，政府干预微观经济行为过多，企业普遍反映存在"强政府、弱市场"的现象。建议从"精简、放权、服务、高效"的要求出发，深入推进行政体制改革，加快转变政府职能。深入研究深化行政体制改革的顶层设计和总体规划，加快出台路线图和时间表，明确具体内容、任务和要求。政府要加快转变观念，清晰界定在经济调节、市场监管和社会管理方面的职能，更多地把服务重点放在营造公平环境和提供公共服务上。加快推进政府政务公开和信息公开制度，努力实现政府权力"阳光化"运作，不断提升政府公信力。灵活并适度运用宏观调控手段，充分发挥市场配置资源的基础性作用，构建机会公平、权利公平、规则公平的市场竞争机制，尽快形成各种所有制经济依法平等使用生产要素、公平参与市场竞争、同等受到法律保护的新格局，使企业能够一心一意谋发展。

三是实施创新驱动发展战略，促进民营企业转型升级。从依靠要素和投资驱动，转向依靠技术进步以提高劳动生产率的创新驱动，是打造中国经济升级版的必经之路。民营企业大多数是中小微企业，量大面广，是转型升级的重点和难点所在。要按照十八届三中全会对深化科技体制改革的重大部署，建立起以企业为主体、市场为导向、产学研协同创新机制。要加强顶层设计，确立企业技术创新主体地位，破除技术创新资源配置的条块分割和行政垄断，破除科研机构、高等院校占有大量技术创新资源的体制垄断，提高创新资源的配置效率。建立主要由市场决定技术创新项目、资金分配、过程监理、成果评价的运行机制，除基础性、公益性项目和事关国家战略需求的重大科研项目外，其他应用项目均应由企业和相关领域专家及行业协会、商会主导的项目指南制定。建立以创新质量、市场化前景和产业化成效为标准的科技成果评价体系，将企业家、企业科研人员和专业社会组织纳入技术创新成果评估专家团队，引导更多有市场经济意识、了解市场需求的行家和行业组织有序参与科技成果评估和知识产权交易评估，降低技术成果转化与产业化的成本和投资的风险。要对现有各项技术创新政策进行梳理，制定操作性强的实施办法，通过广泛宣传、企业评议和第三方评估等方式，切实推动政策的贯彻落实。要优化创新环境，促进科技和金融的结合、改善科技型中小企业融资条件；切实提升知识产权的保

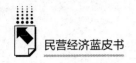

护力度和执法强度,健全技术创新激励机制;在扩大科技国际协作与交流中提升企业技术水平、产品质量和国际竞争力。

四是实行普惠式税收政策,进一步淡化小微企业税源色彩。采取阶段性、普惠式减免税收的方式,让企业有更多的资金开展技术创新。国务院近期将享受减半征收企业所得税优惠政策的小型微利企业的范围,由年应纳税所得额低于6万元扩大到10万元。这一政策受到部分小型微利企业的欢迎,但惠及面太窄,能开展技术创新的小微企业几乎享受不到,建议适时再较大幅度地提高应纳税所得额的额度,或实施5万元以下全免的政策,扩大小微企业受惠面。小微企业普遍提出,国家每年用于企业项目扶持的几百亿元财政资金多用在大中企业身上,应考虑取消这些项目资金,以减免税收的方式,让小微企业普遍受惠。这样做,不会影响国家税基和财政收入,有利于降低行政成本,减少寻租腐败问题的发生。从长远看,这一做法既可以涵养税源,还可以激发全社会创业创新的活力。对于那些税负比高于平均数的高增值、创新型中小微企业,以及在"营改增"中税负加重的企业,建议实施与软件生产企业相同的即征即退政策,或加大可抵扣范围;允许企业按当年销售收入的一定比例,提取研发风险准备金并在所得税前扣除,已提取的准备金期满3年未投入研发的,重新计入应纳税所得额;扩大企业技术研发费用税前加计扣除认定范围,将研发人员社会保险费、住房公积金、差旅费、国外培训费和国外技术引进费,纳入加计扣除范围,并建立科技部门与税务部门的联审制度。

五是要全力推进负面清单管理模式,"非禁即许可"。进一步深化行政审批制度改革,加大取消、缩减核准的力度。要努力防止和避免"上动下不动,想动也难动,下动上不动,越动越被动"的现象;以更大的力度推动行政审批制度改革,按照系统性、同步性、协调性的原则,从顶层设计入手,全面梳理审批设立的依据,从上至下尽可能多地取消、缩减核准范围和核准权限;各地政府都应不设或少设行政审批事项,进一步简化、改进和规范核准、备案行为;要进一步减少和取消前置审批要件,对于国家没有明确要求作为项目审批核准前置条件的事项,一律放在项目核准后、开工前完成;要全面梳理各部门职责,优化审批工作流程,特别应在项目核准、用地预审、环评审批、节能审批等方面同步下放权限;要加强部门间的沟通协调,尽快建立项目审批的联合会商、一站式窗口服务等制度，将各部门独立审核的串联方式，改为各部门联动协同的并联模式，做到材料一次性受理，事项一次性告知，信息联网共享，业务网上办理；要严格规定办结时限，加强节点动态监管，建立问责制度；要严格规范备案机关的行为，禁止变相审批。全面深入开展中介服务市场的清理和整顿。要进一步加强对中介的管理和监督力度，使其成为落实企业投资自主权的推动力，而不是障碍；要将中介服务机构引入市场竞争，但不能由项目核准部门指定，而应由企业在市场中自主选择；项目核准部门要依法加强对市场中介组织的指导和监督管理，规范其市场经营活动和中介行为，从制度上防止出现权力寻租和隐性审批；要定期对市场中介机构进行审计，并向社会公布收费情况，对垄断性中介服务、政府购买或指定的中介服务机构，探索推行限时、限价服务。进一步提高基层承接审批备案下放的能力和素质。加强对省级及以下行政审批部门的培训，使他们尽快适应投资改革新形势、新要求，切实承接好上级下放的审批权限；完善政策信息公开制度，畅通政企沟通渠道，多设路标，及时发布办理部门、具体操作流程、办事时间节点等详细信息，提供一站式政策解读和政务服务，为企业投资提供便利。

课题组负责人：林泽炎

课题组成员：涂　文　沈丽霞　林蔚然　陈建辉　陈聚春

梁岩涓　廖　骏　尚小琴　郭　蕾　刘佩华

房安文　冯东海　刘亚康　管相杰　王树金

专题报告

Special Topic Reports

B.2

2013 年全国个体私营经济发展报告

国家工商总局个体私营经济监督管理司

摘　要：

2013 年全国个体私营企业继续保持良好发展态势。私营企业在发展户数、注册资金数额方面稳步增长，金融业、文化、体育和娱乐业发展较快。个体工商户总量不断增大，全国农民专业合作社持续快速增长。个体私营经济已经成为解决新增就业的主要渠道。

关键词：

私营企业　个体工商户　农民专业合作社

　　2013 年，个体私营经济监管工作围绕促进发展、创新管理、推进非公党建等重点任务，开拓创新、扎实工作，为个体私营经济发展营造良好环境。

　　开展工商登记改革，认真研究提出行政审批事项调整意见，研究推进放宽个体私营经济领域市场主体登记条件，参与相关修法和立规工作。创新个体工商户、农民专业合作社、合伙企业及新型市场主体登记管理，与农业部联合发布了《关于进一步做好农民专业合作社登记与相关管理工作的意见》，与中农办、农业部共同起草了《关于家庭农场发展有关情况的报告》。努力促进小微企业、民间投资发展，初步完成了《全国小型微型企业发展情况报告》。

针对少数地方工商机关暴露出的"搭车收费"问题，印发了《关于落实党的群众路线教育活动要求，加强个私协会会员入会和会费使用管理的通知》和《工商总局关于开展在工商登记管理中搭车收费等问题专项整治的通知》，开展了对借工商登记和年检验照"搭车收费"、搭载附加条件等违规行为的检查治理。

突出小微企业、个体工商户、专业市场等重点领域，扎实推进非公有制企业党建工作。2013 年 11 月，国家工商总局在山西太原召开了全国工商系统推进非公有制企业党建工作经验交流会，总局党组书记、局长张茅，中央组织部部务委员兼全国基层党建办主任吴玉良出席会议并作重要讲话。

按照国务院就业工作部际联席会议要求，积极推进创业带动就业工作，鼓励支持高校毕业生、下岗失业人员等兴办个体私营企业。截至 2013 年底，全国个体私营经济从业人员实有 2.19 亿人，比上年同期增长 9.70%。其中，私营企业 1.25 亿人，增长 10.85%；个体工商户 0.93 亿人，增长 8.20%。个体私营经济从业人员在三次产业中的比例为 1:9.41:24.02。

一　私营企业发展基本情况

私营企业户数和注册资金增长情况。一是从企业户数方面看，截至 2013 年底，全国实有私营企业 1253.86 万户（含分支机构，下同），比上年底增加 168.14 万户，增长 15.49%。私营企业户数排在前 5 名的省市是：广东省（152.97 万户）、江苏省（145.07 万户）、上海市（93.88 万户）、浙江省（93.63 万户）、山东省（75.34 万户），见附表。以上 5 个省市私营企业共计 560.89 万户，占到了全国私营企业总数的 44.73%。二是从注册资金方面来看，私营企业注册资本（金）39.31 万亿元，比上年底增加 8.21 万亿元，增长 26.40%。三是从户均注册资金数量来看，私营企业户均注册资金 313.51 万元，比上年底增加 27.06 万元，增长 9.45%。

私营企业投资者人数、雇工人数增长情况。截至 2013 年底，全国私营企业从业人员 1.25 亿人，比上年同期增加 0.12 亿人，增长 10.85%。其中，投资者人数为 2485.74 万人，增加 285.64 万人，增长 12.98%；雇工人数为 10035.82 万人，增加 939.80 万人，增长 10.33%（见表1）。

表1 近年来全国私营企业发展基本情况

年份	户数（万户）	增长率（%）	人数（万人）	增长率（%）	注册资金（万亿元）	增长率（%）
2002	263.83	20.0	3247.5	19.7	2.48	35.9
2003	328.72	24.8	4299.1	32.3	3.53	42.6
2004	402.41	22.4	5017.3	16.7	4.79	35.8
2005	471.95	17.3	5824.0	16.1	6.13	28.0
2006	544.14	15.3	6586.4	13.1	7.60	23.9
2007	603.05	10.8	7253.1	10.1	9.39	23.5
2008	657.42	9.0	7904.0	9.0	11.74	25.0
2009	740.15	12.59	8606.97	8.89	14.65	24.8
2010	845.52	14.24	9417.58	9.42	19.21	31.14
2011	967.68	14.45	10353.62	9.94	25.79	34.27
2012	1085.72	12.20	11296.12	9.10	31.10	20.59
2013	1253.86	15.49	12521.56	10.85	39.31	26.40

注：表中历年户数均包含分支机构数量。

企业组织形式情况。以现代企业制度为代表的公司制企业发展仍然比较迅速，在私营企业组织形式中所占比重依然较大，其中私营股份有限公司保持了较快的增长速度。

私营有限责任公司有 1038.08 万户，比上年底增加 131.51 万户，增长 14.51%，占私营企业总户数的 82.79%；注册资本 33.56 万亿元，比上年底增加 6.80 万亿元，增长 25.41%，占私营企业注册资本总额的 85.37%；实收资本 31.64 万亿元，比上年底增长 27.02%。

私营股份有限公司户数增长较快。私营股份有限公司实有 4.71 万户，比上年增加 0.79 万户，增长 20.15%，占私营企业总户数的 0.38%；注册资本 1.39 万亿元，比上年底增加 0.18 万亿元，增长 14.88%；实收资本 1.30 万亿元，比上年底增长 26.21%。

产业结构发展情况。私营企业实有户数在第一、第三产业保持较快增长态势，所占比重持续扩大。第一产业实有私营企业 39.57 万户，比上年底增长 26.83%，占私营企业总户数的 3.16%，比上年同期扩大 0.29 个百分点，注册资本（金）0.91 万亿元，增长 37.88%，占私营企业总注册资本（金）的 2.31%；第二产业实有私营企业 320.32 万户，比上年底增长 10.27%，占全国私营企业总户数的 25.55%，注册资本（金）11.30 万亿元，增长 19.83%，占私营企业总注册资本（金）的 28.73%；第三产业实有私营企业 893.98 万户，比上年底增加 129.96 万户，增长 17.01%，占全国私营企业总户数的 71.30%，比上年同期扩大 0.93 个百分点，注册资本（金）27.11 万亿元，比上年底增加 6.11 万亿元，增长 29.10%，占私营企业总注册资本（金）的 68.96%（见图 1）。

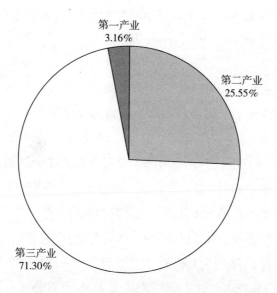

图 1　2013 年全国私营企业实有户数产业结构

在第三产业中，从事批发和零售业的私营企业最多，有 458.27 万户，占第三产业私营企业总户数的 51.26%，从业人员达 3491.56 万人，增长

14.64%，注册资本（金）8.14万亿元，增长37.73%；从事租赁和商务服务业的私营企业有140.65万户，比上年增长18.22%，从业人员达1146.18万人，增长13.07%，注册资本（金）6.91万亿元，增长19.97%；科学研究、技术服务和地质勘查业实有私营企业76.96万户，比上年增长19.34%，从业人员达604.00万人，增长16.50%，注册资本（金）1.94万亿元，增长36.62%；房地产业实有私营企业43.10万户，比上年增长11.89%，从业人员达455.33万人，增长11.67%，注册资本（金）4.19万亿元，增长21.45%；信息传输、计算机服务和软件业实有私营企业41.99万户，比上年减少4.51%，从业人员达328.23万人，增长0.86%，注册资本（金）7932.22亿元，增长18.93%。

私营企业在金融业，文化、体育和娱乐业，批发和零售业，教育业发展较快。2013年全国私营企业在金融业增长最快，实有86.90万户，比上年增长62.96%，注册资本（金）2.87万亿元，比上年增长90.07%；文化、体育和娱乐业私营企业实有17.15万户，比上年增长25.22%，注册资本（金）2322.55亿元，比上年增长33.33%；批发和零售业实有458.27万户，比上年底增长24.93%，注册资本（金）8.14万亿元，比上年底增长37.73%。

区域结构发展情况。2013年，国家工商总局积极参与多省市组织的经贸洽谈会工作，在广州第十届中国中小企业博览会上举办了《个体工商户与新型城镇化建设》研讨会；应青海、甘肃、天津市人民政府邀请组织开展了"百企进青""民企陇上行""全国民企贸易投资洽谈会"活动。各地工商机关和个私协会采取"走出去""请进来"的办法，搭建招商引资、投资洽谈项目平台，促进了东中西部个体私营企业之间的项目合作。从区域看，西部地区私营企业实有户数发展速度相对较快。私营企业在东、中、西部的发展情况是：西部地区实有私营企业190.31万户，比上年底增长17.78%，占全国私营企业总户数的15.18%，比上年同期扩大0.30个百分点；东部地区实有私营企业808.02万户，比上年底增长15.18%，占全国私营企业总户数的64.44%；中部地区实有私营企业255.54万户，比上年底增长14.79%，占全国私营企业总户数的20.38%（见图2）。

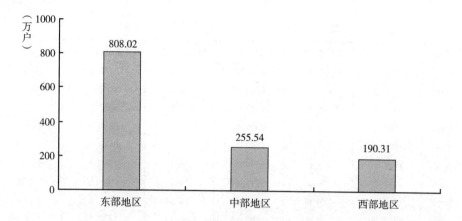

图2　2013 年全国私营企业实有户数区域分布

私营企业在农村、城镇的发展情况。随着城乡一体化进程的推进，城镇私营企业保持了快速发展的势头。农村私营企业向城镇转移，发展速度加快。全国城镇实有私营企业 899.25 万户，比上年同期增长 14.22%，占全国私营企业总户数的 71.72%；投资者人数为 1826.78 万人，比上年同期增长 10.98%，雇工人数为 6415.53 万人，比上年同期增长 8.53%；注册资本 29.56 万亿元，比上年同期增长 26.60%。农村实有私营企业 354.61 万户，比上年同期增长 18.82%，占全国私营企业总户数的 28.28%；投资者人数为 658.96 万人，比上年同期增长 18.93%，雇工人数为 3620.29 万人，比上年同期增长 13.68%；注册资本 9.75 万亿元，比上年同期增长 25.81%。

二　个体工商户发展的基本情况

个体工商户户数和资金情况。2013 年全国实有个体工商户 4436.29 万户，比上年增加 377.02 万户，增长 9.29%。从个体工商户实有户数看，排在前 5 位的省份是：广东省（398.97 万户）、江苏省（379.35 万户）、山东省（312.21 万户）、四川省（274.87 万户）、湖北省（268.49 万户），见附表。

注册资金数额为 2.43 万亿元，比上年同期增长 23.12%；户均资金数额为 5.49 万元，比上年同期增长 12.73%。从业人员达 9335.74 万人，比上年同期增长 8.20%（见表2）。

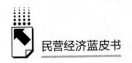

表2 近年来全国个体工商业发展基本情况

年份	户数(万户)	增长率(%)	人数(万人)	增长率(%)	资金数额(亿元)	增长率(%)
2002	2377.5	-2.3	4742.9	-0.39	3782.4	10.1
2003	2353.2	-1	4299.1	-9.4	4187.0	10.7
2004	2350.5	-0.1	4587.1	6.7	5057.9	20.8
2005	2463.9	4.8	4900.5	6.8	5809.5	14.9
2006	2595.6	5.3	5159.7	5.3	6468.8	11.4
2007	2741.5	5.6	5496.2	6.5	7350.8	13.6
2008	2917.3	6.4	5776.8	5.1	9006.0	22.52
2009	3197.4	9.6	6632.0	14.81	10856.6	20.55
2010	3452.89	7.99	7007.56	6.41	13387.58	23.31
2011	3756.47	8.79	7945.28	13.38	16177.57	20.84
2012	4059.27	8.06	8628.31	8.60	19766.72	22.19
2013	4436.29	9.29	9335.74	8.20	24337.69	23.12

2013年全国新登记个体工商户853.02万户，比上年同期增长16.39%。新登记个体工商户规模不断扩大，资金数额为7129.85亿元，比上年同期增长34.31%。新登记个体工商户户均资金数额为8.36万元，比实有个体工商户户均资金高2.87万元，比上年新登记个体工商户户均资金增长15.47%。

个体工商业产业结构情况。2013年个体工商户实有户数在第一产业增长最快，增长率达22.44%。从行业来看，第一产业实有个体工商户93.36万户，比上年同期增长22.44%，占个体工商户实有总户数的2.11%，比上年同期扩大0.23个百分点，资金数额1880.03亿元，增长44.90%；第二产业实有个体工商户324.36万户，比上年同期增长2.08%，占个体工商户实有总户数的7.31%，比上年同期减少0.52个百分点，资金数额2927.12亿元，增长15.37%；第三产业实有个体工商户4018.57万户，比上年同期增长9.64%，占个体工商户实有总户数的90.58%，比上年同期扩大0.29个百分点，资金数额1.95万亿元，增长22.64%（见图3）。

从各行业发展情况来看，从事批发和零售业的个体工商户有2887.14万户，比上年同期增长14.52%，资金数额1.27万亿元，增长26.62%；从事居民服务和其他服务业的个体工商户有420.00万户，增长8.44%，资金数额1999.97亿元，增长21.98%；从事住宿和餐饮业的个体工商户有368.82万

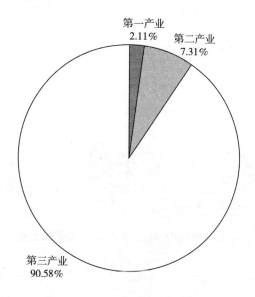

第一产业
2.11%

第二产业
7.31%

第三产业
90.58%

图3 2013 年全国个体工商户实有户数产业结构

户，增长 13.97%，资金数额 2345.58 亿元，增长 31.81%；从事制造业的个体工商户有 310.29 万户，增长 2.86%，资金数额 2575.46 亿元，增长 16.67%；从事交通运输、仓储和邮政业的个体工商户有 165.81 万户，减少 31.69%，资金数额 1243.04 亿元，减少 10.14%。这 5 个行业个体工商户实有总数为 4152.05 万户，占个体工商户实有总户数的 93.59%。

个体工商业区域结构发展情况。从区域结构看，中、西部地区个体工商户发展较快，与上年同期相比，增长率均超过 10%。东部地区实有个体工商户 2081.48 万户，比上年同期增长 7.54%，占全国个体工商户总户数的 46.92%，比上年同期减少 0.76 个百分点；资金数额 1.22 万亿元，比上年同期增长 19.61%。中部地区实有 1413.59 万户，比上年同期增长 10.54%，占全国个体工商户总户数的 31.86%，比上年同期扩大 0.36 个百分点；资金数额 7685.56 亿元，比上年同期增长 25.70%。西部地区实有 941.22 万户，比上年同期增长 11.41%，占全国个体工商户总户数的 21.22%，比上年同期扩大 0.40 个百分点；资金数额 4425.00 亿元，比上年同期增长 27.88%（见图4）。

个体工商户城乡发展情况。2013 年，全国城镇实有个体工商户 2988.10 万户，比上年底增加 314.24 万户，增长 11.75%，占个体工商户总数的

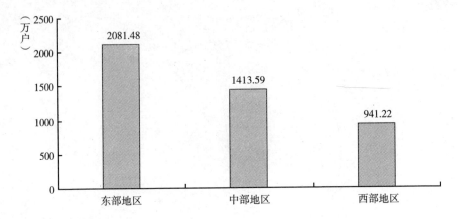

图4 2013年个体工商户实有户数区域分布

67.36%；资金数额1.55万亿元，增加0.29万亿元，增长23.02%；从业人员6142.27万人，增加499.6万人，增长8.85%。农村实有个体工商户1448.19万户，比上年底增加62.78万户，增长4.53%，占个体工商户总数的32.64%；资金数额0.88万亿元，增加0.16万亿元，增长22.22%；从业人员3193.47万人，增加207.83万人，增长6.96%。

港澳台居民内地个体工商户发展情况。2013年，国家工商总局按照中央统一部署，认真开展港澳居民、台湾农民和台湾居民在内地设立个体工商户登记管理工作。

截至2013年底，全国实有港澳居民个体户6971户，比上年底增长8.22%，从业人员18847人，比上年底增长22.49%，资金数额5.82亿元，比上年底增长23.04%。其中，香港居民申办个体户5982户，增长26.98%；从业人员16476人，增长24.58%；资金数额5.17亿元，增长24.28%。从所从事行业来看，港澳居民个体工商户以零售业最多，为3887户，增长7.20%，占港澳居民个体工商户实有总户数的55.76%；其次为批发业，实有1070户；再次为餐饮业，实有931户，增长34.15%。

三 农民专业合作社发展的基本情况

2013年，全国农民专业合作社数量持续快速增长。

农民专业合作社户数和资金情况。截至 2013 年底,全国实有农民专业合作社 98.24 万户(含分支机构),比上年底增长 43.58%;出资总额 1.89 万亿元,增长 71.82%,其中货币出资额 1.63 万亿元,比上年底增长 75.27%,占出资总额的 86.24%,非货币出资额 0.26 万亿元,增长 52.94%,占出资总额的 13.76%。

从地区看,农民专业合作社实有户数最多的是山东省,实有 9.89 万户,出资总额 1850.04 亿元;其次为江苏省,实有 7.11 万户,出资总额 1726.06 亿元;再次为河南省,实有 7.01 万户,出资总额 1787.83 亿元,见附表。

农民专业合作社法人实有户数情况。全国实有农民专业合作社法人户均出资总额为 192.39 万元,比上年同期增长 18.13%。其中,出资总额 100 万元以下的农民专业合作社法人(不含分支机构,下同)最多,实有 53.61 万户,比上年同期增长 30.92%;出资总额 100 万元以上的农民专业合作社法人实有 44.63 万户,增长 67.15%,其中出资总额 100 万~500 万元的有 34.79 万户,增长 62.80%,500 万~1000 万元的有 7.20 万户,增长 87.50%,1000 万~1 亿元的有 2.63 万户,增长 78.91%,1 亿元以上的有 212 户,增长 39.47%。

2013 年新登记农民专业合作社规模不断扩大,法人户均出资总额为 253.26 万元,比实有农民专业合作社法人户均出资额高 60.87 万元。

农民专业合作社实有成员情况。全国农民专业合作社实有成员总数为 2950.97 万个,比上年同期增长 24.33%。其中,农民成员 2899.38 万个,增长 23.70%,占全国农民专业合作社实有成员总数的 98.25%;非农民成员 35.99 万个,增长 34.79%;企业单位成员 14.93 万个;事业单位成员 3541 个;社会团体成员 3201 个。

农民专业合作社业务范围。从业务范围看,农民专业合作社从事种植、养殖业的最多,全国实有 44.66 万户农民专业合作社的经营范围中包含种植业,比上年同期增长 41.64%,占实有总户数的 45.46%;25.19 万户农民专业合作社的经营范围中包含养殖业,增长 28.26%,占实有总户数的 25.64%。

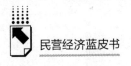

附表

2013 年全国各地区期末实有个体私营企业基本情况

2013 年全国各地区期末实有个体私营企业基本情况

地　区	私营企业（户）	注册资本(金)（万元）	个体工商户（户）	注册资本(金)（万元）	农业专业合作社(户)	出资总额（万元）
北　京	673436	178551821	664306	1854185	6010	653791
天　津	189553	125076002	276190	1910096	5004	1640839
河　北	400071	141075468	1652522	12523274	57971	12454827
山　西	220457	86979794	1000632	4080619	63380	6595242
内蒙古	165718	87712101	1098955	5180134	37318	8391234
辽　宁	390953	100619743	1704510	10601312	28829	5280806
吉　林	179848	39959076	1143397	5355073	43035	7805008
黑龙江	204330	45578546	1338795	6324660	49533	16141034
上　海	938821	266632705	367976	996277	8989	2004202
江　苏	1450732	475680795	3793451	37226048	71085	17260616
浙　江	936330	287465314	2592246	16950362	53140	5091628
安　徽	353841	117495588	1678333	9943850	41801	6929752
福　建	401704	185880560	1098933	6794195	21015	6383272
江　西	262935	79095664	1373482	10346460	26861	5265141
山　东	753390	237710781	3122067	15801555	98869	18500389
河　南	400662	151073223	1990541	10832388	70091	17878290
湖　北	462511	116322708	2684947	14972379	39591	6392098
湖　南	305078	102864820	1826839	9820056	25004	5696022
广　东	1529701	453482371	3989651	9958831	24245	2664628
广　西	282513	55124129	1243444	6379010	14392	1687726
海　南	132978	47997134	309488	1276092	10506	1660649
重　庆	355568	67541295	1114588	5169608	19271	4343482
四　川	504225	122282518	2748661	11005640	35603	6919276
贵　州	195469	50970977	1060604	4749397	18253	2528761
云　南	229479	84734385	1507855	9416100	21719	2628944
西　藏	13248	5837061	113089	484760	1895	134137
陕　西	271946	87558024	1049269	4355457	27553	4489438
甘　肃	117063	33447418	774157	3894522	29965	6603895
青　海	26088	12744231	154109	788561	7495	1108856
宁　夏	55975	23583054	243866	1813726	7814	1263554
新　疆	134025	60197987	646042	2572254	16206	2944919
合　计	12538648	3931275292	44362945	243376882	982443	189342455

课题组负责人：赵刚

课题组成员：张久荣　赵莉

2013 年民营企业对外经济贸易发展报告

摘　要:

2013 年，新一届政府大力推进简政放权，取消和下放大量行政审批事项，激发了广大民营企业开展对外贸易的活力，民营企业进出口实现强劲增长。民营企业全年进出口 1.49 万亿美元，增长 22.3%，高出外贸总体增速 14.7 个百分点，占进出口总额的 35.9%，较上年提高 4.3 个百分点。与之形成鲜明对比的是，国有企业进出口 0.75 万亿美元，下降 0.6%；外资企业进出口 1.92 万亿美元，仅增长 1.3%。2014 年我国外贸发展面临的国内外形势有望比上年有所改善，具备实现稳定增长的条件，但制约因素错综复杂，困难和挑战仍然较多。从国际方面看，世界经济中的积极迹象有所增多，但经济增速明显放缓，世界贸易增速远低于历史趋势水平，低增长、高风险态势短期内难有大的改观。从国内方面看，中国经济已进入提质增效升级的新阶段，经济总体运行平稳，但隐忧风险依然存在，经济下行压力加大，产能过剩矛盾突出，要素成本上升削弱了部分产业竞争力，对外贸易传统优势有所减弱，国际竞争新优势正在培育。我国民营企业要适应中国经济新常态，积极发展对外经济贸易，巩固传统市场，开拓新兴市场，促进加工贸易转型和梯度转移，加快"走出去"步伐，实现持续健康发展。

关键词:

民营企业　对外经济贸易　特点　问题　建议

2013 年，我国外贸发展总体增速放缓，但中央政府及时出台促进进出口

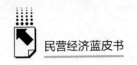

稳增长、调结构的政策措施，稳定了企业信心，推动了对外贸易规模扩大、份额提升、结构优化，我国成为世界第一货物贸易大国。在这其中，民营企业（包括私营企业、集体企业和个体工商户，下同）充分发挥自身优势，灵活应对，巩固传统市场，积极开拓新兴市场，对外贸易的市场、产品、主体和区域结构不断优化，国际化经营实力不断增强。

一 民营企业对外贸易发展情况和特征

（一）民营企业进出口实现强劲增长

2013 年，中国货物进出口总额达 4.16 万亿美元，增长 7.6%，一举成为世界第一货物贸易大国，也是首个货物贸易总额超过 4 万亿美元的国家，创造了世界贸易发展史的奇迹。其中，出口 2.21 万亿美元，增长 7.9%，占全球货物出口总额的比重为 11.8%，比上年提高 0.7 个百分点，连续五年居全球首位；进口 1.95 万亿美元，增长 7.3%，占全球货物进口总额的比重为 10.3%，比上年提高 0.5 个百分点，连续五年居全球第二；贸易顺差 2597.5 亿美元，占 GDP 的比重为 2.8%，仍然处于合理区间。中国外贸发展不仅有力促进了国内经济社会发展，也为全球贸易增长和经济复苏做出了积极贡献。

我国民营企业对外经济贸易继续保持快速增长，进出口额达 14930.9 亿美元，同比增长 22.3%，增幅比上一年度提高了 3.6 个百分点。其中，出口 9169.7 亿美元，同比增长 19.1%；进口 5761.2 亿美元，同比增长 27.7%；实现贸易顺差 3408.5 亿美元，比上年减少 457.4 亿美元（见表 1）。民营企业对外贸

表 1　2013 年我国各类企业进出口比较

单位：亿美元，%

企业类型	出口		进口	
	金额	同比	金额	同比
国有企业	2490.7	−2.8	4981.2	0.5
外资企业	10446.2	2.2	8750.1	0.4
民营企业	9169.7	19.1	5761.2	27.7

易增速领先于外资、国有等其他企业类型，其中，出口增速高出全国平均水平 11.2 个百分点，进口增速高出全国平均水平 20.5 个百分点。民营企业进出口在全国进出口贸易中的比重进一步提高，达到 35.9%，比上一年度提高了 4.3 个百分点。其中民营企业出口和进口的占比分别达到 41.5% 和 29.6%，分别比上年提高 3.9 个百分点和 4.7 个百分点（见图 1）。

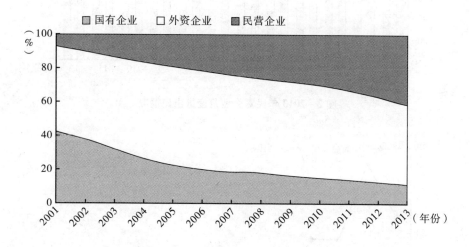

图 1　近年来我国各类企业出口比重变化

（二）全年外贸增速呈现先增后降趋势，整体放缓

从全年走势看，2013 年民营企业进出口增速跌宕起伏。一季度，受套利贸易等因素影响，进出口快速增长，2 月份出口增幅高达 80.3%。二季度，由于国际市场需求萎缩、国家加强贸易监管，进出口增速迅速下滑。下半年，随着国家促进进出口稳增长、调结构的政策措施逐步见效，加上外需有所好转，进出口企业信心增强、经营状况改善，进出口维持平稳运行（见图 2、图 3）。

（三）进出口商品结构不断优化，转型升级任务艰巨

（1）主要商品出口平稳增长，其中机械设备出口增长较快。面对需求偏紧、竞争激烈的市场环境，民营进出口企业主动调整转型，在技术研发、品牌

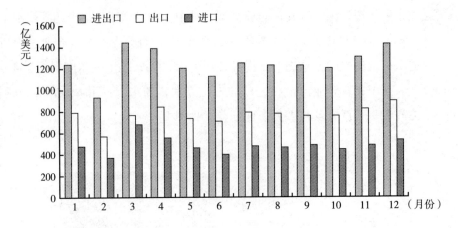

图2 2013年民营企业月度进出口情况

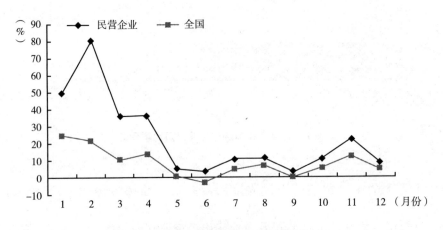

图3 2013年民营企业月度出口增幅对比

培育、质量管理等方面加大投入，出口商品的技术含量和附加值进一步提升，为各大类商品出口的平稳增长提供了有力支撑。其中，纺织品、服装、箱包、鞋类、玩具、家具、塑料制品7大类劳动密集型产品出口2896.0亿美元，增长15.6%，低于民营企业整体出口增速3.5个百分点；机电产品出口3786.0亿美元，同比增长25.6%，占出口总额的比重为41.3%。

（2）机电和高新技术产品出口占民营企业出口和全国同类商品出口的比重进一步提高。尽管受到国际金融危机及欧债危机的影响，民营企业机电产品和高新技术产品出口依然保持了高速增长。2013年民营企业出口机电产品3786.0亿

美元,同比增长 25.6%,增幅比上年下降 2 个百分点;出口高新技术产品
1413.5 亿美元,同比增长 46.7%,增幅比上年下降 3.7 个百分点。机电产品和
高新技术产品出口占民营企业出口的比重首次过半,达到 56.7%,比上年提高
4.9 个百分点;占全国同类商品出口的比重为 51.3%,比上年提高 9.7 个百分点。
从机电产品内部结构看,自动数据处理设备出口增幅有所下降,家电出口低速增
长,部分机械设备出口增长较快,成为机电产品出口新增长点(见表 2、图 4)。

表 2   2013 年民营企业出口主要商品

单位:亿美元,%

商品名称	金额	同比增幅	占全国同类商品出口比重	占民营企业出口比重
出口总额	9169.7	19.1	41.5	100.0
机电产品*	3786.0	25.6	29.9	41.3
高新技术产品*	1413.5	46.7	21.4	15.4
服装及衣着附件	1095.0	18.3	61.8	11.9
纺织纱线、织物及制品	683.7	16.9	63.9	7.5
集成电路	474.4	130.8	54.1	5.2
农产品	387.8	16.6	57.8	4.2
家具及其零件	338.5	8.6	65.3	3.7
鞋类	322.4	14.2	63.5	3.5
塑料制品	223.0	14.8	63.2	2.4
钢材	213.0	11.4	40.0	2.3
箱包及类似容器	187.1	13.4	67.8	2.0
贵金属或包贵金属的首饰	170.7	27.6	59.1	1.9
灯具、照明装置及零件	168.5	33.9	68.3	1.8
汽车零配件	163.5	18.8	36.0	1.8
陶瓷产品	153.1	20.3	79.9	1.7
水海产品	118.5	14.4	61.0	1.3
电话机	117.6	39.5	12.1	1.3
自动数据处理设备及其部件	105.2	22.1	5.8	1.1
二极管及类似半导体器件	92.1	40.3	36.7	1.0

注:*包含本表中已列明有关商品。

(3)传统劳动密集型产品出口增幅略有下降,但在全国出口中的地位仍
然巩固。受外需市场总体疲软、国内人工成本上涨明显等因素影响,劳动密集
型产品出口受到一定程度的影响,服装、纺织品、鞋、家具等商品出口增速略
低于民营企业整体出口平均增速,但纺织品、服装、箱包、鞋类、家具、塑料

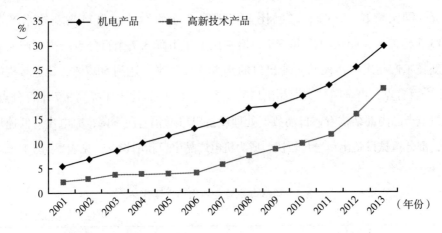

图4 近年来民营企业机电产品和高新技术产品出口的全国占比

制品、灯具、陶瓷产品、水海产品9大类商品的出口占全国出口的比重超过60%。2013年，民营企业出口服装、纺织品、鞋类、家具和箱包的金额分别为1095.0亿美元、683.7亿美元、322.4亿美元、338.5亿美元和187.1亿美元，增幅分别达到18.3%、16.9%、14.2%、8.6%和13.4%，在全国同类产品出口中的比重分别为61.8%、63.9%、63.5%、65.3%和67.8%，较上年提高2~3个百分点。相比其他类型企业，民营企业传统劳动密集型产品出口受外需波动的影响相对较小，仍然是我国劳动密集型产品出口的主要力量。

（4）资源性产品出口继续保持增长。受欧债危机深化、新兴经济体经济发展减速、商品市场需求不旺的影响，国际大宗商品价格有所回落。我国资源性产品出口继续保持增长，但增速大幅回落。2013年，民营企业出口钢材213.0亿美元，同比增长11.4%，增幅下降1个百分点；未锻造的铝及铝材72.2亿美元，同比增长7.31%；未锻造的铜及铜材30.0亿美元，同比增长14.4%；稀土及其制品23.2亿美元，同比增长21.4%。民营企业出口钢材、未锻造的铝及铝材、未锻造的铜及铜材和稀土及其制品在全国同类产品出口中所占比重分别为43.1%、61.6%、35.6%和40.7%。

（5）农产品出口保持增长。民营企业是我国农产品出口的主力军，2013年继续保持良好的增长势头，在我国农产品出口中的比重进一步提高。2013年民营企业农产品和水海产品出口分别达到387.8亿美元、118.5亿美元，同比增长 16.6%、14.4%，在全国同类产品出口中的比重分别达到 57.8% 和 61.0%，分别提高了 4.6 和 3.8 个百分点。

（6）中间产品出口占比提高，资本品出口增长较快。全球经济缓慢复苏，各国企业恢复生产、补充库存的需求增加，民营企业出口的中间产品占全部出口产品的比重与 2012 年相比提升幅度较大。从广义经济分类（Broad Economic Categories，BEC）看，2013 年民营企业出口消费品 3423.7 亿美元，同比增长 15.5%，中间产品 4333.6 亿美元，同比增长 23.9%，资本品 1412.4 亿美元，同比增长 14.3%，增长速度远高于国有企业和外资企业（见表 3）。从构成比重来看，民营企业出口商品中消费品的比重为 37.3%，较上年下降 1.4 个百分点；中间产品的比重达到 47.3%，较上年提高 2 个百分点；资本品的比重为 15.4%，较上年下降 0.6 个百分点。

表3　2013 年各企业类型出口商品构成

单位：亿美元，%

	消费品		资本品		中间产品	
	金额	同比%	金额	同比%	金额	同比%
国有企业	564.6	-3.5	580.1	-8.3	1346.0	0.1
外资企业	1938.2	1.0	4398.6	0.7	4109.4	4.4
民营企业	3423.7	15.5	1412.4	14.3	4333.6	23.9

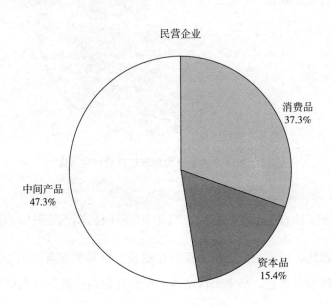

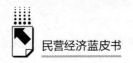
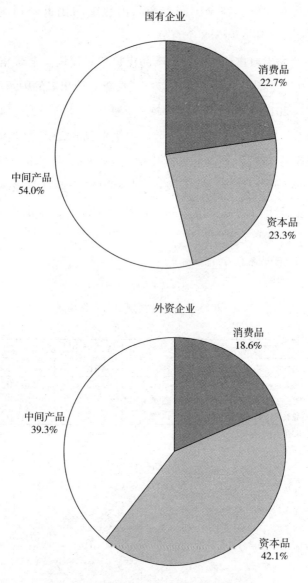

图5　2013年各企业类型出口商品构成对比

（四）进口增速远高于出口，机电和高新技术产品进口占据了主体

与出口相比，民营企业进口保持高速增长，贸易顺差有所缩小。2013年，民营企业进口增速高企，高于出口增速8.6个百分点；进口规模相当于出口的

62.3%，比上年提高 12.6 个百分点；贸易顺差从 2012 年的 3865.9 亿美元缩小到 3408.5 亿美元。

从主要商品种类来看，机电产品进口增长提速，成为民营企业进口的主体。2013 年，民营企业进口机电产品 1820.0 亿美元，增长 41.7%，增速比上年提 14.2 个百分点；进口高新技术产品 1367.5 亿美元，增长 51.6%，增速比上年提高 8.8 个百分点；两者合计占民营企业进口总额的 55.3%。以分类来看，金属加工机床、起重机械等机械设备进口下降，其原因可能是在一定程度上受到了中国制造业投资增速回落的影响，也反映出中国装备制造业竞争力不断提升；汽车、摩托车进口额保持增长势头，表明中国对此类商品的消费需求依然较为旺盛；进口集成电路 708.3 亿美元，同比增长 91.3%。

大宗商品进口增长平稳，有力地保障了国内工业生产和居民生活需要。2013 年，农产品进口额为 542.3 亿美元，同比增长 20.8%，占民营企业进口的比重为 9.4%；进口铁矿砂及其精矿 399.2 亿美元，同比增长 40.9%；进口粮食 188.2 亿美元，同比增长 27.8%；进口初级形状的塑料 180.6 亿美元，同比增长 16.2%；进口煤及褐煤 139.2 亿美元，同比下降 1.6%（见表 4）。

表 4　2013 年民营企业进口主要商品

单位：亿美元，%

商品名称	金额	同比增幅	占全国同类商品进口比重	占民营企业进口比重
大宗进口商品进口总额	5761.2	27.7	29.6	100.0
机电产品*	1820.0	41.7	21.7	31.6
高新技术产品*	1367.5	51.6	24.5	23.7
集成电路	708.3	91.3	30.7	12.3
农产品	542.3	20.8	45.9	9.4
铁矿砂及其精矿	399.2	40.9	38.1	6.9
粮食	188.2	27.8	41.2	3.3
初级形状的塑料	180.6	16.2	36.8	3.1
煤及褐煤	139.2	-1.6	48.1	2.4
未锻轧铜及铜材	135.1	0.4	38.1	2.3
废金属	127.5	-5.9	62.6	2.2
液晶显示板	90.8	16.3	18.3	1.6
自动数据处理设备及其部件	82.1	8.6	26.6	1.4

续表

商品名称	金额	同比增幅	占全国同类商品进口比重	占民营企业进口比重
二甲苯	80.6	71.7	54.9	1.4
成品油	80.3	-12.7	25.3	1.4
二极管及类似半导体器件	71.6	68.8	33.7	1.2
计量检测分析自控仪器及器具	58.8	7.5	20.8	1.0
铜矿砂及其精矿	57.9	5.1	28.9	1.0
原油	56.6	-1.2	2.6	1.0
原木	55.7	18.6	59.7	1.0

注：＊包含本表中已列明有关商品。

（五）一般贸易方式占据主体，保税仓储贸易迅猛增长

2013年，民营企业一般贸易方式出口6717.9亿美元，同比增长15.6%，占民营企业出口的73.3%，比上年降低2.3个百分点，占我国一般贸易出口总额的61.8%，比上年提高3个百分点；加工贸易方式出口967.2亿美元，同比增长6.2%；其他贸易方式出口1484.6亿美元，同比增长52%（见表5）。

从进口来看，一般贸易方式进口占据民营企业进口的主体地位。2013年民营企业一般贸易方式进口3565.4亿美元，同比增长26.7%，占民营企业进口的61.8%，占全国一般贸易进口总额的32.1%，比上年提高7.6个百分点；加工贸易方式进口752.4亿美元，同比增长12.0%，占全国加工贸易进口总额的15.1%；其他贸易方式进口1443.4亿美元，同比增长40.9%（见表6）。

近年来，其他贸易方式项下的保税仓储贸易较为活跃，已经成为重要的贸易方式之一。2013年，民营企业通过保税监管场所进出境货物和特殊监管区域物流货物方式进出口货物的金额分别为939.6亿和1337.7亿美元，分别同比增长72.1%和45.7%，使其他贸易方式进出口增幅大大超过一般贸易和加工贸易增幅（见表7）。2013年一季度，内地对香港贸易额出现了异常增长，或有相当一部分是以"套利贸易"方式实现的，5月份后中央政府加强了贸易监管，套利贸易基本得到遏制。

表 5　2013 年各企业类型不同贸易方式出口比较

单位：亿美元，%

贸易方式	国有企业		外资企业		民营企业	
	金额	同比	金额	同比	金额	同比
一般贸易	1450.1	-3.5	2711.2	5.7	6717.9	15.6
加工贸易	508.8	-10.0	7134.3	-0.2	967.2	6.2
其他贸易	531.8	7.7	600.4	17.5	1484.6	52.0

表 6　2013 年各企业类型不同贸易方式进口比较

单位：亿美元，%

贸易方式	国有企业		外资企业		民营企业	
	金额	同比	金额	同比	金额	同比
一般贸易	4006.5	0.1	3513.8	3.1	3565.4	26.7
加工贸易	345.1	12.0	3875.0	1.1	752.4	12.0
其他贸易	630.2	-3.0	1361.3	-7.6	1443.4	40.9

表 7　2013 年民营企业通过保税仓储方式进出口情况

单位：亿美元，%

项目	出口		进口	
	金额	同比	金额	同比
保税监管场所进出境货物	132.3	38.2	286.8	26.4
特殊监管区域物流货物	807.3	79.3	1050.9	52.0

（六）东部地区仍占据主导地位，中西部地区出口增速加快、进口增速放缓

东部地区民营企业出口继续保持增长势头，但受国际市场需求放缓和生产成本上升冲击，增幅低于上年，民营企业出口增长速度略高于本地整体出口增速。2013 年，东部地区民营企业出口 7234.4 亿美元，同比增长 18.4%，增速与上年持平，在全国民营企业出口中的比重达到 78.9%，比上年略有下降。其中，广东、浙江、江苏三地民营企业出口在全国民营企业出口中的比重合计达到 54.7%，继续保持全国民营企业出口的前三甲。

国家引导加工贸易梯度转移取得积极成效，民营企业成为中西部地区出口

的主力军。2013年，中部地区和西部地区加紧承接产业转移，民营企业出口分别达895.4亿、1039.8亿美元，同比增长均为21.9%，高于东部地区达3.5个百分点。中、西部地区民营企业分别占到本地区整体出口的54.3%、58.3%，与上年相比略有提高。其中，宁夏的民营企业出口额为18.5亿美元，同比增长101.3%，占本地出口总额的72.1%。贵州、云南、湖北民营企业出口实现大幅提升，同比增长分别为91.6%、91.2%和60.7%。青海、西藏、甘肃、新疆、云南、黑龙江民营企业出口分别占本地出口总额的97.7%、95.0%、92.0%、86.9%、85.4%和84.4%。山西、重庆、西藏3个省区市的出口出现了负增长（见表8）。

表8 2013年各地民营企业出口情况

单位：亿美元，%

地　区	金额	同比		占本地区出口总额比重	占全国民营企业出口比重
		民营企业	本地整体		
北　京	66.8	7.7	6.1	10.6	0.7
天　津	93.4	16.4	1.7	19.0	1.0
河　北	173.1	12.5	4.7	55.9	1.9
辽　宁	296.2	36.4	11.4	45.9	3.2
上　海	377.7	6.3	-1.2	18.5	4.1
江　苏	1059.0	10.0	0.1	32.2	11.5
浙　江	1674.3	18.8	10.9	67.3	18.3
福　建	561.1	13.5	8.9	52.7	6.1
山　东	646.6	15.6	4.6	48.1	7.1
广　东	2286.2	25.8	10.9	35.9	24.9
东部地区	7234.4	18.4	6.4	38.7	78.9
山　西	26.7	-6.1	14.0	33.4	0.3
吉　林	38.7	45.1	13.0	57.2	0.4
黑龙江	137.0	12.9	12.4	84.4	1.5
安　徽	177.7	6.3	5.7	62.9	1.9
江　西	205.6	19.2	12.2	73.0	2.2
河　南	96.3	29.3	21.3	26.7	1.0
湖　北	102.4	60.7	17.8	44.8	1.1
湖　南	94.6	41.3	17.8	63.8	1.0
海　南	16.4	23.2	18.1	44.2	0.2
中部地区	895.4	21.9	14.4	54.3	9.8

续表

地 区	金额	同比		占本地区出口总额比重	占全国民营企业出口比重
		民营企业	本地整体		
内 蒙 古	21.9	1.2	3.1	53.5	0.2
广 西	126.4	32.7	20.9	67.6	1.4
重 庆	198.9	-6.6	21.3	42.5	2.2
四 川	178.5	23.3	9.1	42.5	1.9
贵 州	50.8	91.6	39.0	73.8	0.6
云 南	136.5	91.2	59.4	85.4	1.5
西 藏	31.0	-0.9	-2.6	95.0	0.3
陕 西	32.5	8.7	18.2	31.8	0.4
甘 肃	43.0	40.8	30.9	92.0	0.5
青 海	8.3	18.7	16.3	97.7	0.1
宁 夏	18.5	101.3	56.2	72.1	0.2
新 疆	193.5	12.2	15.1	86.9	2.1
西部地区	1039.8	21.9	19.8	58.3	11.3

从进口情况来看，民营企业进口进一步集中在东部地区。2013 年，东部地区民营企业进口 5172.4 亿美元，同比增长 29.1%，增幅提高约 14.6 个百分点，占全国民营企业进口的 89.8%，比上年提高 1.7 个百分点。黑龙江、河南、内蒙古、广西、甘肃 5 个省区市出现了负增长。绝大多数地区民营企业的进口规模都逊于其他企业类型，只有河北、浙江、山东、内蒙古、云南、西藏、青海、宁夏八省民营企业的进口规模占到本地区进口总额的 40% 以上（见表 9）。

表9　2013 年各地民营企业进口情况

单位：亿美元，%

地 区	金额	同比		占本地区进口总额比重	占全国民营企业进口比重
		民营企业	本地整体		
北 京	657.1	58.7	4.9	18.0	11.4
天 津	155.9	33.1	18.1	19.6	2.7
河 北	99.3	42.6	13.5	41.7	1.7
辽 宁	124.2	30.0	6.8	25.2	2.2
上 海	440.7	33.0	3.2	18.6	7.6
江 苏	588.4	19.2	1.2	26.5	10.2
浙 江	398.2	3.1	-0.9	45.7	6.9
福 建	192.0	39.4	8.3	30.5	3.3

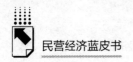

续表

地 区	金额	同比		占本地区进口总额比重	占全国民营企业进口比重
		民营企业	本地整体		
山　　东	714.6	22.5	13.6	53.8	12.4
广　　东	1802.1	30.9	10.9	39.6	31.3
东部地区	5172.4	29.1	6.8	30.2	89.8
山　　西	30.1	17.9	−3.0	38.6	0.5
吉　　林	12.0	37.8	2.7	6.3	0.2
黑 龙 江	59.1	−20.3	−2.3	26.1	1.0
安　　徽	28.4	51.7	38.6	16.3	0.5
江　　西	17.0	39.4	4.0	19.7	0.3
河　　南	34.0	−8.0	8.5	14.2	0.6
湖　　北	23.0	70.6	7.8	17.0	0.4
湖　　南	36.4	11.8	11.2	35.0	0.6
海　　南	21.0	70.4	0.6	18.6	0.4
中部地区	261.0	11.2	7.1	19.4	4.5
内 蒙 古	53.5	−0.6	8.7	67.6	0.9
广　　西	37.0	−3.2	0.9	26.1	0.6
重　　庆	67.8	83.6	49.8	30.9	1.2
四　　川	55.7	33.4	9.5	24.6	1.0
贵　　州	2.1	24.0	−16.9	15.3	0.0
云　　南	71.1	6.3	−10.1	71.9	1.2
西　　藏	0.3	135.6	−27.0	57.2	0.0
陕　　西	21.7	54.6	61.3	21.8	0.4
甘　　肃	4.9	−28.6	6.8	8.5	0.1
青　　海	3.2	208.7	29.5	58.4	0.1
宁　　夏	2.8	49.2	15.5	42.5	0.0
新　　疆	7.8	1.2	−9.2	14.7	0.1
西部地区	327.8	21.0	14.2	32.8	5.7

（七）对发达国家贸易增长偏低，对新兴经济体贸易出现分化

在发达国家经济缓慢复苏、进口需求疲弱的情况下，中国对发达国家进出口总体仍呈低速增长态势。我国加大力度开拓新兴市场，东盟成为民营企业第一大贸易伙伴。2013 年，中国民营企业对欧盟、美国、日本进出口合计4120.0 亿美元，增长 11.5%。其中，对欧盟、美国、日本进出口额分别为1827.7 亿、1639.4 亿和 652.9 亿美元，分别增长 8.8%、17.1% 和 6.0%。与

上述三大经济体的进出口额合计占民营企业进出口总额的 27.6%，比 2012 年下降 2.7 个百分点。中国对新兴经济体的进出口总体保持较快增长，但 8、9 月份后，受部分新兴经济体金融市场动荡和经济减速影响，中国对一些新兴经济体的进出口有所下滑。全年来看，对东盟、南非、俄罗斯、巴西的进出口分别增长 26.1%、7.0%、7.9% 和 23.7%，对墨西哥的进出口下降 0.3%。中国香港、欧盟、东盟是民营企业三大贸易顺差地区，瑞士、中国台湾、南非是民营企业三大贸易逆差国家和地区（见表 10、表 11）。

表 10　2013 年民营企业前 20 位贸易伙伴

单位：亿美元，%

国别（地区）	金额	同比	占比	国别（地区）	金额	同比	占比
东盟 10 国	1836.2	26.1	12.3	巴西	369.9	23.7	2.5
欧盟 28 国	1827.7	8.8	12.2	印度	307.0	8.7	2.1
美国	1639.4	17.2	11.0	阿联酋	220.8	25.7	1.5
中国香港	1618.1	44.6	10.8	加拿大	214.8	17.4	1.4
日本	652.9	6.0	4.4	沙特阿拉伯	175.7	3.1	1.2
中国台湾	625.9	56.6	4.2	智利	152.5	5.9	1.0
韩国	606.7	21.3	4.1	伊朗	143.9	45.6	1.0
澳大利亚	574.6	29.1	3.8	墨西哥	124.1	-0.3	0.8
瑞士	494.9	208.1	3.3	土耳其	105.4	24.6	0.7
南非	460.3	7.0	3.1				
俄罗斯	425.4	7.9	2.8	合计	12576.2	23.8	84.2

表 11　2013 年民营企业贸易顺逆差主要分布

单位：亿美元

国别（地区）	顺差金额		国别（地区）	顺差金额	
	2013 年	2012 年		2013 年	2012 年
中国香港	1391.3	882.7	哈萨克斯坦	72.2	60.6
欧盟 28 国	890.1	802.3	土耳其	62.2	56.1
东盟 10 国	589.7	373.5	巴基斯坦	56.0	41.4
美国	587.6	595.7	沙特阿拉伯	55.3	45.3
俄罗斯	200.0	129.4	埃及	55.0	50.5
阿联酋	179.8	154.4	伊朗	54.1	28.6
印度	159.5	127.0	孟加拉国	53.6	41.6
日本	101.0	84.9	巴拿马	52.5	69.0
尼日利亚	80.8	59.5	吉尔吉斯斯坦	45.1	45.4
墨西哥	76.5	77.1	以色列	42.0	36.0

续表

国别（地区）	逆差金额		国别（地区）	逆差金额	
	2013 年	2012 年		2013 年	2012 年
瑞士	− 469.4	− 137.6	蒙古	− 3.2	− 6.9
中国台湾	− 359.8	− 190.4	泰国	− 2.9	− 4.7
南非	− 263.2	− 248.0	刚果（布）	− 2.5	− 4.8
澳大利亚	− 261.8	− 159.5	所罗门群岛	− 2.4	− 2.9
韩国	− 114.5	− 74.0	塞拉利昂	− 2.3	− 0.7
巴西	− 45.2	− 8.3	加蓬	− 1.1	0.7
新西兰	− 24.1	− 10.6	法罗群岛	− 0.7	− 0.4
智利	− 8.6	− 5.8	格陵兰	− 0.5	− 0.4
赞比亚	− 7.8	− 6.0	巴布亚新几内亚	− 0.4	− 0.1
奥地利	− 4.0	− 2.2	朝鲜	− 0.3	1.1

从出口市场来看，2013 年民营企业对中国香港、欧盟和东盟的出口金额分别为 1504.7 亿美元、1358.9 亿美元和 1213.0 亿美元，同比分别增长 50.3%、9.5% 和 32.6%，所占份额合计达到 44.4%，比上年提高了 2.5 个百分点。其中，对中国香港出口增长迅猛，使得中国香港超过东盟、日本成为第一大出口市场。同时，民营企业积极开拓新兴市场，对阿联酋、中国台湾、伊朗、尼日利亚等新兴市场的出口增速高于平均水平（见表 12）。

表 12　2013 年民营企业主要出口市场

单位：亿美元，%

国别（地区）	金额	同比	占比	国别（地区）	金额	同比	占比
中国香港	1504.7	50.3	16.4	中国台湾	133.1	27.1	1.5
欧盟 28 国	1358.9	9.5	14.8	加拿大	121.2	10.3	1.3
东盟 10 国	1213.0	32.6	13.2	沙特阿拉伯	115.5	7.0	1.3
美国	1113.5	11.6	12.1	墨西哥	100.3	− 0.5	1.1
日本	376.9	7.6	4.1	伊朗	99.0	55.4	1.1
俄罗斯	312.7	19.4	3.4	南非	98.5	8.2	1.1
韩国	246.1	15.5	2.7	哈萨克斯坦	88.3	15.0	1.0
印度	233.2	13.9	2.5	土耳其	83.8	19.1	0.9
阿联酋	200.3	21.4	2.2	尼日利亚	82.2	36.4	0.9
巴西	162.3	11.7	1.8	合计	7799.8	21.4	85.1
澳大利亚	156.4	9.6	1.7				

从进口方面来看，民营企业的贸易伙伴多元化趋势明显，东盟连续 4 年成为最大的进口来源地，进口额为 623.3 亿美元，同比增长 15.1%，占民营企业进口总额的比重为 10.8%，比上年下降 3.3 个百分点。来自美国、中国台湾、瑞士、欧盟的进口额分别为 525.9 亿、492.8 亿、482.1 亿、468.8 亿美元，共占民营企业进口总额的 34.2%。2013 年，自中国台湾、瑞士、新西兰进口的增幅均在 50% 以上（见表 13）。

表 13　2013 年民营企业进口主要来源地

单位：亿美元，%

国别（地区）	金额	同比	占比	国别（地区）	金额	同比	占比
东盟 10 国	623.3	15.1	10.8	俄罗斯	112.7	-14.9	2.0
美国	525.9	30.9	9.1	加拿大	93.6	28.1	1.6
中国台湾	492.8	67.0	8.6	智利	80.5	7.5	1.4
瑞士	482.1	223.4	8.4	印度	73.8	-5.1	1.3
欧盟 28 国	468.8	6.9	8.1	沙特阿拉伯	60.2	-3.8	1.0
澳大利亚	418.2	38.4	7.3	伊朗	44.9	27.8	0.8
南非	361.7	6.7	6.3	新西兰	43.0	53.5	0.7
韩国	360.6	25.6	6.3	秘鲁	30.0	-2.7	0.5
日本	275.9	3.9	4.8	朝鲜	25.3	19.8	0.4
巴西	207.5	35.1	3.6	合计	4894.4	27.9	85.0
中国香港	113.4	-4.2	2.0				

（八）私营企业主体地位得到巩固，集体企业和个体工商户比重下降

2013 年，从事进出口贸易的民营企业主体继续发展壮大，有进出口实绩的民营企业达 22 万余家，占全国比重为 67.3%。2013 年，民营企业进出口进一步集中于私营企业，其中私营企业出口 8633.2 亿美元，同比增长 20.6%，进口 4364.9 亿美元，同比增长 26.2%，在民营企业出口和进口中的比重分别达到 94.1% 和 75.8%。相对于私营企业来说，集体企业进出口贸易进一步萎缩，2013 年集体企业出口 495.8 亿美元，同比下降 2.5%，进口 340.0 亿美元，同比下降 3.7%。从个体工商户情况来看，其贸易规模较小，占民营企业

贸易总额的比重仅为 0.15% （见表 14）。2013 年民营企业进出口额前 20 位的企业名称见表 15。

表 14　2013 年民营企业各类主体进出口比较

单位：亿美元，%

企业类型	出口		进口	
	金额	同比	金额	同比
集体企业	495.8	−2.5	340.0	−3.7
私营企业	8633.2	20.6	4364.9	26.2
个体工商户	19.2	18.7	2.9	27.0
其他企业	21.5	27.1	1053.4	51.5

表 15　2013 年民营企业进出口额前 20 位

排名	企业名称	排名	企业名称
1	华为技术有限公司	11	深圳市信利康供应链管理有限公司
2	昆山世远物流有限公司	12	重庆福源珠宝首饰有限公司
3	深圳嘉泓永业物流有限公司	13	深圳市卓领实业有限公司
4	深圳市一达通企业服务有限公司	14	昆山恒莱亦禾供应链管理有限公司
5	深圳市诚信好珠宝有限公司	15	深圳市朗华供应链服务有限公司
6	昆山正天物流有限公司	16	深圳市颖都源物流有限公司
7	云南昆顺物流有限公司	17	佛山市金银翠工艺有限公司
8	江苏安普供应链管理有限公司	18	江苏沙钢国际贸易有限公司
9	苏州达冠物流有限公司	19	深圳市宏众成物流有限公司
10	昆山环宇物流有限公司	20	广州市番华金银珠宝有限公司

二　民营企业走出去情况

（一）我国对外投资整体情况①

多年来，我国积极主动地实施"走出去"战略，对外投资合作取得跨越式发展，对外直接投资流量实现连续 11 年增长，对国民经济和社会发展的贡献不

————————

① 此章节数据和内容来自《2013 年度中国对外直接投资统计公报》。

断增大。截至 2013 年底，中国 1.53 万家境内投资者在国（境）外共设立对外直接投资企业 2.54 万家，分布在全球 184 个国家和地区，年末境外企业资产总额近 3 万亿美元（见表 16）。2013 年，全球工业生产和贸易疲弱，国际金融市场持续波动，世界经济增速继续小幅回落，全球外国直接投资相对活跃。中国对外直接投资继续保持强劲增势，达 1078.4 亿美元，首破千亿美元大关，实现了 22.8% 的高增长，占当年全球 FDI 的 7.6%，蝉联全球第三大对外投资国（见图 6）。

表 16　2013 年末对外直接投资企业在全球的地区分布

单位：个，%

地　区	2013 年末国家（地区）总数	中国境外企业覆盖的国家（地区）数量	占比
亚　　洲	48	46	95.8
非　　洲	60	52	86.7
欧　　洲	49	42	85.7
拉丁美洲	48	29	60.4
北 美 洲	4	3	75.0
大 洋 洲	24	12	50.0
合　　计	233	184	79.0

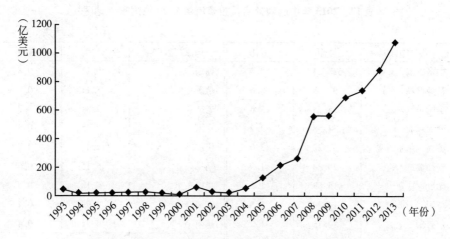

图 6　1993～2013 年中国对外直接投资流量情况

我国对外直接投资的主要特点如下。一是并购领域多元，单项金额创历史之最。2013年中国企业共实施对外投资并购项目424起，实际交易总额529亿美元，中海油以148亿美元收购加拿大尼克森公司，创下迄今中国企业海外并购金额之最。二是主流行业流量超百亿，采矿业、金融业、房地产领跑增幅榜。2013年，中国对外直接投资流量超过100亿美元的行业大类有租赁和商务服务业、采矿业、金融业、批发零售业4个，累计投资金额为816.2亿美元，占当年流量总额的75.7%。三是对发展中经济体投资快速增长，对中国香港等重点地区的投资大幅增长。2013年，流向发展中经济体的投资达917.3亿美元，占到当年流量的85.1%，同比增长31%；对中国香港、开曼群岛、英属维尔京群岛、卢森堡的投资共计765.74亿美元，同比增长38.6%，其中对中国香港投资628.24亿美元，占58.3%。四是除对欧洲地区的投资外，对其他地区的投资均呈不同程度的增长。2013年中国对欧洲地区投资59.5亿美元，同比下降15.4%；对亚洲投资756亿美元，同比增长16.7%，占70.1%；对拉丁美洲投资143.6亿美元，实现了132.7%的高速增长；对大洋洲投资36.6亿美元，同比增长51.6%；对非洲投资33.7亿美元，同比增长33.9%；对北美洲投资49亿美元，微增0.4%（见表17、表18、图7）。

表17 2013年中国对外直接投资流量前20位国家（地区）

单位：亿美元，%

国家（地区）	金额	占比	国家（地区）	金额	占比
中国香港	628.24	58.3	德国	9.11	0.8
开曼群岛	92.53	8.6	哈萨克斯坦	8.11	0.8
美国	38.73	3.6	老挝	7.81	0.7
澳大利亚	34.58	3.2	泰国	7.55	0.7
英属维尔京群岛	32.22	3.0	伊朗	7.45	0.7
新加坡	20.33	1.9	马来西亚	6.16	0.6
印度尼西亚	15.63	1.5	津巴布韦	5.18	0.5
英国	14.20	1.3	柬埔寨	4.99	0.4
卢森堡	12.75	1.2	越南	4.81	0.4
俄罗斯联邦	10.22	0.9	合　计	970.69	90.0
加拿大	10.09	0.9			

表 18　2013 年中国对外直接投资流量地区分布情况

单位：亿美元，%

地区	金额	同比	占比	地区	金额	同比	占比
亚洲	756.0	16.7	70.1	大洋洲	36.6	51.6	3.4
拉丁美洲	143.6	132.7	13.3	非洲	33.7	33.9	3.2
欧洲	59.5	-15.4	5.5				
北美洲	49.0	0.4	4.5	合计	1078.4	22.8	100.0

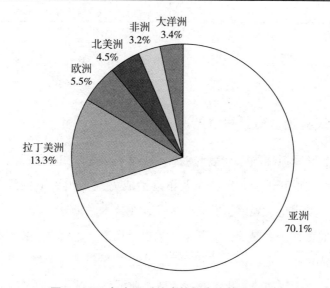

图 7　2013 年中国对外直接投资流量地区比重

　　从行业构成来看，投资主要集中在租赁和商务服务业、采矿业、金融业、批发和零售业，投资金额分别为 270.6 亿美元、248.1 亿美元、151.0 亿美元和 146.5 亿美元，所占比重分别为 25.1%、23%、14% 和 13.6%。制造业是投资流量前十行业中唯一负增长的行业，流量金额 72 亿美元，同比下降 17%，占流量总额的 6.7%（见表 19）。

　　2013 年，地方非金融类对外直接投资流量达 364.15 亿美元，同比增长 6.5%，占全国的比重为 39.3%，中央企业和单位占 60.7%。广东、山东、北京、江苏、上海、浙江、辽宁、天津、福建、河北位列地方对外直接投资流量前 10 位，合计 268.81 亿美元，占地方流量的 73.8%，其中北京、天津、河北分别实现了 144.5%、66%、60.5% 的高增长。从存量来看，2013 年末各地方企业非金融类直接投资存量合计为 1649 亿美元，占 30.3%，较上年提升了 1.8

表19　2013年中国对外直接投资流量行业分布

单位：亿美元

行　业	金额	行　业	金额
租赁和商务服务业	270.6	建筑业	43.6
采矿业	248.1	房地产业	39.5
金融业	151.0	交通运输/仓储和邮政	33.1
批发和零售业	146.5	农、林、牧、渔	18.1
制造业	72.0	科学研究、技术服务和地质勘查业	17.9

个百分点。广东占据首位，投资存量合计342.34亿美元，比重达到20.76%，其次为上海、山东、北京和江苏。

（二）民营企业对外投资情况

民营企业紧紧抓住国际金融危机后的历史性机遇，审时度势、主动出击，对外投资合作取得新进展。民营企业正逐渐成为"走出去"的重要力量，呈现出集群式、多元化、规模型发展的特征，在技术、管理、人力、资金等方面的能力和水平有了一定提升，涌现出一批投资规模大、利润效益好的企业。

（1）民营企业"走出去"步伐加快，主体数量扩大。金融危机以来，民营企业"走出去"步伐加快，积极参与全球产业链分工调整。据统计，截至2013年末，在1.53万家对外直接投资者构成中，民营企业占比为87%，其中有限责任公司是最为活跃的群体，占66.1%，比上年提高3.6个百分点，私营企业占8.1%，首次超过国有企业，股份有限公司占7.1%，股份合作企业占3.1%；国有企业占比继续下降，由2009年末的13.4%下降至2013年末的8.0%（见表20）。

表20　2013年末境内投资者按登记注册类型构成

单位：家，%

注册类型	数量	占比	注册类型	数量	占比
有限责任公司	10116	66.1	港澳台商投资企业	311	2.0
私营企业	1282	8.1	个体企业	106	0.7
国有企业	1232	8.0	集体企业	92	0.6
股份有限公司	1081	7.1	其他	157	1.0
股份合作企业	469	3.1	合　计	15300	100
外商投资企业	454	3.0			

（2）民营企业对外投资规模不断扩大。从流量看，2013 年，民营企业非金融类对外直接投资 500 亿美元，占比为 53.9%，其中有限责任公司占 42.2%，股份有限公司占 6.2%，股份合作企业占 2.2%，私营企业占 2%；此外，国有企业占 43.9%，投资流量下降 4 成，外资企业占 1.3%。从存量看，民营企业非金融类对外直接投资存量 2347.5 亿美元，占比为 43.2%，其中有限责任公司占 30.8%，股份有限公司占 7.5%，股份合作企业占 2%，私营企业占 2.2%，其他占 0.6%；此外，国有企业占 55.2%，外资及港澳台企业占 1.6%。

（3）民营企业对外投资地区广泛。截至 2012 年底，北京市对外投资遍布 100 多个国家和地区，其中，在亚洲市场的投资占对外投资总额的 46.7%，在北美洲市场的投资占 21.1%，在欧洲市场的投资占 11.1%。河北省 368 家境外投资企业分布在 6 大洲 64 个国家和地区，其中，亚洲地区最多，其次为非洲、北美洲、欧洲、南美洲等世界重要经济体。山西省企业对外投资目的地主要为埃塞俄比亚、尼日利亚等非洲国家。

（4）民营企业对外投资涉及的领域广泛。北京市境外投资的行业分布在批发和零售业、采矿业、租赁等 16 大行业；天津市民营企业投资的主要领域有轻工建材、纺织服装等；河北省制造企业与批发零售企业成为境外投资的主体；山西省境外投资的行业分布在房屋建筑、地质勘探、技术研发等领域。

（5）我国民营企业海外并购快速发展。2008 ~ 2012 年 5 年间，新兴市场投资者共向成熟市场投资约 1610 亿美元，超过成熟市场向新兴市场的投资规模。在这一投资热中，我国企业海外并购快速增长，总投资金额已从 2008 年的 103 亿美元迅速增长至 2012 年的 652 亿美元。其中，民营企业海外并购交易金额从 2008 年的 36 亿美元增长到 2012 年的 255 亿美元，增幅高达 608%。越来越多的民营企业已成为我国海外并购的生力军。

（6）一些民营企业在发达国家站稳了脚跟。青岛金王公司是山东省一家民营企业，公司原先以蜡烛制造及出口为主业，员工 1000 余人。2008 年金融危机后，美国页岩油气资产价格处于低位，一些油气公司资金链紧张，寻求"东家"。金王公司果断抓住机遇，收购了一家美国的页岩油气开发企业，涉足页岩油气开采行业。公司先后投入 9000 余万美元，目前资产已达数亿美元。金王公司在被其收购的美方公司的基础上，高薪聘用页岩油气技术人才，立足于做一个

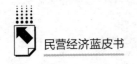

页岩油气开采的"作业者",步步深入到美国页岩油气开采的核心领域,学习掌握页岩油气的开采技术,成为全美第一家实际参与页岩油气开发的中资企业。

三 民营企业国际化经营面临的形势

2014年,世界经济复苏势头趋于改善,增长动力有所增强,但风险因素依然突出,国际竞争更加激烈。中国经济开局平稳,但仍然面临下行压力,部分领域风险有所上升。总体来看,中国民营企业具备实现稳定发展的条件,但面临的困难和挑战较多,形势严峻、复杂的一面不容低估。

(一)从国际方面看,世界经济总体趋于改善,但风险因素依然突出

发达国家经济形势进一步好转,自主增长动力增强,财政紧缩压力减小,对世界经济复苏形成更有力的支撑。美国劳动力市场改善带动消费者信心回升,股价和房价上涨刺激企业扩大投资,2014财年联邦政府财政赤字率降幅将从2013财年的2.9%缩小至1.1%,财政紧缩对经济复苏的拖累明显减轻。欧元区经济温和复苏态势已经确立,失业率高位回落,政府债务上升趋势得以扭转,货币政策可能进一步放松以避免通缩风险。日本经济基本摆脱长期通缩局面,虽然二季度开始将面临消费税率提高的冲击,但财政支出增加,有望在一定程度上起到缓冲作用。国际货币基金组织预计,2014年全球经济增长3.6%,比2013年提高0.6个百分点。世贸组织预计,2014年全球贸易量增长4.7%,比2013年提高2.6个百分点。但与此同时,美联储货币政策调整,新兴经济体困难加重,部分国家和地区政治局势紧张,将给世界经济带来新的风险。

美国退出量化宽松是世界经济面临的最大变数。2014年初以来,美联储月度量化宽松规模已缩减300亿美元,从2013年底的850亿美元降至550亿美元,在不出现重大意外事件的情况下,年内美联储将彻底退出量化宽松政策。由于市场已有充分预期,量化宽松退出并未对金融市场和大宗商品市场产生严重冲击,2014年以来美国股市多次创出新高,商品价格指数总体稳定,黄金、农产品价格甚至有所上涨。美联储收紧货币政策在一定程度上缓解了市

场流动性泛滥的局面，有助于防范新的资产价格泡沫，抑制未来通胀压力，但同时也推高了金融市场利率，势必加速国际资本重新布局，影响其他发达国家和新兴经济体复苏进程。一些经济基本面较脆弱的国家的资产价格经历剧烈调整，金融市场动荡加剧。

新兴经济体经济增长总体乏力。2013 年下半年以来，为应对资本外流和通货膨胀，多个新兴经济体采取提高利率、紧缩财政等措施，取得了一定成效。据一些国际投资机构监测，2014 年一季度末以来，新兴金融市场资本持续外流状况得以逆转，特别是新兴大国资本回流较多。印度、巴西、南非、印尼、土耳其等国金融形势趋于改善，汇市、股市基本稳定甚至小幅回升，通胀压力开始减轻。但不少新兴经济体宏观政策收紧和经济结构性矛盾叠加，仍存在较大的经济下行压力，一些新兴经济体金融市场仍处于动荡之中。从制造业采购经理人指数等先行指标来看，今后一段时期新兴经济体经济增长相对发达经济体的优势将继续缩小，部分财政和经常账户"双赤字"的经济增长状况甚至可能会进一步恶化。

政治风险的影响明显上升。2014 年以来，乌克兰危机成为全球关注的焦点。4 月 17 日，俄罗斯、乌克兰、美国、欧盟达成促使乌各方解除武装的日内瓦协议。但迄今乌克兰局势并未明显缓解，未来仍存在较大不确定性。乌克兰危机不仅对俄、乌两国经济造成较大冲击，而且其动荡外溢效应还不断向中亚和独联体地区扩散，使欧亚地区国家的对外经贸合作受到影响。西亚北非地区乱局并未根本缓解，一些国家的矛盾和冲突仍有可能激化。2014 年，多个新兴大国将举行大选，经济政策面临的不确定性增加。政治风险不仅影响相关国家和地区的经济增长，还会导致能源等国际大宗商品价格剧烈波动，增添了经济复苏的难度。

（二）从国内方面看，中国经济开局平稳，但仍存下行压力

2014 年一季度，中国国内生产总值增长 7.4%，处于预期合理区间内。城镇新增就业人数超过 300 万，其中，外出务工劳动力增加了 288 万人，增长了 1.7%，就业形势稳中向好。与此同时，中国经济结构调整和转型升级取得新的进展，经济发展质量和效益稳步提升，内生动力不断增强。但当前中国正处于经济增速换挡期、结构调整阵痛期和前期刺激政策消化期"三期"叠加阶

段，工业产能严重过剩等矛盾没有根本缓解，部分区域房地产市场又出现新的波动，加上外部环境依然复杂严峻，经济增长仍面临下行压力。

四 民营企业经济贸易发展存在的问题及建议

当前中国正处于工业化、城镇化的重要阶段，经济发展处在"爬坡过坎"和转型升级的关键时期，发展潜力和空间巨大。民营企业要积极应对新形势和新变化，稳中求进，积极开拓新兴市场，加快"走出去"步伐，做好风险防范，强化创新驱动，培育民营企业国际经济合作竞争新优势，促进民营企业对外经济合作持续健康发展。

（一）主要问题

1. 金融服务方面

一是融资难问题。目前，国内政策性金融机构如国家开发银行和进出口银行主要支持大型项目和大型企业，而商业性银行对民营企业对外投资合作贷款的门槛较高。此外，因境外资产认定困难以及企业集团尤其是国内母公司的境外资产难以被银行作为有效的担保，企业难以获得为境外子公司提供信贷支持的机会。二是直接融资渠道不畅。目前，我国资本市场尚不能满足民营企业以发行企业债券、私募、公开市场上市和引入股权投资基金等方式获得资金的需求。三是承担海外投资保险的机构少，保险覆盖面窄，可供民营企业选择的境外投资风险防范的产品有限。

中国商务部对重点联系企业调查显示，民营企业融资难问题突出，21%的民营企业表示融资困难影响出口，较外资企业高4.8个百分点，转型升级步伐受到制约。融资难和融资成本高使民营企业只能选择初始投资小、进入门槛低的劳动密集型领域。2014年1~7月，七大类劳动密集型产品出口占民营企业出口的31.3%，分别高于国有和外资企业12.7和19.5个百分点。

2. 政府管理方面

一是国内境外投资审批不利于民营企业"走出去"。根据现行做法，限额以上境外投资项目需从县级人民政府主管部门逐级上报，最终由国务院有关部门或省级人民政府主管部门核准。民营企业产权明晰、决策灵活，但因境外投资审批时间较长，往往会错失商机，且存在商业机密泄露风险。二是政策支持力度不够。以财政支持政策为例，现有财政专项资金种类较少，规模不足，对于从银行贷款较为困难且直接融资渠道不畅的民营企业而言，财政资金给予企业的先期支持力度不够。

3. 社会服务方面

目前，与企业"走出去"有关的中介组织建设明显滞后，政府对现有的法律、会计、评估、咨询等中介组织也缺乏有效的监督管理，民营企业获得高质量中介服务的成本很高。

（二）政策建议

（1）加大金融支持。鼓励国内各类所有制银行创新金融工具和服务方式，加快境内银行国际化步伐，允许更多的银行机构在海外设立分支机构或代表处；与境外银行建立代理行关系，积极开展海外投资融资业务，为企业提供更加有力的融资支持；开展诸如离岸金融服务、股权融资、境外资产抵押贷款等融资服务。

（2）放宽限制。深化审批制度改革，放权给企业和市场，推进"走出去"电子政务和一站式窗口建设。

（3）推动国内资本市场发展。成立股权投资基金，直接对国内企业境外投资的项目和公司进行股本投资，基金的股权设计可统筹国家、企业、银行和专业投资机构等，实行商业化运作。

（4）充分利用出口信用保险，扩大保险的作用范围。积极发展商业信用保险机构，扩大信用保险机构的服务产品品种，提高我国出口信用保险的经营管理水平，扩大信用保险的整体规模，促进"走出去"业务开展。

（5）积极培育投行、法律、财务、咨询等机构。积极推动我国有关的中介组织建设，为企业开展事前到事后的全方位服务。也可考虑从上述中介机构购买必要的审计、会计服务等。

课题组成员：林卫龙　刘　颖

B.4

2013 年民营经济融资报告

纪 敏* 王新华**

摘　要：

2013 年在国内外经济形势复杂多变的背景下，国家保持了民营经济发展政策的连续性和稳定性，广义民营经济贷款保持平稳增长，个体私营经济贷款扭转了前两年的回落态势，同比增长 21.9%，高出各项贷款增速 7 个百分点。在大力发展直接融资和金融创新的推动下，民营经济、中小企业创业投资基金、股权融资、债券融资、资产证券化也明显增多，融资渠道得到进一步拓宽。与此同时，民营经济融资的体制和政策环境进一步改善，国务院出台金融支持小微企业发展的实施意见，民营银行试点正式破冰，中小企业柜台交易市场初步建立。

未来一个时期，在速度换挡、经济转型加快以及风险上升的背景下，改善民营经济融资环境需要从单纯的政策支持和鼓励，转向重塑政府和所有企业平等的信用关系。要通过尽快出台存款保险制度、加快构建地方政府规范透明的融资机制以及推动混合所有制改革，创造一个各类企业公平竞争的信用环境，从根本上奠定民营经济融资环境改善的法律和制度基础。

关键词：

民营经济　融资　政策环境

＊　工作单位：中国人民银行研究局，本文为个人观点。

＊＊　工作单位：中国人民银行调查统计司，本文为个人观点。

一 民营经济信贷融资基本情况

（一）广义民营经济贷款增长基本平稳，个体私营经济贷款保持较快增长

2013 年末，金融机构投向广义民营经济贷款余额①为 47.3 万亿元，同比增长 14.4%，较上年末回落 0.5 个百分点，高出金融机构各项贷款增速 0.3 个百分点；内资民营经济贷款余额为 36.2 万亿元，同比增长 17.5%，较上年末提高 0.2 个百分点，高出各项贷款增速 3.4 个百分点；狭义民营经济（个体私营民营经济）贷款余额 13.4 万亿元，同比增长 21.9%，比上年末提高 0.7 个百分点，高出各项贷款增速 7.8 个百分点，个体私营经济贷款出现好转，改变了前两年增速回落的态势（见表 1、图 1）。

表 1　2002～2013 年各层次民营经济贷款余额情况

单位：亿元

时间	广义民营经济贷款	内资民营经济贷款	狭义民营经济贷款
2002 年	75601	66095	10333
2003 年	98702	87873	15147
2004 年	111414	99379	14560
2005 年	126710	112970	16985
2006 年	145681	129448	21221
2007 年	164517	138212	37525
2008 年 9 月	186449	158720	42243
2008 年	195654	169517	41739
2009 年	222974	198222	51046
2010 年	290721	268084	70737
2011 年	360129	262967	90918
2012 年	413798	308305	110175
2013 年	473282	362115	134253

---

① 贷款为本外币贷款。

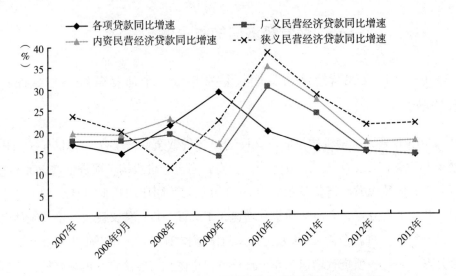

图1　2007～2013年民营经济贷款与各项贷款同比增速对照

2013年在国内外经济形势复杂多变的背景下，国家保持了民营经济发展政策的连续性和稳定性。十八届三中全会通过的《中共中央关于全面深化改革若干重大问题的决定》（以下简称《决定》）提出要废除对民营经济各种形式的不合理规定，消除各种隐性壁垒，实行统一的市场准入制度，进一步释放民间资本的活力。《决定》还提出一系列促进中小企业发展特别是鼓励技术创新的政策措施，对民营中小企业转型升级提供技术、资金、税收、用地等方面的支持。在国家大力支持民营经济发展的政策背景下，金融机构加大了对民营经济的信贷支持力度。2013年，金融机构对民营企业累计发放贷款26.3万亿元，同比增加3.2万亿元，增长13.9%，较国有企业贷款增速高3.6个百分点。

（二）民营经济贷款所占比重与上年基本持平

截至2013年末，广义民营经济贷款余额占全部贷款余额的比重为65.8%，较上年末提高0.1个百分点；内资民营经济贷款余额占比为50.4%，较上年末提高1.5个百分点；狭义民营经济贷款余额占比为18.7%，较上年末提高1.2个百分点（见图2）。

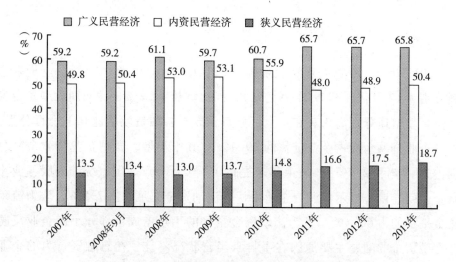

图 2　各层次民营经济贷款余额占全部贷款余额的比重

（三）民营经济贷款占 GDP 份额持续上升

2013 年，广义民营经济贷款占 GDP 的份额为 83.2%，较上年末提高 3.5 个百分点。同期，内资和狭义民营经济贷款占 GDP 的份额分别为 63.7% 和 23.6%，较上年末分别提高 4.3 和 2.4 个百分点（见图 3）。各层次民营经济贷款占 GDP 的比重持续上升，表明由于近几年经济增长持续放缓，企业部门去杠杆进程缓慢，民营企业的资金使用效率在持续下降。

图 3　各层次民营经济贷款占 GDP 的份额

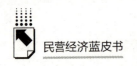

（四）小微企业融资状况持续改善

2013 年末，小微企业贷款余额 13.21 万亿元（小型、微型企业贷款余额分别为 12 万亿元和 1.21 万亿元），同比增长 14.2%，比同期大型、中型企业贷款增速分别高 3.9 和 4 个百分点，高于各项贷款增速 0.1 个百分点。小微企业贷款余额占企业贷款的 29.4%（其中小型、微型企业贷款余额分别占 26.7% 和 2.7%），较上年末提高 0.7 个百分点。国家统计局服务业小微企业问卷调查显示：调查企业中认为流动资金充足的占 7.5%，认为流动资金平稳的占 66.4%，认为流动资金紧张的不足三成。部分小微企业反映存在融资难的问题主要原因在于自身经营状况不佳。在有融资行为的企业中，经营状况良好的企业中有 23.5% 的认为融资困难，经营状况平稳的企业中有 35.4% 的认为融资困难，经营状况不佳的企业中有 71.6% 的认为融资困难。

二 民营经济融资的体制和政策环境进一步改善

2013 年 10 月召开的十八届三中全会对健全社会主义市场经济基本经济制度作了进一步阐述，进一步强调必须毫不动摇地鼓励、支持、引导非公有制经济发展，特别强调要在权利平等、规则平等、机会平等的基础上开展竞争。在这一背景下，民营银行试点以及扶持小微企业融资的一系列政策措施密集出台。

（一）民营银行试点正式破冰

发展民营银行是十八届三中全会明确提出的重大决策，2013 年 7 月 5 日，国务院发布文件称，鼓励民间资本投资入股金融机构和参与金融机构重组改造，尝试由民间资本发起设立自担风险的民营银行、金融租赁公司和消费金融公司等金融机构。2014 年 3 月，银监会正式公告批准首批 5 家民营银行试点方案。民营银行试点的正式开展，不仅对丰富金融市场主体、增加竞争性供给具有重要意义，而且对于确保不同产权资本在设立银行上具有平等竞争权利，也具有标志性示范效应。未来随着存款保险制度等金融安全网的健全,民营银行试点有望逐步扩大。

(二)小微企业直接融资力度明显增大

2013 年 7 月 23 日,发改委发布《关于加强小微企业融资服务支持小微企业发展的指导意见》,着重从股权和债券融资两方面支持小微企业融资。在股权融资方面,重点是确保符合条件的创业投资企业及时足额享受税收优惠政策,加快设立小微企业创业投资引导基金;在债券融资方面,支持符合条件的创业投资企业、产业投资基金及其股东发行企业债券,专项用于投资小微企业;进一步完善"统一组织,统一担保,捆绑发债,分别负债"的中小企业集合债券相关制度设计,扩大小微企业增信集合债券试点规模。支持创业投资企业、产业投资基金、企业债券满足产能过剩行业的小微企业转型转产、产品结构调整的融资需求。这些措施对支持中小企业直接融资发挥了积极作用,到 2013 年末,企业债中的中小企业集合债等较2012 年大幅增长 30%,中小企业创投基金设立明显增多;此外,央行管理的银行间债券市场中的短期融资券、中期票据以及中小企业集优债券等的比重也明显增多。央行在信贷资产证券化常态化试点中,也将中小企业贷款纳入优先重点之列,到 2014 年 9 月末,中小企业信贷资产证券化增量和增速都居首位。

(三)国务院出台金融支持小微企业发展的实施意见

2013 年 8 月 12 日,《国务院办公厅关于金融支持小微企业发展的实施意见》(以下简称《意见》)发布,《意见》提出的 8 项指导意见包括:一是确保实现小微企业贷款增速和增量"两个不低于"的目标;二是加快丰富和创新小微企业金融服务方式;三是着力强化对小微企业的信息服务;四是积极发展小型金融机构;五是大力拓展小微企业直接融资渠道;六是切实降低小微企业融资成本;七是加大对小微企业金融服务的政策支持力度;八是全面营造良好的小微金融发展环境。

银监会 2013 年初发布的《关于深化小微企业金融服务的意见》也提出

了多项激励措施和监管要求。一是要求各银行机构优化信贷结构、腾挪信贷资源，在盘活存量中扩大小微企业融资增量，在新增信贷中增加小微企业贷款份额。二是积极发展小型金融机构，进一步丰富小微企业金融服务机构的种类。三是加强监管政策的正向激励，包括建立机构准入"绿色通道"、鼓励业务创新、有序发行专项金融债、降低资本耗用等。四是鼓励创新金融服务方式。针对不同类型、不同发展阶段的小微企业，开发特色产品，为企业提供量身定做的金融产品和服务。五是切实降低小微企业融资成本，重点治理各种不合理收费和高收费行为，凡不符合规定的收费一律取消，对落实不到位的要严肃查处。

三 进一步改善民营经济融资环境的思考建议

总体看，过去一个时期，得益于政策支持和金融创新的持续推动，民营经济融资环境明显改善，小微企业等民营经济贷款增量和增速已连续5年实现两个"不低于"。但毋庸讳言，在经济下行、结构调整和前期政策消化三期叠加的新常态下，民营经济、小微企业融资难、融资贵问题仍较突出，这一方面表现在信贷可得性上，另一方面也表现在与政府信用的关系上。从当前金融风险暴露情况看，无论是银行信贷，还是债券、股票等金融市场上，民营企业、中小企业的贷款和债券不良率都有所上升，而地方融资平台等尽管负债率明显高于民营企业、中小企业且债务期限更长，但由于有政府信用隐性担保，仍能通过借新还旧维系资金流，风险暴露并不突出。这一现象的背后，本质上仍是民营经济、中小企业融资的信用环境弱于国有企业、大企业，也意味着进一步改善民营经济、小微企业的融资环境需要从单纯的政策支持和鼓励，转向重塑政府和所有企业平等的信用关系，转向通过制度创新，创造一个公平竞争的信用环境。

（一）加快出台存款保险制度，为打破刚性兑付、创造平等竞争的信用环境创造条件

存款保险制度的建立，意味着国家信用从金融体系中退出，让位于市场化

的银行信用和金融体系信用。从逻辑上说,这将意味着理论上不存在"刚性兑付"。这将带来两方面的变化,一是在利率上,来自刚性兑付产品的高利率传递效应将会弱化,金融风险结构将发生变化,无风险利率趋于下降,这对缓解包括中小企业和民营经济在内的实体经济融资难、融资贵问题有帮助;二是意味着大银行、国有银行与中小银行、民营银行一样,都不再享有隐性的国家信用担保,而是平等地通过缴纳保费保住存款人,即各类银行的信用环境趋于平等,这无疑有利于各类中小社区银行的发展。以美国为例,20 世纪 70 年代末存款保险制度建立以来至今,无论是 80 年代储贷协会危机,还是本次国际金融危机,存款保险都对保护倒闭中小银行的存款人发挥了重要作用,由此也使美国社区银行数量始终保持在 7000～8000 家的高位,有力促进了银行体系竞争和小微企业金融服务的改善。

我国存款保险制度经过多年研究,方案已基本成熟。在当前经济下行和风险上升叠加的背景下,加快出台存款保险制度,无论对降低资金风险溢价,缓和融资贵问题,还是对扩大民营银行、社区银行试点,促进竞争性供给的增加,缓和融资难问题都具有重要意义和紧迫性,应尽快出台。

(二)创造有利于发挥民营银行服务民营经济和中小企业的政策环境

发展民营银行是十八届三中全会深化金融改革的重要部署。其意义不仅在于增加金融市场主体、促进供给,而且在于创造一个权利平等、机会平等、规则平等的公平竞争环境。基于此,未来民营银行的试点既要着眼于逐步扩大数量,更要着眼于通过试点创造一个有利于增强金融机构支持民营经济和中小企业发展的政策环境。要通过激励相容的机制设计,例如,完善差异化财税政策、货币信贷政策(如差别化准备金率、定向再贷款),以及差异化监管政策(如贷存比口径调整)等,激励包括民营银行在内的金融机构下沉业务重心,加大支小、支农力度。要按照负面清单原则进一步放宽准入,既要扩大新设民营银行试点,也要鼓励社会资本通过改造存量银行发展民营银行,在有效扩大民营银行数量的同时改善公司治理。同时要强化事中监管和事后风险处置,更多依靠市场机制优胜劣汰促进竞争性供给。

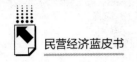
（三）加快转变政府职能，重塑健康合理的政府信用

改善民营经济融资环境，既要着眼于对民营经济本身的政策支持，也要着眼于规范政府和银行的信用关系，通过加快构建规范、透明、可持续的政府融资渠道，防止政府信用过度膨胀过多挤占民营经济和小微企业融资。要按照十八届三中全会要求，通过加快构建规范、透明的地方政府投融资机制，允许地方政府发债等途径，推动预算制度改革，强化债务规模控制和财政纪律约束，分离政府和企业信用，使各类市场主体合理回归到依财务业绩确立信用等级的本位，享有平等的投融资权利。

2013 年中国民营经济税收发展报告

摘 要：

本文描述了 2013 年中国民营经济税收运行情况，总结了民营经济税收运行的主要特征，同时对中国民营经济税收发展前景进行了展望。通过对民营经济的定性和定量分析全方位描绘了中国民营经济税收全貌，在做出上述分析的基础上，提出了对民营经济税收运行的若干看法，并有针对性地提出了促进民营经济发展的税收政策建议。

关键词：

民营经济　私营企业　个体经营　税收收入

2013 年，在国际经济缓慢复苏，国内宏观调控坚持稳中求进、稳中有为、稳中提质的背景下，全年中国 GDP 增长 7.7%，增速与上年基本持平，继续保持增长稳健、结构优化的发展态势。与宏观经济形势相匹配，2013 年税收运行中虽然税收收入出现较大波动，但总体上呈现上升态势，并基本保持了与经济的同步增长。2013 年全年国内税收收入完成 119942.99 亿元，比上年增加 9202.95 亿元，同比增长 8.3%，高于可比价经济增长 0.6 个百分点；民营经济税收收入实现 18168.9 亿元，比上年增加 2004.54 亿元，同比增长 12.4%①。

一 2013 年中国私营企业税收收入分析

（一）2013年中国私营企业税收收入分月度分析

2013 年，私营企业税收收入存在明显的波动性，1 月份最高，达到

---

① 国家税务总局收入规划核算司：《税收月度快报》，2013 年 12 月。

1391.57亿元，占全年私营企业税收收入的12.0%；8月份最低，仅为747.29亿元，占全年私营企业税收收入的6.4%，最高的1月份是最低8月份的1.86倍，其余各月收入相对比较稳定，基本在月平均收入967.53亿元上下波动，占全年私营企业税收收入的比重为6.5%～9.6%。高于平均数的有7个月，低于平均数的有5个月（见表1）。

从私营企业主要税种收入看，国内增值税收入也存在波动性，12月份最高达到534.14亿元，占私营企业增值税全年收入的11.1%，3月份最低为311.74亿元，占私营企业增值税全年收入的6.5%，高于月平均收入的有6个月，低于月平均收入的有6个月。国内消费税收入波动剧烈，最高的2月为4.19亿元，占私营企业消费税全年收入的11.5%，而最低的5月份为1.21亿元。营业税收入各月比较均衡，除1月、6月和12月份外，其他月份收入基本保持在月平均数175.45亿元左右。企业所得税收入存在明显的季节性，各个季度的前一个月收入较高，如1月、4月、7月、10月，分别为405.38亿元、248.03亿元、269.15亿元、298.91亿元，其余各月除5月份外，收入均较低（见表1、图1）。

表1　2013年私营企业主要税种收入分月度状况

单位：亿元，%

月份	国内增值税		国内消费税		营业税		企业所得税		私营企业税收收入	
	绝对数	占全年比重	绝对数	占全年比重	绝对数	占全年比重	绝对数	占全年比重	绝对数	占全年比重
1月	478.59	9.9	4.17	11.4	233.47	11.1	405.38	20.8	1391.57	12.0
2月	355.43	7.4	4.19	11.5	178.22	8.5	40.01	2.1	759.01	6.5
3月	311.74	6.5	3.80	10.4	158.28	7.5	58.69	3.0	763.93	6.6
4月	336.14	7.0	2.12	5.8	153.93	7.3	248.03	12.7	970.69	8.4
5月	381.95	7.9	1.21	3.3	165.61	7.9	250.62	12.9	1024.64	8.8
6月	482.18	10.0	1.42	3.9	204.79	9.7	167.70	8.6	1119.07	9.6
7月	339.07	7.0	1.84	5.0	156.95	7.5	269.15	13.8	996.35	8.6
8月	348.61	7.2	3.20	8.8	164.77	7.8	45.67	2.3	747.29	6.4
9月	412.99	8.6	3.25	8.9	161.35	7.7	49.97	2.6	831.86	7.2
10月	412.00	8.5	3.63	9.9	159.49	7.6	298.91	15.3	1103.63	9.5
11月	432.84	9.0	3.88	10.6	162.99	7.7	47.16	2.4	857.23	7.4
12月	534.14	11.1	3.78	10.4	205.49	9.8	66.34	3.4	1045.12	9.0
全年合计	4825.68	100.0	36.49	100.0	2105.34	100.0	1947.63	100.0	11610.39	100.0
月平均	402.14	—	3.04	—	175.45	—	162.30	—	967.53	—

资料来源：国家税务总局收入规划核算司：《税收月度快报》，2013年1～12月。

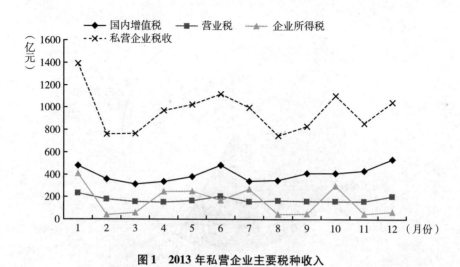

图 1　2013 年私营企业主要税种收入

（二）2013 年中国私营企业税收整体状况分析

2013 年，中国私营企业税收收入，主要来自国内增值税、营业税和企业所得税这 3 个税种。其中，来自国内增值税的收入为 4825.68 亿元，占全部私营企业税收收入的 41.6%；来自营业税的收入为 2105.34 亿元，占全部私营企业税收收入的 18.1%；来自企业所得税的收入为 1947.63 亿元，占全部私营企业税收收入的 16.8%。来自这三大税种的收入占全部私营企业税收收入的 76.5%，其余税种收入仅占 23.5%（见表 2、图 2）。

表 2　2013 年中国私营企业主要税种收入状况

单位：亿元，%

税种	税收收入	国内增值税	国内消费税	营业税	企业所得税	其他
上年收入	10794.82	4512.00	51.97	2002.63	1882.10	2346.12
本年收入	11610.39	4825.68	36.49	2105.34	1947.63	2695.25
占比	100.0	41.6	0.3	18.1	16.8	23.2
同比增加	815.57	313.68	-15.48	102.71	65.53	349.13
同比增长	7.6	7.0	-29.8	5.1	3.5	14.9

注：其他是指除国内增值税、消费税、营业税和企业所得税以外的税种收入。

资料来源：国家税务总局收入规划核算司：《税收月度快报》，2013 年 12 月。

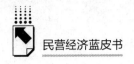
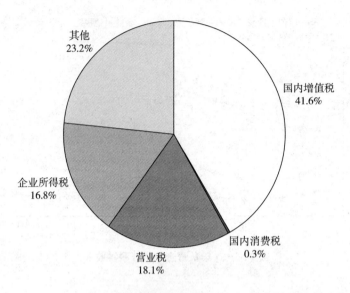

图 2　2013 年私营企业税收收入构成

2013 年，私营企业税收收入比上年增加 815.57 亿元，同比增长 7.6%，在私营企业税收收入中，国内增值税比上年增加 313.68 亿元，同比增长 7.0%；国内消费税比上年减少 15.48 亿元，同比下降 29.8%；营业税比上年增加 102.71 亿元，同比增长 5.1%；企业所得税比上年增加 65.53 亿元，同比增长 3.5%。私营企业国内增值税、营业税和企业所得税这三大税种收入增长率均低于私营企业税收收入增长率，特别是作为第三大税种的企业所得税增长率仅为 3.5%，直接影响了私营企业税收收入的增长。

二　2013 年中国个体经营主要税种收入分析

（一）2013 年中国个体经营税收收入分月度分析

2013 年，个体经营税收收入存在明显的波动性，12 月份最高，达到 680.09 亿元，占全年个体经营税收收入的 10.4%；2 月份最低，仅为 395.60 亿元，占全年个体经营税收收入的 6.0%，最高的 12 月是最低 2 月的 1.72 倍，其余各月收入相对比较稳定，基本在月平均收入 546.54 亿元上下波动，占全年个体经营税收收入的比重为 7.5% ~9.8%。高于平均数的有 5 个月，低于平均数的有 7 个月（见表 3）。

从个体经营主要税种收入看，国内增值税收入也存在波动性，12 月份最高，达到 99.07 亿元，占个体经营增值税全年收入的 13.5%，3 月份最低，为 45.87 亿元，占个体经营增值税全年收入的 6.2%，高于月平均收入的有 5 个月，低于月平均收入的有 7 个月。国内消费税收入波动剧烈，最高的 6 月为 0.38 亿元，占全年收入的 10.8%，而最低的 2 月份为 0.23 亿元，仅占全年收入的 6.6%。个体经营营业税收入最高的 3 月份为 129.40 亿元，占全年收入的 12.2%，其余各月基本保持在月平均数 88.42 亿元左右（见表 3、图 3）。

表 3　2013 年个体经营主要税种收入分月度状况

单位：亿元，%

月份	国内增值税		国内消费税		营业税		个体经营税收收入合计	
	绝对数	占全年比重	绝对数	占全年比重	绝对数	占全年比重	绝对数	占全年比重
1	73.55	10.0	0.26	7.4	96.77	9.1	599.31	9.1
2	46.69	6.3	0.23	6.6	70.56	6.7	395.60	6.0
3	45.87	6.2	0.28	8.0	129.40	12.2	639.46	9.8
4	49.04	6.7	0.26	7.4	96.19	9.1	538.08	8.2
5	54.50	7.4	0.27	7.7	87.12	8.2	550.55	8.4
6	58.39	7.9	0.38	10.8	90.30	8.5	542.15	8.3
7	54.98	7.5	0.26	7.4	78.89	7.4	514.27	7.9
8	55.08	7.5	0.26	7.4	73.08	6.9	491.04	7.5
9	61.36	8.3	0.29	8.3	75.74	7.1	516.75	7.9
10	62.96	8.6	0.32	9.1	70.79	6.7	519.59	7.9
11	73.95	10.1	0.34	9.7	83.97	7.9	571.62	8.7
12	99.07	13.5	0.36	10.3	108.21	10.2	680.09	10.4
全年合计	735.44	100.0	3.51	100.0	1061.02	100.0	6558.51	100.0
月平均	61.29	—	0.29	—	88.42	—	546.54	—

资料来源：国家税务总局收入规划核算司：《税收月度快报》，2013 年 1 ~12 月。

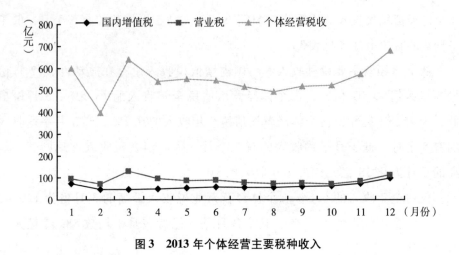

图3　2013年个体经营主要税种收入

（二）　2013年中国个体经营税收整体状况分析

2013年，中国个体经营税收收入中，仅有国内增值税、国内消费税和营业税3个税种的分类统计。其中，来自国内增值税的收入为735.44亿元，占全部个体经营税收收入的11.2%；来自营业税的收入为1061.02亿元，占全部个体经营税收收入的16.2%；来自国内消费税的收入为3.51亿元，占全部个体经营税收收入的0.1%。来自这3个税种的收入仅占全部个体经营税收收入的27.5%，其他未统计税种收入占72.6%（见表4、图4）。

表4　2013年中国个体经营主要税种收入状况

单位：亿元，%

税种	税收收入	国内增值税	国内消费税	营业税	其他
上年收入	5369.54	639.74	3.74	931.78	3794.28
本年收入	6558.51	735.44	3.51	1061.02	4758.54
占比	100.0	11.2	0.1	16.2	72.6
同比增加	1188.97	95.70	−0.23	129.24	964.26
同比增长	22.1	15.0	−6.1	13.9	25.4

注：其他是指除国内增值税、国内消费税、营业税以外的税种收入。

资料来源：国家税务总局收入规划核算司：《税收月度快报》，2013年12月。

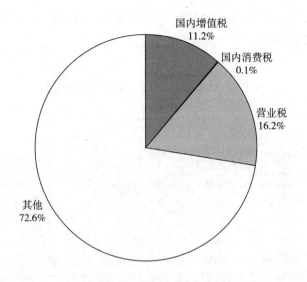

图 4　2013 年个体经营税收收入构成

2013 年，个体经营税收收入比上年增加 1188.97 亿元，同比增长 22.1%。其中，国内增值税比上年增加 95.70 亿元，同比增长 15.0%；国内消费税比上年减少 0.23 亿元，同比下降 6.1%；营业税比上年增加 129.24 亿元，同比增长 13.9%；其他税收比上年增加 964.26 亿元，同比增长 25.4%（见表 4）。

三　2013 年中国民营经济税收特点分析

（一）2013 年民营经济税收收入分月度分析

民营经济税收收入走势受私营企业税收收入和个体经营税收收入走势的双重影响，表现为 1 月份最高，为 1990.88 亿元，占全年民营经济税收收入的 11.0%，2 月份最低，为 1154.61 亿元，占全年民营经济税收收入的 6.4%，最高是最低的 1.72 倍。民营经济税收运行走势受私营企业影响较大，主要原因是 63.9% 的民营经济税收收入来自私营企业。

私营企业税收收入占民营经济税收收入的比重平均为 63.9%，分月度看，最高的 1 月份达到 69.9%，最低的 3 月份为 54.4%；个体经营税收收入占民

营经济税收收入比重平均为 36.1%，分月度看，最高的 3 月份达到 45.6%，最低的 1 月份为 30.1%（见表 5、图 5）。

表 5　2013 年民营经济税收收入分月度状况

单位：亿元，%

月份	私营企业		个体经营		民营经济	
	绝对数	占民营经济比重	绝对数	占民营经济比重	绝对数	占全年比重
1	1391.57	69.9	599.31	30.1	1990.88	11.0
2	759.01	65.7	395.60	34.3	1154.61	6.4
3	763.93	54.4	639.46	45.6	1403.39	7.7
4	970.69	64.3	538.08	35.7	1508.77	8.3
5	1024.64	65.0	550.55	35.0	1575.19	8.7
6	1119.07	67.4	542.15	32.6	1661.22	9.1
7	996.35	66.0	514.27	34.0	1510.62	8.3
8	747.29	60.3	491.04	39.7	1238.33	6.8
9	831.86	61.7	516.75	38.3	1348.61	7.4
10	1103.63	68.0	519.59	32.0	1623.22	8.9
11	857.23	60.0	571.62	40.0	1428.85	7.9
12	1045.12	60.6	680.09	39.4	1725.21	9.5
合计	11610.39	63.9	6558.51	36.1	18168.90	100.0
平均	967.53	—	546.54	—	1514.07	—

资料来源：国家税务总局收入规划核算司：《税收月度快报》，2013 年 1～12 月。

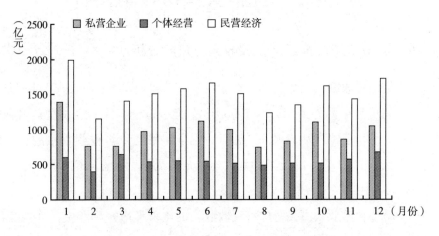

图 5　2013 年民营经济税收收入分月度状况

（二） 2013 年民营经济税收整体运行分析

2013 年，中国民营经济税收收入 18168.90 亿元①，比上年增加 2004.54 亿元，同比增长 12.4%，高于全国税收收入增长速度，占全国税收收入的 15.1%，较上年提高 0.5 个百分点②。其中，私营企业税收收入为 11610.39 亿元，比上年增加 815.57 亿元，同比增长 7.6%，占民营经济税收收入的 63.9%，占全国税收收入的 9.7%；个体经营税收收入 6558.51 亿元，比上年增加 1188.97 亿元，同比增长 22.1%，占民营经济税收收入的 36.1%，占全国税收收入的 5.5%（见表 6、图 6）。

表 6　2013 年中国民营经济税收收入状况

单位：亿元，%

经济类型	税收收入	占民营经济税收收入比重	2012 年	比上年增加	同比增长	占全国税收收入
私营企业	11610.39	63.9	10794.82	815.57	7.6	9.7
个体经营	6558.51	36.1	5369.54	1188.97	22.1	5.5
民营经济	18168.90	100.0	16164.36	2004.54	12.4	15.1

资料来源：国家税务总局收入规划核算司：《税收月度快报》，2013 年 12 月。

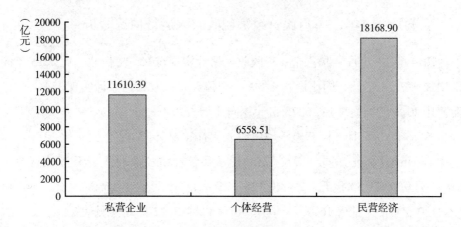

图 6　2013 年民营经济税收收入

---

① 民营经济税收收入为私营企业和个体经营税收收入合计数。
② 2012 年民营经济税收收入占全国税收收入的 14.6%。

总之，2013年以来，虽然受到国际金融危机的影响，中国经济增长速度放缓，税收收入增长速度也较上年减缓，但民营经济税收收入绝对数量不仅增加，而且，增长速度也保持了与名义经济增长速度基本同步。民营经济税收收入在全国税收收入中的地位呈逐渐上升趋势，已经成为税收收入中不可或缺的重要组成部分。

四　2014年民营经济税收收入总量预测

2014年是落实十八大精神开局之年和实施"十二五"规划承前启后的关键一年，国内稳增长与调结构相结合的宏观政策组合效果将进一步显现，改革为中国经济发展注入新的动力，"十二五"重点建设项目加快推进，加之世界经济复苏步伐有望加快等有利因素，中国经济企稳回升。2014年应进一步加大改革力度，继续把握稳中求进的总基调，以提高经济增长质量和效益为中心，实行积极的财政政策和稳健的货币政策，积极稳妥地推进城镇化，增强消费对经济增长的基础作用，发挥投资对经济增长的关键作用。

（一）2014年1~6月民营经济税收收入运行情况分析

2014年1~6月，私营企业税收收入累计实现6615.29亿元，比2013年同期增加579.34亿元，同比增长9.6%。个体经营税收收入累计实现3341.90亿元，比2013年同期增加76.75亿元，同比增长2.4%。

2014年1~6月，民营经济税收收入累计实现9957.19亿元，比2013年同期增加656.09亿元，同比增长7.1%。从民营经济税收收入分月度运行情况看，1月份2300.53亿元，2月份1267.75亿元，3月份1416.34亿元，4月份1574.20亿元，5月份1625.25亿元，6月份1773.12亿元（见表7）。

（二）　2014年民营经济税收收入预测

由于对2014年民营经济税收收入的预测属于短期预测，可以简单按照近年来民营经济税收收入发展情况进行短期外推预测。

表7　2014 年 1~6 月民营经济税收收入状况

单位：亿元，%

月份 \ 经济类型	私营企业	个体经营	民营经济
1	1609.20	691.33	2300.53
2	842.10	425.65	1267.75
3	841.93	574.41	1416.34
4	1052.79	521.41	1574.20
5	1071.73	553.52	1625.25
6	1197.55	575.57	1773.12
1~6 月累计	6615.29	3341.90	9957.19
比上年同期增减	579.34	76.75	656.09
同比增长	9.6	2.4	7.1

资料来源：国家税务总局收入规划核算司：《税收月度快报》，2014 年 1~6 月。

根据表 8 资料，我们可以采用平均增加额法以及平均增长率和平均弹性系数来预测 2014 年民营经济税收收入。

（1）增加额法预测。按 2009~2013 年 5 年平均增加额 2061.31 亿元预测，2014 年民营经济税收收入为 20230.21 亿元，比 2013 年增长 11.3%。按 2013 年增加额 2004.54 亿元预测，2014 年民营经济税收收入为 20173.44 亿元，比 2013 年增长 11.0%。

（2）增长率法预测。按 2009~2013 年 5 年平均增长率 17.4% 预测，2014 年民营经济税收收入为 21330.29 亿元，比 2013 年增加 3161.39 亿元。按 2013 年增长率 12.4% 预测，2014 年民营经济税收收入为 20421.84 亿元，比 2013 年增加 2252.94 亿元。

表8　2008~2012 年中国民营经济税收状况

单位：亿元，%

年份	税收收入	增加额	增长率	年份	税收收入	增加额	增长率
2009	9037.38	1175.02	9.2	2012	16164.36	1400.79	9.5
2010	11149.04	2111.66	23.4	2013	18168.90	2004.54	12.4
2011	14763.57	3614.53	32.4	平均数	—	2061.31	17.4

综上分析预测结果：2014 年民营经济税收收入预测值为 20173.44 亿 ~ 21330.29 亿元，结论预测值为 20621.45 亿元，比 2013 年增加 2452.55 亿元，增长 13.5%（见表 9）。

表9 2014 年中国民营经济税收预测值

单位：亿元，%

方法＼指标	税收收入增长率	税收收入增加额	税收收入预测值
增加额法	11.3	2061.31（前 5 年平均）	20230.21
	11.0	2004.54（上年数）	20173.44
增长率法	17.4（前 5 年平均）	3161.39	21330.29
	12.4（上年数）	2252.94	20421.84
平　均	13.5	2452.55	20621.45

五 看法和建议

（一）对民营经济税收运行的几点看法

（1）2013 年，民营经济税收实现 18168.90 亿元，占全国税收收入的 15.1%，较上年提高 0.5 个百分点，同比增长 12.4%，较同期全国税收收入增长高 4.1 个百分点。正是因为民营经济税收的高速增长，民营经济税收在全国税收收入中的地位得以提高。2013 年，民营经济税收比上年增加 2004.54 亿元，占全国税收收入增加额的 21.8%。可以说，民营经济税收在税收运行中的作用越来越重要，对税收收入增长的推动作用越来越强，日益成为税收运行中不可或缺的重要部分，民营经济税收的运行状况已在很大程度上影响着税收收入的运行态势。

（2）从民营经济税收两大组成部分看，来自个体经营的税收增长较快。2013 年，个体经营税收较上年增长 22.1%，远远高于全国税收收入增长，高于私营企业税收增长 14.5 个百分点。2013 年，个体经营税收较上年增加 1188.97 元，占民营经济税收增加额的近 6 成（为 59.3%），对全国税收收入增加额的贡献度也达到了 12.9% 。由于个体经营税收的高速增长，其在民营经济税收中的比重也较上年提高了 2.9 个百分点。透过税收看经济，个体经营已经成为民营经济发展的一支重要生力军，为民营经济的发展做出了重大贡献。

（3）私营企业税收作为民营经济税收的主要来源，其收入结构直接影响了民营经济的税收收入结构。从私营企业税收结构看，2013 年，国内增值税是主要来源，占私营企业税收的 41.6% ，仅比上年低 0.2 个百分点，基本保持了平稳运行态势，增值税的平稳运行确保了私营企业税收的平稳运行。私营企业营业税占比较上年下降了 0.5 个百分点，继续保持私营企业第二大税种的地位。企业所得税受经济运行的影响波动较大，仅比上年增长 3.5% ，低于私营企业税收增长 4.1 个百分点，受此影响，企业所得税占私营企业税收的比重较上年下降 0.6 个百分点。从个体经营税收收入结构看，受其所处行业影响，个体经营增值税所占比重较低，仅为 11.2% ，营业税所占比重达到 16.2% ，取代增值税成为第一大税种，所占比重高于增值税 5 个百分点。未来"营改增"将对个体经营税收结构产生重大影响，需要密切关注。

（4）2014 年上半年，民营经济税收增长 7.1% ，低于全国税收收入增长 1.1 个百分点[①]。民营经济税收低速增长的主要原因是个体经营税收增长仅为 2.4% ，比上年同期增加 76.75 亿元，远远低于民营经济税收和全国税收收入增长。同时，也可以看出，2014 年对小微企业税收的优惠政策发挥了作用，特别是提高了增值税和营业税的起征点，减轻了个体经营的税收负担。私营企业税收较上年同期增加 579.34 亿元，同比增长 9.6% ，高于全国税收收入增长 1.4 个百分点，正是由于私营企业税收的良好增长，民营经济税收平稳运行的态势得以保障，没有因个体经营税收的下滑而下降。2014 年全年民营经济税收运行态势如何，私营企业税收运行态势起主导作用。

（二）若干政策建议

民营经济中小型微利企业在增加就业、促进经济增长等方面具有不可替代的作用，对国民经济和社会发展具有重要的战略意义。有经营，就会有税收，

---

① 2014 年上半年全国税收收入增长 8.2% 。

"小经营"自然是"少税收"。

2014 年财政部、国家税务总局再度出台针对小微企业的"微刺激"减税政策,此次政策调整主要有两方面:一是"降门槛",享受优惠政策的小微企业年应纳税所得额从 6 万元扩展至 10 万元;二是"延时间",优惠政策有效期从 2015 年底延长至 2016 年底,切实减轻了小型微利企业的负担。

针对民营经济现状,具体建议如下。

(1)增值税方面。允许企业自由选择一般纳税人资格,或者说一般纳税人可以选择简易征收办法,从而降低民营经济中小微企业的间接税成本。首先,纳税人自由选择一般纳税人资格,并不必然导致税收流失。其次,采用增值税简易征收办法或者将增值税征收率设定为 3%。允许纳税人自由选择,既不会减少税收收入,又降低了税收资格的"制度成本",提高了民营经济(主要是小微企业)的市场理性,从而提高经济效益。最后,纳税人自由选择纳税人资格,其效果等同于为纳税人设定了一个最高的征收率,为国家与纳税人的分配设定了一个红线,有利于减税政策的落实,纠正政策制定中可能存在的行业歧视(奖限政策职能交给消费税去实现)。

(2)营业税方面。营业税重复征税加重了纳税人的税收负担,因此,要加快"营改增"步伐,扩大"营改增"范围。从支持一般纳税人小微企业出发,建议将"营改增"范围尽快全覆盖,特别是覆盖到个体经营,需要特别说明的是,"营改增"与增值税一般纳税人资格自由选择并不矛盾。"营改增"后,一般纳税人资格也要可以自由选择,或者可以实行简易征收办法,征收率也可以定为 3%。这样,可以避免税收政策出现第一、二、三产业的"产业歧视",避免消费者的消费行为因税收而被扭曲,真正起到促进消费的作用。同时,消费者的市场理性和生产者的市场理性可以维系产销双方的平衡。平衡市场由于"良币驱逐劣币"效应,无疑会自动寻找市场效率高者。

(3)企业所得税方面。主要从两个方面改革:一是按照比区域行业平均应税所得率略高的标准确定核定征收企业所得税的应税所得率。可以选择省以上区域,并以全国市场化程度高的行业确定全国的平均应税所得率。考虑到核定征收降低了财务人员费用,也为了防止纳税人滥用核定征收,核定应税所得率可以高于平均应税所得率 15%～30%。二是对于实行查账征收企业所得税的，要从企业内控下手，改变凭票税前扣除的做法。对于业务支出真实的白纸发票，允许所得税前扣除；否则按发票管理办法处罚。

（4）行政规费方面。主要是国家财政向纳税人提供金税工程相关费用。这一点对民营经济中的小微企业极为重要。一般来说，小微企业抵抗和承受风险的能力较弱，较难预期现行的抵扣进项税额制度在未来会有什么变化，无法预知市场风险和企业经营风险，这使得不少想申办一般纳税人的小微企业"望而却步"，一旦国家承担了这部分费用，纳税人对未来的损失或者收益的计算就截然不同，而纳税人往往处于临界点，计算结果的不同会导致其最后决策的不同。可以预见的是：采取这个措施，可以提高小微企业的"创业热情"。

参考文献

［1］付广军：《促进民营企业发展的税收政策研究》，《山东经济》2004 年第 4 期。
［2］付广军、孟丽：《非公有制经济发展的财政支持政策研究》，《华东经济管理》2005 年第 10 期。
［3］王钦敏：《中国民营经济发展报告 NO.10（2012～2013）》，北京：社会科学文献出版社，2013。

课题组组长：付广军
课题组成员：史书新　张玉春　张　辉　龙海红　李冬梅①

---

①　付广军：国家税务总局税科所研究员；史书新：中国华融资产管理公司高级会计师；张玉春：首都经济贸易大学副教授；张辉：中国传媒大学教授；龙海红：财政部财科所副研究员；李冬梅：北京石油化工学院助理研究员。

B.6

2013 年民营上市公司研究

摘　要:

截至 2014 年 6 月,民营上市公司数量达到 1329 家,上市步伐由之前的快速转为中速。在经济大环境依然困难的背景下,这些上市民营企业 2013 年实现了营业收入的平稳增长和利润的反弹,营业总收入达 3.38 万亿元,比 2012 年增长 16.7%;实现利润总额 2723 亿元,比 2012 年增长 18%。

关键词:

民营上市公司　营业总收入　利润总额　净资产收益率

过去两年,中国经济维持中速平稳增长,2013 年 GDP 增长 7.7%,与 2012 年基本持平。出口增速相对平稳,投资和消费增速则有不同程度的下降。在经济保持平稳的 2013 年,民营上市公司营业收入也保持了平稳增长,而利润取得明显反弹,这说明经济增长的质量在提高,民营企业比以往在政策上更受益。

欧美经济正逐渐从金融危机中恢复,而主要新兴市场国家经济出现明显下降。美国就业持续改善让美联储开始削减 QE3 规模,货币政策正常化为时不远;欧洲经济已经走出衰退,但复苏步伐还很慢,而且面临较大的通缩风险;在"安倍经济学"的带动下,日本经济有了明显的好转。不仅是中国,巴西、俄罗斯和印度等新兴市场国家的经济在过去两年都出现了明显的下滑,都面临一些结构性和不平衡问题,这对中国的整体出口构成压力,进而影响到整体民营上市公司的状况。

未来中国经济将进入一个中速增长的新常态,经济增长将更多维持在 7% ~ 8% 的水平,过去依赖出口和投资的增长模式将一去不复返。中期内,中国经济面临地方政府和企业债务高企、房地产面临下行风险、部分行业产能过剩依然严重、实体经济资金成本上升等一系列问题，经济恢复缺乏强劲的动力。2014 年，在房地产疲软的压力下，中国经济增速可能会略微回落到 7.5% 的水平，民营上市公司仍将面临较为困难的宏观环境，需要自身做出更为积极的调整。

不过，改革的大幕已经拉开，经济各领域的改革都会朝着有利于市场经济、民营经济的方向发展。长期来看，民营上市公司的比重还会进一步上升，改革释放出的红利会大大提高民营企业的发展空间。

一　规模与成长性

由于 2013 年 IPO 停发，2013 年并没有新增民营上市公司，只是 9 月份美的集团成功替换之前的美的电器。2014 年初 IPO 开闸之后，截止到 6 月底，共有 1329 家民营上市公司，2014 年上半年新增 47 家。民营公司的上市步伐由之前的快速扩张转为稳步前进，未来几年都有望维持年均 100 家左右的增长。

2013 年整体经济平稳运行，但民营上市公司的业绩相对于 2012 年的低迷却出现了明显反弹。1329 家民营上市公司 2013 年共实现营业收入 33829.6 亿元，比 2012 年增长了 16.7%，增速比 2012 年上升了 8.3 个百分点；实现总利润 2722.5 亿元，比 2012 年增长了 18%，增速比 2012 年大幅提升了近 28 个百分点。这表明整体经济的增长质量提高，政策比以前更容易让民营企业受益。

不过，2013 年业绩的反弹并不意味着民营上市公司已经完全摆脱了 2012 年的困境，毕竟整体经济仍面临长期下降的压力。2014 年一季度，民营上市公司的业绩就有所回落，营业总收入增长为 12.7%，增速比 2013 年下降 4 个百分点；利润总额增长 9.4%，增速比 2013 年下降 8.6 个百分点。

（一）上市步伐有所放慢

2010～2012 年是民营上市公司数量迅猛增长的 3 年，新增 647 家民营上市公司，占民营上市公司总数的一半以上。2013 年 IPO 停发，但进入 2014 年民营公司的上市步伐明显减速，上半年新增 47 家。截止到 2014 年 6 月底，

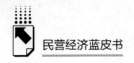
民营上市公司数量达到 1329 家,占 A 股上市公司数量的比重稳定在 52% 左右(见表 1、图 1)。

近两年民营公司上市步伐的放缓主要有两方面的原因:一方面,IPO 自 2012 年四季度以后被暂停,直到 2014 年初才恢复,主观上堵住了上市的路;另一方面,中国经济也进入了中速增长阶段,民营经济在这种调整过程中受到的冲击相对较大,客观上上市的节奏受到抑制。

表 1 历年民营上市公司数量及占比

单位:家,%

年份	新增民营上市公司数量	累计民营上市公司数量	占 A 股上市公司数量比重
1990	3	3	37.50
1991	1	4	33.30
1992	12	16	36.70
1993	23	39	26.60
1994	31	70	28.00
1995	9	79	28.70
1996	62	141	30.90
1997	53	194	29.60
1998	28	222	29.30
1999	18	240	28.20
2000	50	290	29.40
2001	24	314	29.40
2002	20	334	29.30
2003	24	358	29.70
2004	43	401	30.90
2005	8	409	31.10
2006	33	442	32.00
2007	64	506	33.80
2008	56	562	35.70
2009	72	634	38.00
2010	271	905	44.80
2011	251	1156	50.30
2012	125	1281	52.20
2013	1	1282	52.20
2014 上半年	47	1329	52.80

资料来源:Wind、SEEC。

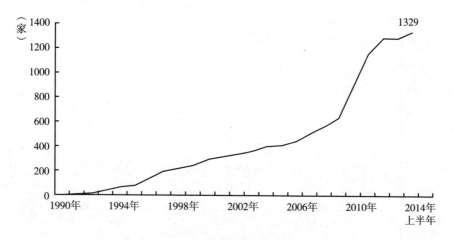

图 1　历年民营上市公司数量

注：每年民营上市公司的数量在 Wind 资讯上都会有些微小的调整，本研究报告以最新调整数据为准。2014 年上半年的民营上市公司数量，时间截止到 2014 年 6 月 30 日，本文以下分析均基于这 1329 家民营上市公司。

资料来源：Wind、SEEC。

未来民营企业的上市前景如何？随着经济逐渐步入中速增长阶段，民营企业很难再维持过去三年的快速上市步伐。从上市公司数量看，中国还落后于印度、美国、日本、加拿大和西班牙，但中国的经济规模已经成为世界第二，也就是说，未来中国股市的规模依然存在增长空间。在债券市场发展相对滞后的情况下，股市依然会成为中国企业尤其是民营企业融资的主要渠道，估计未来几年新增的民营上市公司数量会有所将少，但依然有望维持每年增加 100 家左右的速度。

（二）营业收入逆势上升

在 2012 年营业总收入增长大幅下降之后，2013 年虽然宏观环境与 2012 年大致相当，但民营上市公司营业总收入却出现了逆势上升。1329 家民营上市公司 2013 年共实现营业收入 33829.6 亿元，比 2012 年增长了 16.7%，增速比 2012 年上升了 8.3 个百分点。另外，2013 年民营上市公司总资产规模为 51036 亿元，比 2012 年增长了 17.9%，增速与 2012 年大致持平（见图 2）。

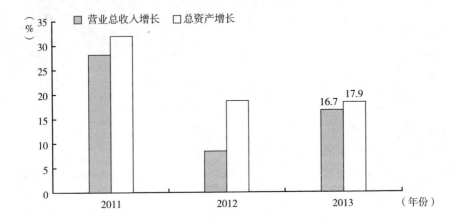

图2 2011～2013年民营上市公司营收和资产增速

资料来源：Wind、SEEC。

营业收入排名前10的民营上市公司全部集中在制造业与批发和零售业这两个行业。排名前三位的是美的集团、苏宁云商和新希望，营业收入分别为1212.7亿元、1052.9亿元和694亿元，其中美的集团和苏宁云商营业收入都突破1000亿元。美的集团的前身就是美的电器，这三家企业过去三年牢牢把持着民营上市公司营业收入前三的位置。

2011年上市的三家汽车企业——庞大集团、长城汽车和比亚迪分别占据营业收入排行第四至第六位，连续两年都杀进营业收入前10。随着中国居民收入的不断提高，居民消费将由以前的常用生活品、资源类产品逐渐向耐用品转移，而汽车就是其中之一。未来全球车市的增长中估计有80%来自新兴市场国家，中国无疑是其中最有吸引力的市场，这为民营汽车企业的做大做强创造了有利的宏观环境（见表2）。

整个汽车行业在经历了2012年的不如意后，2013年都出现了不错的反弹，这从庞大集团、长城汽车和比亚迪的表现也可窥见。庞大集团2012年营业总收入仅实现4.2%的增长，而2013年这一增速上升到10.7%；长城汽车营业总收入则连续三年增速保持在30%以上；比亚迪营业总收入由2012年的负增长，上升到12.7%。

表2　2013 年营业收入排名前 10 的民营上市公司

单位：亿元

排名	公司名称	所属行业	营业收入	总资产	利润总额
1	美的集团	制造业	1212.7	969.5	100.1
2	苏宁云商	批发和零售业	1052.9	822.5	1.4
3	新希望	制造业	694.0	295.4	28.1
4	庞大集团	批发和零售业	639.9	650.6	7.9
5	长城汽车	制造业	567.8	526.0	99.2
6	比亚迪	制造业	528.6	763.9	8.3
7	如意集团	批发和零售业	451.9	55.8	2.0
8	爱施德	批发和零售业	402.4	119.3	10.1
9	三一重工	制造业	373.3	638.7	34.5
10	九州通	批发和零售业	334.4	186.0	6.1

资料来源：Wind、SEEC。

2014 年，在整体经济和工业下行压力较大的背景下，汽车业仍有望保持不错的增长。2014 年上半年规模以上工业增加值中的汽车制造业实现 13.4% 的增长，仍优于 2013 年同期。

（三）利润增速明显反弹

在 2012 年利润负增长后，2013 年民营上市公司利润增长明显反弹。2013 年民营上市公司实现总利润 2722.5 亿元，比 2012 年增长了 18%，增速比 2012 年大幅提升了近 28 个百分点。

从近几年变化趋势看，民营上市公司的利润增速与国民经济的整体运行密切相关，当经济强劲反弹时，利润增速较高；当经济处在下行通道时，利润增速也会逐渐下降。2008 年受金融危机的强烈冲击，四季度 GDP 增速跌至 6.6% 的低点，当年民营上市公司利润下降近 15%；随着"四万亿"刺激政策的推出，中国经济强力复苏，到 2010 年一季度 GDP 增速达 12.1%，带动民营上市公司利润在 2009 年增长超过 40%；之后经济开始逐渐下行，民营上市公司利润增速也逐渐回落，2012 年 GDP 增长只有 7.7%，创下 1998

年以来的最低经济增速，民营上市公司也在 2012 年再度出现利润负增长（见图 3）。

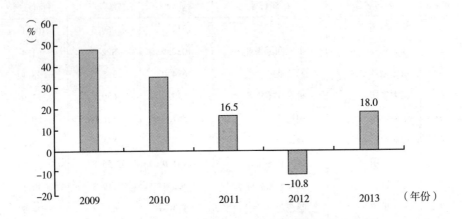

图 3　2009～2013 年民营上市公司利润增长

资料来源：Wind、SEEC。

不过，2013 年利润反弹与上述规律有些违背。2013 年 GDP 增速也是 7.7%，但民营上市公司利润却实现大逆转。对比 2011 年，GDP 增速下降了，但民营上市公司利润增长却好于 2011 年。这从侧面反映出，在整体经济增速不变的情况下，民营企业比以前更受益了，也说明经济增长的质量在提高。2013 年实施的"微刺激"政策更有针对性，很多政策都是直接针对中小企业，使民营企业比以往更容易得到政策的惠及。民营上市公司主要集中在制造业，而 2013 年下半年制造业投资在政策带动下有所起色，这与 2012 年有很大不同。

2013 年，利润总额排名前三位是美的集团、长城汽车和深国商，分别实现利润总额 100.1 亿元、99.2 亿元和 52.4 亿元。利润排名前 10 的民营上市公司，除了中南建设外，主要集中在制造业和房地产业。房地产行业受政策调控的影响较大，自 2012 年上半年政策放松后，房地产市场出现明显的反弹，尤其是 2013 年房市异常火爆。荣盛发展和华夏幸福连续两年进入利润排名前 10，它们 2013 年的利润总额增长分别为 47.1% 和 42.3%，都实现了较快的利润增长。

表3　2013 年利润排名前 10 的民营上市公司

单位：亿元，%

排名	公司名称	所属行业	利润总额	利润总额增长
1	美的集团	制造业	100.1	29.9
2	长城汽车	制造业	99.2	45.0
3	深国商	房地产业	52.4	—
4	荣盛发展	房地产业	41.0	47.1
5	华夏幸福	房地产业	35.9	42.3
6	三一重工	制造业	34.5	-49.9
7	复星医药	制造业	29.1	36.9
8	新希望	制造业	28.1	13.5
9	康美药业	制造业	22.1	30.8
10	中南建设	建筑业	21.3	33.5

资料来源：Wind、SEEC。

二　分行业特征

本文的行业分类参照证监会对于上市公司的分类标准，分为采掘业、传播与文化产业、房地产业、建筑业、金融保险业、交通运输仓储业、农林牧渔业、批发零售业、社会服务业、信息技术业、电力煤气及水的生产与供应业、制造业和综合类，共 13 个大类。

2012 年大部分行业营业收入和利润增速都有不同程度的下降，比重最大的制造业利润下降使民营上市公司整体利润出现负增长。目前来看，制造业依然没有明显起色，2013 年很难走出困境。房地产业在民营上市公司中的地位不断上升，已经逐渐取代信息技术业和批发零售业，成为利润贡献第二大行业，它在 2012 年保持了相对较好的利润增长。

（一）制造业出现反弹

民营上市公司中制造业的数量继续扩张，截止到 2014 年 6 月达 965 家，占所有民营上市公司的比重为 72.6%，比 2012 年有所提升。由于制造业在民营上市公司中处于绝对核心的地位，2013 年制造业营业收入和利润增速的反弹是导致整体民营上市公司业绩好于 2012 年的主要原因。

2013 年制造业实现营业收入 22543.0 亿元，比 2012 年增长 13.4%，增速比 2012 年提高近 10 个百分点；实现利润总额 1816.5 亿元，比 2012 年增长 18.9%，相对于 2012 年利润的负增长，2013 年制造业利润出现大幅反弹（见表 4）。

表 4　2013 年民营上市公司各行业营业收入和利润

行业分类	数量（家）	营业收入（亿元）	增长率（%）	利润（亿元）	增长率（%）	营业成本（亿元）	增长率（%）
制造业	965	22543.0	13.4	1816.5	18.9	21195.8	13.3
信息技术服务业	99	699.4	31.7	104.6	10.6	624.6	33.6
批发和零售贸易	61	5550.0	16.3	139.4	3.7	5462.3	16.6
房地产业	53	1650.0	37.7	329.9	32.4	1421.5	44.2
建筑业	32	1592.3	26.7	116.9	29.4	1485.6	26.6
采矿业	25	389.0	29.0	67.4	-3.9	337.4	36.0
农、林、牧、渔业	22	258.7	18.1	12.1	-33.8	255.2	24.2
水利、环境和公共设施管理业	13	118.4	30.4	30.4	23.8	93.5	35.0
租赁和商务服务业	10	561.3	68.5	25.4	36.2	539.3	70.6
科学研究和技术服务	9	69.4	30.1	12.7	23.8	57.8	31.6
交通运输、仓储业和邮政业	8	62.2	0.7	5.4	-28.5	57.9	3.0
文化、体育和娱乐业	7	49.0	21.5	19.0	54.9	35.8	19.0
电力、热力及水的生产和供应业	7	122.6	26.2	24.9	51.5	99.2	20.2
综合类	6	84.9	16.2	7.0	-67.1	80.0	11.7
住宿和餐饮业	5	14.2	-32.4	-5.1	-422.0	18.2	-8.0
卫生和社会工作	4	38.0	27.5	6.7	27.3	31.3	27.2
金融业	3	27.3	28.5	9.3	60.3	15.0	-9.9

资料来源：Wind、SEEC。

虽然民营制造业业绩在 2013 年出现反弹，但整个制造业依然没有摆脱下行的趋势。制造业固定资产投资增速已经从 2011 年的 31.8%，逐步下降到 2014 年上半年的 14.8%。尤其需要注意的是，制造业投资在 2013 年下半年稍微反弹后，在 2014 年上半年又重新掉头向下，这说明未来中国制造业难言乐观。人口红利慢慢消失之后，低廉制造业成本的时代一去不复返。另外，2008年金融危机后全球贸易大幅萎缩，中国出口的大幅下降也极大制约了制造业。目前，工业领域仍处于通缩状态，截至 2014 年 6 月工业品出厂价格（PPI）同比增长 - 1.1%，已经连续 27 个月负增长，这无疑不利于制造业企业的恢复。

（二）房地产业面临较大风险

房地产业是 2013 年民营上市公司中业绩较好的行业之一。经过几年的发展，房地产业已经成为民营上市公司中仅次于制造业和批发零售业的第三大行业（以营业收入衡量），如果从利润看，房地产业已经跃居第二大行业。

2013 年房地产业实现营业收入 1650 亿元，比 2012 年增长 37.7%，增速提高近 10 个百分点；实现利润总额 330 亿元，比 2012 年增长 32.4%，增速提高 11.4 个百分点。

房地产业经过了十多年的繁荣发展，可能正在逐渐迈向拐点，未来房地产业面临较大的下行压力。2014 年一季度，民营房地产上市公司营业收入增长 17.8%，增速比 2013 年下降了 20 个百分点；利润总额更是大幅下滑，增长 - 27.5%。虽然过去房地产业也曾出现过短暂下行，但随着经济的恢复和政策的刺激，都成功反弹，这一次情况会更为困难。一方面，政策对经济的刺激避免了大规模的全面放松，房地产业很难像以往那样轻松吸收廉价的资金；另一方面，刚需已经得到很大程度的消化，一些三四线城市甚至有供大于需的状况，一些地区房价的水位已经严重偏离基本面的支撑。所以，未来民营房地产业需要做好打困难战和持久战的准备。

（三）其他行业特点

一些行业表现不尽如人意，比如农、林、牧、渔业持续低迷，住宿和餐饮业遭到重创。2013 年农、林、牧、渔业实现营业收入 258.7 亿元，比 2012 年增长 18.1%，增速比 2012 年下降近 20 个百分点；实现利润总额 12.1 亿元，比 2012 年下滑 33.8%，过去两年利润都出现大规模负增长。

住宿和餐饮业则在 2013 年遭遇重创，实现营业收入 14.2 亿元，比 2012 年下降 32.4%；利润总额甚至是负的，为 - 5.1 亿元。随着反腐力度的加大、

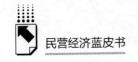
"三公"开支的缩减,很多高档餐饮都失去了过往的繁荣。而且伴随经济的逐渐下行,居民收入增长也明显下降,这也会抑制大众的消费能力。

三 地区分布特征

由于 2013 年制造业有所反弹,各主要省份民营上市公司业绩都有所好转。广东、浙江和江苏三大民营企业聚集地业绩都有不同程度的回升,近两年北京民营上市公司业绩则相对低迷。

(一)东部业绩大幅反弹,北京业绩低迷

广东、浙江和江苏依然牢牢把持民营上市公司数量前三的位置,这三个省的民营上市公司数量约占整体民营上市公司的 45.4%,营业收入占 50.5%。它们 2013 年的营业收入和利润增速都有大幅度的上升,进而带动民营上市公司整体业绩比 2012 年明显反弹。

其中,广东的民营上市公司为 243 家,实现营业收入 6443.2 亿元,增速为 25.2%,比 2012 年上升 20.5 个百分点,实现利润总额 589 亿元,增速为 54.9%,比 2012 年反弹超过 60 个百分点;浙江的民营上市公司有 196 家,实现营业收入 5322.7 亿元,增速为 16.1%,比 2012 年上升 9.2 个百分点,实现利润总额 440.3 亿元,增速为 15.3%,比 2012 年反弹超过 30 个百分点;江苏的民营上市公司有 164 家,实现营业收入 5301.9 亿元,增速为 11.6%,比 2012 年上升 8 个百分点,实现利润总额 238.4 亿元,增速为 6.9%,比 2012 年反弹超过 30 个百分点。

北京凭借首都的独特优势,民营上市公司的数量继续增长,但近两年业绩表现平平。2013 年北京的民营上市公司已经达到 103 家,位列第四,但 2012 年和 2013 年利润都出现了负增长,营业收入增速也仅维持在 12% 左右的水平。北京的民营上市企业中制造业占比相对较低,只有 30% 左右,这可能是其业绩经常与制造业和整体民营上市公司业绩不一致的主要原因。相比较而言,广东、浙江和江苏的民营上市企业中制造业占比分别高达 66%、76% 和79%(见表5)。

表5　2013 年民营上市公司省市分布状况

省份	数量（家）	营业收入（亿元）	2013 年增长（%）	2012 年增长（%）	利润（亿元）	2013 年增长（%）	2012 年增长（%）
广　东	243	6443.2	25.20	4.70	589	54.90	-6.60
浙　江	196	5322.7	16.10	6.90	440.3	15.30	-18.20
江　苏	164	5301.9	11.60	3.60	238.4	6.90	-25.50
北　京	103	1767.3	12.10	12.90	235.1	-5.70	-2.40
山　东	86	1941.9	12.70	11.10	142.8	13.30	-12.70
上　海	68	1228.2	12.50	11.80	104.8	17.50	-19.50
福　建	49	1112.3	20.10	15.40	78.5	5.20	-2.60
四　川	49	1550.3	7.60	5.60	83.9	8.40	-20.10
湖　北	37	816.1	18.70	26.60	59.6	14.50	18.90
安　徽	35	852.5	18.90	7.20	54.5	-7.30	9.60
湖　南	33	563.2	10.50	11.10	46.9	22.50	-1.50
河　南	32	666.0	12.00	4.40	71.1	10.80	-14.00
辽　宁	29	310.3	0.40	-3.10	21.8	-35.20	1.20
河　北	24	1840.5	27.70	19.90	218.5	66.80	1.40
吉　林	19	228.9	27.60	19.10	42.1	-4.50	-6.20
海　南	14	167.5	18.40	-13.80	11.8	18.50	-22.00
内蒙古	14	490.9	14.60	29.20	34.0	-4.00	-12.60
广　西	13	428.4	2.90	7.30	22.5	19.60	-46.70
重　庆	13	456.2	23.70	10.70	39.7	-2.50	9.00
天　津	12	201.2	18.30	20.10	23.4	20.90	18.60
甘　肃	12	155.1	38.30	1.20	15.7	35.80	2.30
黑龙江	11	237.6	21.30	41.10	18.8	-19.50	1.50
江　西	11	380.2	7.40	9.00	19.4	-0.20	-19.80
陕　西	11	90.4	14.90	-7.50	6.4	-71.20	134.80
新　疆	11	436.7	35.00	6.60	32.3	10.00	-22.70
山　西	10	211.6	13.40	34.90	11.9	-45.20	215.70
西　藏	7	133.4	7.60	16.30	16.0	-6.30	9.60
贵　州	7	131.8	52.70	15.30	23.4	55.90	1.10
宁　夏	6	130.8	14.20	11.00	4.7	-41.00	29.00
云　南	6	99.5	22.30	25.70	7.1	-3.30	2.70
青　海	4	132.8	12.40	-4.00	8.2	-155.50	-236.20

资料来源：Wind、SEEC。

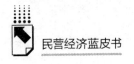

（二）其他一些省份特征

由于民营上市公司的省份集中度很高，中西部省份的上市公司较少，容易受到个别公司业绩的影响，表现出波动性较大的特点。例如，广西只有 13 家民营上市公司，2011 年营业收入和利润增速都超过 200%，但 2012 年急转直下，营业收入增速仅为 7.3%，利润下降超过 45%，而 2013 年虽然营业收入增长与 2012 年相比略有下降，但利润增长又反弹至 19.6%。再如，宁夏只有 6 家民营上市公司，2012 年利润增长 29%，2013 年利润反下跌 41%。

四　偿债与盈利能力

2007 年以来，民营上市公司的资产负债率呈逐渐下降的趋势，从 2007 年的 56.3% 下降到 2011 年的 48.9%。不过，最近两年资产负债率有所上升，2013 年上升至 53.3%。所有 A 股上市公司的资产负债率基本稳定在 85% 左右的水平。同时，流动比率也结束了此前逐步上升的势头，2013 年流动比率为 1.47，比 2012 年略微下降了 0.09，连续两年出现下降。这都说明，民营上市公司的偿债能力比之前有所下降。

虽然 2013 年民营上市公司业绩有所反弹，但从资产净利率和净资产收益率两个指标看，盈利能力的改善程度非常有限。2013 年资产净利率为 4.7%，仅比 2012 年略提高 0.1 个百分点，与 2010 年的高点相差甚远；2013 年净资产收益率为 9.8%，比 2012 年提高 0.4 个百分点，比 2010 年 14.6% 的高净资产收益率下降了不少（见表6）。

过去两年货币供给和信贷增长基本保持稳定，并不紧张。广义货币供给量（M2）大致维持在 15% 左右的水平，信贷增长控制在 10% 以内。但是实体经济却比以往更难从流动性中获益，这种流动性与实体经济的矛盾从民营上市公司的资产净利率大幅下降中也能得到反映。所以，进入 2014 年，整个宏观调控政策发生了较大改变，更多采取定向宽松的措施，实际上就是试图通过解决实体经济和流动性环境脱节的结构性问题来降低整个实体经济的资金成本。

表 6　2007～2013 年民营上市公司盈利和偿债指标

单位：%

	资产负债率	流动比率	资产净利率	净资产收益率
2013 年民营上市公司	53.3	1.47	4.7	9.8
2012 年民营上市公司	50.8	1.56	4.6	9.4
2011 年民营上市公司	48.9	1.64	6.6	13.0
2010 年民营上市公司	49.4	1.67	7.2	14.6
2009 年民营上市公司	53.4	1.47	6.3	13.9
2008 年民营上市公司	53.7	1.34	5.3	11.7
2007 年民营上市公司	56.3	1.19	5.8	15.1
2013 年所有 A 股上市公司	85.7	1.12	1.9	13.6

资料来源：Wind、SEEC。

五　混合所有制改革

国企改革是十八大以来重要的经济体制改革之一，而混合所有制改革无疑是其中的重点之一。随着混合所有制改革的推进，民营资本进入的领域将进一步扩大，民营经济的比重会进一步提高。

2014 年 7 月 15 日，国务院国资委宣布启动央企"四项改革"试点，并选定中粮集团、中国节能等 6 家央企作为改革试点单位，标志着央企改革加速。随后，各地方国资改革方案也陆续出台。截至 8 月中旬，已有上海、甘肃、山东、江苏、云南、湖南、贵州、重庆、天津、四川、湖北、江西、山西、北京、青海等十多个省和直辖市出台了国资国企改革方案。

国资委此次在中央企业启动的"四项改革"试点，包括改组国有资本投资公司、发展混合所有制经济、董事会行使职权、派驻纪检组。混合所有制试点选定的央企是中国医药集团总公司和中国建筑材料集团公司，二者之前已在混合所有制改革方面取得了比较大的成果。中国建筑材料集团已经形成了一批典型的混合所有制企业，在所属企业中，混合所有制企业占比已超 85%。中国医药集团的国有股份也不到 50%。

地方国企混合所有制改革方案陆续出台。例如，广东作为民营企业的重镇，已经推出了更为明确的国企改革方案。广东国企改革方案提出：到 2015 年，全面完成国有企业公司制改造；到 2017 年，混合所有制企业户数比重超过 70%；到 2020 年，在关键领域和优势产业，形成 30 家左右营业收入超千亿元或资产超千亿元、具有国际竞争力的国有控股混合所有制企业，混合所有制企业户数比重超过 80%，二级及以下竞争性国有企业基本成为混合所有制企业。上海的方案提出，经过 3～5 年的持续推进，基本完成国有企业公司制改革，除国家政策明确必须保持国有独资外，其余企业实现股权多元化，发展混合所有制经济，推动企业股权结构进一步优化、市场经营机制进一步确立、现代企业制度进一步完善、国有经济活力进一步增强。

不过，具体企业层面的混合所有制改革推进还处在起步阶段。仅有少数国有企业走在了前头，例如，近期四川长虹的大股东长虹集团已经拟订了深化改革、加快转型升级的方案，长虹集团要积极引入各类战略投资者、企业法人，推行产权多元化，大力发展混合所有制经济。长虹集团为绵阳市国资委全资子公司，持有四川长虹 23.2% 的股份。

从目前的方案和试点来看，未来的混合所有制改革主要还是集中在竞争性领域，也已取得了一些进展和经验，但几乎还未涉及垄断性行业。也就是说，"硬骨头"还没有啃，目前还处在试水阶段。

混合所有制改革对于民营企业来说，既是机遇，也是挑战。机遇在于，一部分以前没有向民营企业开放的领域将会开放，民营企业会获得更多的发展机遇和空间。但是，民营企业也因此面临挑战，具体是指民营企业是否已经做好了充分准备，包括资金、人才、管理等各方面。

课题组成员：孙卜雷　廖宗魁

区域报告

Regional Reports

B.7

2013 年京津冀地区民营经济发展报告

摘　要：

2013 年，京津冀地区民营经济继续保持又好又快的发展势头，整体实力不断增强，拉动经济增长作用更加显著，转型升级进一步加快，社会贡献日益突出。但还存在着整体实力不够强、发展水平不够高、区域协同发展不够好等不足，面临着融资难、成本高、人才缺、创新难等问题。京津冀地区民营经济将进入一个以更快速度、更高质量实现更大发展的新阶段。本报告提出了推动政策落实、完善服务措施、加快企业转型升级、加强商会组织培育建设的建议。

关键词：

京津冀　民营经济　发展　报告

2013 年是全面贯彻落实党的十八大精神的开局之年。在京津冀地区党委政府的支持下，区域民营经济继续保持又好又快的发展势头，在经济增长、加快创新、吸纳就业、保持稳定等方面发挥了更加突出的作用，为推动全面深化改革、促进经济社会平稳较快发展做出了重要贡献。

一 2013 年京津冀地区民营经济发展概述

截至 2013 年末，京津冀地区民营经济市场主体达 436.98 万户，注册资本金 4.63 万亿元。其中私营企业 114.88 万户，注册资金 4.47 万亿元，个体工商户 322.1 万户，注册资金 1636.55 亿元。36 家企业入选全国民营企业 500强。民间投资额达到 20991.32 亿元。实现外贸出口额超过 414 亿美元。吸纳就业人员超过 3000 万人（见表 1）。

表 1 2013 年京津冀地区民营经济情况

	地区总量	北京市	天津市	河北省
常住人口(万人)	10919.61	2114.80	1472.21	7332.60
生产总值(万亿元)	6.22	1.95	1.44	2.83
民营经济增加值(亿元)	—	—	6035.47	18680.20
占全省/市总量的比重(%)	—	—	42.00	66.00
民营经济市场主体数量(万户)	436.98	133.77	46.71	256.50
其中:私营企业(万户)	114.88	67.34	19.94	27.60
个体工商户(万户)	322.10	66.43	26.77	228.90
民营经济注册资本金(亿元)	46339.19	18040.60	12938.71	15359.88
其中:私营企业(亿元)	44702.64	17855.18	12739.91	14107.55
个体工商户(亿元)	1636.55	185.42	198.80	1252.33
吸纳从业就业人员(万人)	3008.45	640.28	353.57	2014.60
上缴税收(亿元)	—	—	1037.58	2554.60
外贸出口(亿美元)	414.55	66.10	93.32	255.13
民间固定资产投资(亿元)	20991.32	2419.50	5103.52	13468.30
占全省/市总量比重(%)	52.75	34.40	50.40	59.50
全国民营企业 500 强数量(家)	36.00	8.00	12.00	16.00

注：河北省民营经济外贸出口额为实现出口产品交货值，总额为 1555.5 亿元，按照 2013 年 12 月 31 日人民币兑换美元中间价 6.0969 计算，折合为 255.13 亿美元。

资料来源：①北京市统计局、国家统计局北京调查总队：《北京市 2013 年国民经济和社会发展统计公报》，2014。

②天津市统计局、国家统计局天津调查总队：《天津市 2013 年国民经济和社会发展统计公报》，2014。

③河北省统计局、国家统计局河北调查总队：《河北省 2013 年国民经济和社会发展统计公报》，2014。

④天津市统计局：《天津统计月报》（2013 年 12 月），2013 年。

⑤天津市中小企业局：《天津市中小企业民营经济运行情况》（2013 年四季度），2013 年。

从区域经济发展来看，京津冀地区民营经济呈现以下特点。

（一）整体实力不断增强

京津冀地区民营经济总量不断增加，市场主体数量与日俱增。从北京的情况来看，民营经济经营实体数量不断增加，注册资本数额不断上升，综合实力显著增强。截至 2013 年末，北京民营经济市场主体 133.77 万户。其中私营企业 67.34 万户，同比增长 12.17%；个体工商户 66.43 万户，同比减少 3.87%。全市私营企业注册资本 17855.18 亿元，同比增长 30.62%；个体工商户注册资本 185.42 亿元，同比增长 8.29%。

天津民营经济增加值 6035.47 亿元，占全市经济总量的比重为 42%。民营经济市场主体达到 46.71 万户，注册资本金 12938.71 亿元。其中私营企业 19.94 万户，同比增加 8.7%，注册资本金 12739.91 亿元，同比增加 6.2%；个体工商户 26.77 万户，注册资本金 198.8 亿元，同比增加 27.2%。

河北省民营经济累计完成增加值 18680.2 亿元，同比增长 9.5%，占全省经济总量的比重为 66%，比上年提高 1.3 个百分点。全省民营经济单位总数达 256.5 万户，同比增长 3.7%，注册资本金 15359.88 亿元。其中私营企业 27.6 万户，同比增加 1.5 万户，注册资本金为 14107.55 亿元，同比增长 38.10%。

（二）拉动经济增长作用更为显著

京津冀地区民营企业在出口、投资等方面为促进经济增长发挥了重要作用。北京市民营企业充分发挥自身优势，积极开拓新兴市场，国际化进程加快，"走出去"势头强劲。进出口额大幅上升。2013 年北京民营经济实现进出口额 201.7 亿美元，同比增长 4.6%。其中出口 66.1 亿美元，同比增长 8.2%，高出全市整体出口增速 2.1 个百分点。从规模看，民营经济进出口对全市经济增长的贡献加大。从速度看，民营企业明显快于国有企业和外资企业，成为发展最快的市场主体。

天津民营经济实现外贸出口 93.32 亿美元，同比增长 16.44%，占全市总量的 19.04%。民间投资 5103.52 亿元，增长 23.5%，占全市投资的比重为 50.4%。在全市 6498 个国内招商引资项目中，外地民营企业在津投资项目达

6341个，到位资金2529.96亿元，增长28.53%，占全市国内引资总量的81%。规模以上民营企业10056家，实现营业收入1.31万亿元，同比增长25.25%，实现利润总额407.26亿元，同比增长21.32%。其中工业企业2849家，实现营业收入4998.05亿元，同比增长24.87亿元，实现利润总额320.58亿元，同比增长6.62%。

河北民营经济实现出口产品交货值总额1555.5亿元，同比增长8.8%。民营经济完成固定资产投资13468.3亿元，同比增长18.8%，占全省固定资产投资的比重为59.5%。民营工业企业固定资产投入7563.6亿元，同比增长24.4%，约占全省固定资产投入的6成。全省11个设区市中7个市的民营企业固定资产投资增幅超过18%。规模以上企业凸显主体作用。民营规模以上工业企业11857个，实现增加值8110.5亿元，同比增长10.4%，占全部民营经济总量的43.4%；实现营业收入34116.1亿元，同比增长15.8%，利润总额达2075.9亿元，同比增长15.8%，占全部民营经济的比重为32.2%。小微企业推动经济发展作用显著。2013年，河北省小微型企业达24.4万个，占私营企业总量的88.4%；从业人员约642.7万人，占私营企业从业人数的65.9%；完成营业收入26555.4亿元，同比增长13.5%；上缴税金803.9亿元，同比增长12.1%；完成固定资产投资4794亿元，同比增长24.1%；年末资产总额达12541.1亿元，同比增长28.1%；完成利润总额2208.8亿元，同比增长15.9%。

（三）转型升级进一步加快

京津冀地区民营企业始终坚持加快转型升级步伐，产业结构进一步优化，集约化水平进一步提高。北京市三产比重逐步提升，经济高端化、集聚化、融合化更加突出。民营经济与之相适应，转型升级步伐不断加快，总体布局趋于优化，以生产性服务业和文化创意产业为核心的服务经济发展迅速。私营企业和个体工商户均以第三产业为主，私营企业在第三产业中有62.22万户，占总户数的92.40%，分布较为密集的行业分别是批发和零售业，租赁和商务服务业，文化、体育和娱乐业。个体工商户在第三产业中有61.25万户，占总户数的比重达92.21%，分布较为密集的行业是批发和零售业，居民服务、修理和其他服务业，租赁和商务服务业。

天津市民营经济逐步由传统制造业、服务业向先进制造业、现代服务业转型升级。全市科技型中小企业和小巨人企业中，近 90% 都是民营企业。战略性新兴产业、现代服务业领域集聚了一大批民营企业，拉长了产业链条，扩大了产业规模，形成了产业集群。科技型中小企业茁壮成长。2013 年，天津科技型中小企业发展取得显著成效，科技型中小企业新增 1.53 万家，总数达 5万家；科技小巨人企业新增 557 家，总数达 2410 家。科技型中小企业专利拥有量占全市总量的 51%、全市企业总量的 71%，生产总值占全市民营经济总量的 40%，已经成为民营经济向高质化、高端化、高新化、高效益化方向发展的中坚力量。

河北省加快推进产业集聚区基础设施、公共服务设施的投入和建设，大力实施产业集群示范工程，着力提升产业集群发展档次和水平，促进全省民营经济的产业集群化发展。产业集群数量、规模、效益稳步提升。产业集群成为县域经济的重要支撑。2013 年河北省营业收入 5 亿元以上的产业集群有 380 个，100 亿元以上的有 81 个。全省县域经济中年营业收入 5 亿元以上的产业集群达 330 个，完成增加值 5376.2 亿元，占县域 GDP 的 27.5%。

（四）社会贡献更加突出

京津冀地区民营经济为吸纳就业、上缴税收发挥出重要作用。2013 年北京市民营单位共吸纳就业人员 640.28 万人。其中，私营企业从业人员 527.90 万人，同比增长 42.26%；个体工商户从业人员 112.38 万人，同比增长 5.34%。民营经济已成为吸纳社会就业、增加居民工资性收入的重要来源。民营企业自觉履行纳税责任，成为地方财政收入的重要增长点。民营经济纳税占全市税收总量的比重稳定在 15% 以上。民营企业积极投身光彩慈善事业，慰问困难家庭捐款捐物 935.57 万元，捐建的青海省"北京光彩幼儿园"正式开园。

2013 年天津民营经济从业人员 353.57 万人，同比增长 9.16%，占全市城镇就业总数的 75%。民营经济贡献税收 1037.58 亿元，其中地税 566.25 亿元，同比增长 24.5%，占全市地方税收收入（1309.91 亿元）的 43.23%。民营企业积极参加"光彩事业六安行、西藏行"和"回报社会、感恩行动"，全市工商联系统和民营企业家为雅安抗震救灾捐款捐物总额达 1.28 亿元。

2013年，河北省民营经济从业人员达2014.6万人，同比增长4%，占全社会二、三产业从业人员的比重约为72.9%。其中，私营企业从业人员975.2万人，同比增长6.6%。上缴税金2554.6亿元，同比增长9.1%，占全省全部财政收入的比重为70.2%。全省民营企业积极投身雅安抗震救灾工作，捐款捐物总额达1440.39万元。

（五）政策支持进一步加强

京津冀地区民营经济发展始终得到党委、政府的高度重视和大力支持。2013年，北京市制定了一系列促进民营经济发展的政策文件，在降低市场准入门槛、拓展生产经营领域、拓宽企业生存发展空间等方面奠定了坚实的政策基础。积极搭建企业与政府部门对接平台、银企对接金融服务平台和产业对接平台，为民营企业转型升级和创新发展注入了新的生机与活力。天津市始终坚持把推动民营经济发展作为加快建设美丽天津的重要战略部署。市委工作要点和市政府工作报告都提出要破除阻碍民营经济发展的各种障碍，拓宽准入领域，促进中小企业快速发展和民营经济健康成长。召开了全市民营经济发展工作会议，制定出台了《关于进一步加快民营经济发展的意见》。深入开展"促发展、惠民生、上水平"活动。以工商登记制度改革为契机，优化市场主体准入环境，进一步释放和激发市场主体活力。河北省在加强技术改造、推动转型升级、保护企业权益、解决融资困难、破解用地瓶颈、加快创业基地建设、强化科技人才支撑、帮助企业开拓市场、加强信用体系建设、加强财政资金扶持等方面出台了相关政策文件，有力推动了全省中小微企业的蓬勃发展。

表2　2013年京津冀地区促进民营经济发展相关政策文件

省/市	主要政策文件名称
北京市	北京市促进中小企业发展条例
	北京市专利保护和促进条例
	关于进一步鼓励和引导民间资本投资文化创意产业的若干政策
	关于加快推进养老服务业发展的意见
	关于印发北京市贯彻落实国务院加快流通产业发展意见实施方案的通知
	关于引进社会资本推动市政基础设施领域建设试点项目实施方案
	关于强化企业创新主体地位全面提升企业创新能力的意见

续表

省/市	主要政策文件名称
天津市	促进经济发展的 8 条措施
	关于进一步加快民营经济发展的意见
	关于金融支持实体经济和小微企业发展实施意见
	进一步降低门槛放宽市场准入实施细则
	关于加强科技型中小企业知识产权工作的意见
	关于开展社会组织直接登记工作的通知
	关于进一步深化行政审批制度改革的意见
河北省	关于实施工业转型升级攻坚行动的意见
	河北省企业权益保护规定
	关于做强产业集群促进县域工业发展的实施意见
	进一步支持企业技术改造的 9 项措施
	关于支持科技型中小企业发展的实施意见
	办好 10 件实事扶助小微企业工作方案
	关于深化小微企业金融服务工作的意见

二 京津冀地区民营经济发展不足及其原因与困难分析

（一）区域民营经济发展不足与原因分析

（1）整体实力还不够强。从民营经济占社会生产总值的比重来看，只有河北省达到了 60% 以上的全国平均水平，京津两市民营经济总量占比还低于全国平均水平，发展潜力还没有得到充分的释放。从投资来看，京津冀民间投资还不够活跃，不论是投资总额还是占全社会投资的比重，均低于河南、山东、江苏等省份，民间资本对经济增长的拉动作用有待进一步提高。从大企业集团数量来看，京津冀地区入选 2013 年全国民营企业 500 强的共有 36 家，与浙江的 139 家、江苏的 93 家相比还存在不小差距。

（2）发展水平还不够高。仍有相当多的企业集中在传统劳动密集型产业，创新能力还不强。有的发展粗放，行业链条短，技术水平较低，产品科技含量和附加值不高；有的经营管理方式较为落后，抗风险能力较差；有的过度依赖低成本生产要素、资源能源消耗、产品量和规模扩张。民营企业转型升级任务

还比较重，特别是小微企业发展环境受限，"提质增效"仍面临挑战。

（3）区域协同发展还不够好。受多种因素影响，资本、技术、产权、人才、劳动力等生产要素流动还不够顺畅，京津冀地区市场一体化程度还不够高，民营企业交流合作有待进一步提高。特别是在省市间产业对接合作方面，有的竞争大于合作，有的水平差距过大造成承接转移能力不足，有的分工配套还不够完善。

究其原因，一是思想观念的束缚。有的部门对民营经济重视还不够，重大轻小，只把搞好国有经济看成职责所在，对民营企业还缺乏主动服务意识，在思想重视程度、政策扶持力度上都不如国有企业，在区域协同发展上还存在着"一亩三分地"的思维定式。而企业经营者则有的怕冒风险，只求过得去，不求过得好；有的怕政策变化，担心企业发展不可持续；有的经营观念陈旧，缺乏现代市场意识和先进管理理念。

二是发展环境的制约。管理服务民营企业的体制机制还不够顺畅，政策服务还不够到位。有的部门重政策制定，轻贯彻落实，缺少实施细则，针对性不强，"踢皮球""拉抽屉"现象时有发生，"弹簧门""玻璃门""旋转门"尚未完全破除，"弹性执法""隐性公关"问题依然部分存在。能源、通信、基础设施等领域仍存在行政垄断和政策壁垒，挫伤了民营企业投资积极性。京津冀协同发展在体制机制方面还存在一定的行政壁垒。

三是社会氛围的影响。京津冀地区既是老工业基地，又是沿海开放地区，京津两市央企大、国企强、外企多，河北省第三产业比重还较低，民间缺乏创业经商的传统，打工的多、创业的少，保守求稳的多、敢闯敢试的少，社会创新创业氛围不够浓厚。

（二）京津冀地区民营经济发展面临的困难和挑战

1. 融资难是制约民营企业加快发展的重要瓶颈

受国内外复杂多变经济环境和刚性政策调控等多重因素影响，民营企业长期普遍地存在资金短缺的压力。从2013年河北省中小监测企业调查情况看，636个调查企业中73%的流动资金不足，26%的流动资金紧张。全省民营企业固定资产投资总额中75%是自有资金，金融机构贷款仅占12.5%。半数企业不能从银行贷到款，仅8%的企业得到了足额贷款。银行贷款仍然主要投向大型企业和中型优势企业，搞活中小微企业融资的政策措施难以有效落实，小微企业基本无法享受基准利率。

2. 成本高是民营企业生存发展面临的主要困难

当前，资金、电力、人工、原材料和运输等成本较快增长，企业利润空间被严重压缩，盈利额的增长难以抵消成本的增长。2013年底河北省中小监测企业调查显示，30%的企业反映近期生产要素价格上升影响了生产经营，生产成本占营业收入的比重达87.5%。天津开展的问卷调查显示，超过75%的企业反映原材料和劳动力成本上升是目前制约企业发展的重要因素。天津2013年第三季度中小微监测企业调查显示，近70%的企业反映工资成本和原材料成本上升最为突出。工资、原材料等生产成本高企已经成为民营企业面临的主要困难。

3. 人才缺是影响民营企业可持续发展的重要因素

在招用技术工人方面，民营企业招工难问题仍然存在，部分大学、专科毕业生不愿去民营企业特别是中小企业就业，农村青壮年宁肯到城市打工也不愿去县域企业工作，技术、管理人才紧缺更为突出。民营中小企业人员流动性大，不少员工成为熟练工就会辞工转岗，一些有一技之长的技术工人都流向大中型企业，中小企业成为熟练工培训地、技工加工场。在引进使用高端人才方面，人才政策环境和引进及培养机制尚不完备。受传统观念、户籍制度和薪酬水平等因素影响，民营企业既面临人才总量不足、结构失衡的挑战，又遇到引才难、留才更难的困境，企业规模和经济实力越小，面临的挑战和困境越大。一是专业技术人才分配不合理，人才使用率偏低。民营中小企业缺乏研发人员、科技成果转化人员。二是人才管理、引进机制有待完善，人才发展政策需要创新。三是高端人才培养机制不够完善，人才评估体系滞后于新兴业态发展。四是对民营企业的歧视依然存在，特别是高端人才对民营企业仍存在偏见与弱视。

4. 创新难是阻碍民营企业转型升级的关键环节

创新驱动环境需要进一步改善。民营企业在科技创新、转型升级中仍然面临着税费重、协调创新不强、公共服务平台欠缺等困扰。一是税费负担较重，

导致科技投入动力不足。高技术企业人才智力成本所占比重较大，但在"营改增"中不能抵扣，税费负担不降反增。二是产学研合作、协同创新的机制有待进一步完善。由于民营企业在合作中主动权较小、科研院所积极性不高、企业缺乏转化技术的条件等原因，企业与高校科研院所开展校企合作、科技攻关等工作还不充分，科技创新资源整合还有很大空间和潜力。三是公共服务平台建设需进一步加强。有的地区尚未形成较为健全的、为科技成果转化提供中介服务的信息咨询体系、评估体系和技术交易市场，在为成果转化提供指导、为校企合作搭建平台等方面还有相当大的空间。

三　京津冀地区民营经济发展趋势展望

（一）全面深化改革的认识与实践为民营经济发展增添了强劲动力

十八届三中全会通过的《中共中央关于全面深化改革若干重大问题的决定》围绕鼓励、支持、引导非公有制经济发展，明确提出公有制经济和非公有制经济都是社会主义市场经济的重要组成部分，都是我国经济社会发展的重要基础，公有制经济财产权不可侵犯，非公有制经济财产权同样不可侵犯等一系列新思想、新论断、新举措，为民营经济发展打开了广阔空间、增添了强劲动力。目前我国各方面改革正在有序推进，在促进经济转型、完善市场体系方面出台了一系列措施。随着改革的不断深化，各种阻碍民营经济公平参与竞争的隐性壁垒将不断消除，各种改革红利将充分释放，民营企业市场主体的活力将得到充分激发，京津冀地区民营经济发展动力将更加强劲。

（二）京津冀协同发展战略为民营经济发展创造了难得机遇

当前，京津冀协同发展已经上升为国家发展战略。习近平同志指出，实现京津冀协同发展，要坚持优势互补、互利共赢、扎实推进，加快走出一条科学持续的协同发展路子来。李克强总理也将"加强环渤海及京津冀地区经济协作"写入 2014 年重点工作，京津冀协同发展成为各方关注的焦点。目前，京津冀协同发展战略正在推进实施，为区域民营经济发展创造了难得的历史机遇。一是区域整体经济实力为民营经济实现更大发展奠定了坚实基础。作为全国经济增长第三极——环渤海地区的重要组成部分,京津冀地区经济总量已占全国的 10.9%。二是省市间交流合作为民营企业搭建了协作发展平台。北京、天津、河北先后签订了加强合作的协议,统筹协同发展,一些领域改革举措稳步推进。三是地区间产业转移对接提供了广阔发展空间。北京第三产业比重高达 76.9%,现代服务业发达,科技人才资源丰富,转移、疏解非首都功能的潜力巨大。天津工业基础雄厚,产业结构完整,拥有港口、制造业、教育、人才等优势。河北省尚处于工业化中期,产业升级、城镇化建设具有极大空间,拥有广阔的消费市场。四是工商联商会组织交流合作为民营企业搭建了沟通桥梁。京津冀三省市工商联签订了《关于推动三地非公有制经济协同发展的工作协议》,在建立三地民营经济协同发展工作机制、举办产业对接活动、搭建信息服务平台、组建商会联盟等方面,为民营企业协作发展搭建起桥梁。

(三)政策扶持力度不断加强为民营经济发展营造出良好环境

北京市委市政府高度重视非公有制经济发展,市领导多次强调大力支持非公有制经济。2013 年 12 月通过的《北京市促进中小企业发展条例》明确了促进中小企业发展的指导方针,完善了促进中小企业发展的责任体系,从创业扶持、技术创新、基金支持、市场开拓和服务保障五大方面进行了制度设计,是促进中小企业发展工作的重要里程碑。2013 年 12 月天津召开了全市民营经济发展工作会议,制定出台了《关于进一步加快民营经济发展的意见》,具有很强的针对性、操作性和实效性,进一步明确了民营经济总量占到全市经济"半壁江山"的发展目标,市级部门共出台了 36 个实施细则,各区县相继成立民营经济发展工作领导小组,出台了配套意见,掀起了促进民营经济发展的热潮。河北省全面落实加快民营经济发展的政策措施,积极开展"扶助小微企业专项行动",加大工作力度,提高服务能力,推动全省民营经济实现平稳较快发展,出台了《关于做强产业集群促进县域工业发展的实施意见》,在融资担保政策上支持民营企业和中小企业的力度不断加大。

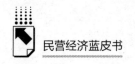

（四）经济结构优化调整为民营企业转型升级明确了发展方向

当前，我国经济已进入从低成本转向高成本、从高速增长转向稳定增长、从要素驱动转向创新驱动的新常态。加快转型升级步伐，将成为民营企业生存发展之道新常态。京津冀协同发展战略有序推进、政策扶持力度不断加大、区域产业对接不断深入、科技中小企业蓬勃发展、产业集群效益稳步提升、创业创新环境不断改善等诸多有利因素，都为民营企业转型升级创造了良好条件，明确了发展方向。一是向科技型发展，民营企业将继续坚持以科技创新为引领，提高科技贡献率，全面提高综合竞争力。二是向服务型发展，以便民服务业、公益服务业为目标，满足市场需求，积极发展生产性服务业和现代服务业。三是向外向型发展，民营企业开拓国际市场、获取要素资源的步伐将进一步加大，加强与国内外大企业对接合作，京津冀民营企业交流合作进一步加深，外向化发展水平进一步提高。四是向规模型发展，民营企业在参与国有企业改革、发展混合所有制经济方面将会有所突破，国家相应的金融扶持力度进一步加大，企业品牌化发展水平进一步提高。五是向集约型发展，民营企业将向各类园区、商务楼宇聚集，产业集群规模、质量、效益进一步提升，推动县域经济发展水平不断提高。

四　进一步加快京津冀地区民营经济发展的建议

（一）进一步提高对民营经济的重视程度，推动政策措施落到实处

要不断深入贯彻落实十八届三中全会精神和习近平总书记一系列重要讲话精神，进一步解放思想，转变观念，深化对民营经济的认识，提高对民营经济工作的重视程度，推动思想上放心放胆，政策上放宽放活，工作上放手放开。牢固树立发展是硬道理、创业致富光荣的理念，消除对民营经济的各种歧视和偏见，弘扬敢闯敢试、爱拼会赢的创业精神，培育创新文化，激发创业热情，营造想创业、能创业、会创业的社会环境。对标先进发达地区，以更高的认识、更大的力度，鼓励和支持民营经济跨越赶超，加快发展。

进一步完善政策体系，鼓励吸引民营企业、商会组织参与政策的研讨和制定，增强政策的针对性和有效性。狠抓已有政策的落实，用好用活政策"存量"。进一步简政放权，深化行政审批制度改革。坚持非禁即入，彻底清理限制民营资本进入的不合理规定，破除"玻璃门""弹簧门"。进一步落实结构性减税政策，完善从政策制定、执行到监督、反馈的各项机制，推动各部门制定操作性强的实施细则。加大政策公开和宣传力度，明确责任主体，建立跟踪督查和责任追究制度，进一步增强政策执行力。

（二）助推京津冀协同发展进程，不断优化民营经济发展环境

大力推动京津冀区域发展战略规划编制。做好基础设施、产业、要素、市场、政策等方面的对接工作，加快区域经济一体化进程，推动资本、技术、产权、人才、劳动力等生产要素自由流动。加强对京津冀在土地、资本、产权、金融、人才、市场准入等方面政策的比较研究，积极推动统一执行标准。在部分行业资质标准方面，研究出台资信互认、要件统一的具体措施，形成互相融合的市场环境，为促进区域间企业交流合作创造良好条件。

进一步削减行政审批、收费项目，强化诚信行政，严格兑现承诺。依法规范基层执法，严格执法标准、程序和责任，规范涉企收费、检查等制度，依法查处违法行为，力促民企创业"零干扰"。进一步完善金融环境，大力发展民营金融机构，鼓励和支持建立更多的民营银行、小额贷款公司、村镇银行、金融租赁公司、典当行、拍卖行等民间金融机构，探索和推进个人借贷业务和网络金融服务。大力营造尊重民营企业的浓厚氛围，评选表彰优秀民营企业家。研究制定民营经济发展环境指数，建立公开透明、公正权威的发展环境监测体系，推动改善发展环境，增强京津冀地区吸引力。

（三）进一步完善各项服务措施，推动民营企业加快转型升级步伐

一是支持科技创新，加强知识产权保护。进一步深入推进产学研协同创新。加快建立企业为主体、市场为导向、产学研用紧密结合的技术创新体系。搭建对接平台，加强民营企业和科研机构合作。加大对民营企业产业升级、自主创新、品牌创建的支持力度，扶植、鼓励一批具有自主知识产权、能够成为

龙头企业、具有较大影响力的民营企业加快发展。

二是破除行业垄断，发展混合所有制经济。加大反垄断和反不正当竞争的执法力度。加快推进电力、交通、通信等领域价格改革，推动能源、金融等基础行业的准入开放。建立和完善民间投资项目库，形成向社会公开推介项目的长效机制。引导民营企业发展战略新兴产业。加强政府部门间的沟通协调，吸收社会资本和民间资本参与国企改革，加快推动国有企业股权多元化。采取多项措施，为民营企业参与国有企业改革搭建平台。引导民营资本参与国有企业改制重组和重大项目建设，激发各方面的创新、创造活力，努力形成各种所有制经济平等竞争、相互促进、共同发展的新格局。

三是完善服务体系，加强人才建设。进一步构建和完善资源共享平台，建立健全公共信息化网络服务体系、融资担保服务体系、征信管理服务体系和自主创业服务体系。提高政府对重点领域高级技术人才的奖励额度，完善人才引进评价体系和培养机制。组织企业高技术人才开展学习培训、考察交流活动，通过校企合作、订单式培养，加强一线创新人才、青年科技人才和高技能人才队伍建设。

四是加强诚信建设，引导民营企业建立现代企业制度。要进一步加快企业信用体系建设，整合金融、工商、税务、质监、公安等部门信息，构建统一的信用信息平台。建立经营异常名录、严重违法企业"黑名单"制度，提高企业失信成本，引导企业重质量、守信用。积极开展企业家诚信宣誓、诚信倡议、诚信经营签名、诚信企业表彰等活动，引导企业注重产品质量、安全生产、保护环境。加快推进民营企业的制度创新，推动企业产权与企业家或家族财产分离，实现产权结构由单一向多元的转变。引导具备一定规模的民营企业完善法人治理结构，逐步规范和落实股东会、董事会、监事会和经营管理层权责，建立和落实重大事项论证和决策机制、内部制衡和风险控制机制，切实降低投资和经营风险，建立现代企业制度。

（四）进一步发挥工商联作用，加大商会组织培育建设力度

继续深入开展理想信念教育实践活动，增强非公有制经济人士对中国特色社会主义的信念、对党和政府的信任、对自身企业发展的信心。依托工商联开

展党政领导和部门负责人与民营企业家的直接对话和协商沟通机制。构建商会综合管理体系，加快推进商会登记注册工作。建立适度竞争机制，加大"一业多会"推进力度，鼓励商会间各展所长、竞相发展。完善商会组织退出机制。研究出台关于加强商会建设的指导意见，优化法治环境、完善扶持政策，促进商会组织健康规范发展。加大政府职能转移力度，制定和完善政府向商会组织转移社会服务与管理职能的指导意见和转移事项目录，有计划、有步骤地扩大商会组织参与经济社会管理的范围。设立商会组织发展专项基金，解决商会组织普遍存在的资源匮乏、基础薄弱等发展难题，支持商会组织健康成长，不断扩大商会组织的覆盖面。

课题组负责人：牛予其
课题组成员：
天津市工商联：牛予其　苑庆彬　杨　雨　高振中　倪建学
北京市工商联：王报换　朱效荣　张黎媛　杨通林　王新春
　　　　　　　柴　彬　张一鸣
河北省工商联：孙增泰　畅彦周　刘思绮　金　勇　牛海鹏

B.8

2013 年东北三省和内蒙古自治区
民营经济发展报告

摘 要:

2013 年,面对复杂多变的宏观经济形势,东北三省和内蒙古自治区党委、政府高度重视民营经济发展,在认真贯彻落实中央决策部署的基础上,创新发展思路,出台了一系列政策措施,形成更加浓厚的氛围,推动民营经济快发展、大发展。

关键词:

东北三省 内蒙古 民营经济 发展

2013 年,面对复杂多变的国内外经济形势,东北三省和内蒙古自治区党委、政府高度重视民营经济发展,把发展民营经济摆在更加重要的位置,采取更加有力的措施,全面激发民营经济发展活力,域内民营经济发展呈现平稳较快发展态势,为区域经济发展和社会稳定做出了积极贡献。

一 东北三省和内蒙古自治区民营经济发展现状和特点

近年来,从中央到地方先后出台了一系列促进民营经济发展的政策措施。在这些政策措施的推动下,东北三省和内蒙古自治区民营经济取得了长足发展,总量和规模持续扩大、发展质量不断提高,结构逐步优化、发展活力明显提高,层次日益提升、发展基础更加牢固,已成为区域经济社会发展的生力军,在繁荣经济、改善民生、增加就业、维护稳定等方面发挥了积极作用,社会贡献日益凸显。

（一）发展速度稳步增长

2013 年，东北三省和内蒙古自治区区域民营经济增加值实现 40925 亿元，占区域 GDP 的比重达到 55.3%。从区域内各省区看，辽宁省民营经济增加值实现 18150 亿元，同比增长 14.5%，占全省 GDP 的比重达到 67%；主营业务收入 7.9 万亿元，同比增长 9.8%。吉林省民营经济增加值实现 6608 亿元，占全省 GDP 的比重达到 50.9%，同比提高 0.1 个百分点；主营业务收入 2.7 万亿元，同比增长 16.1%。黑龙江省民营经济增加值实现 7085 亿元，占全省 GDP 的比重达到 49.3%，同比增长 9.7%；规模以上工业民营企业主营业务收入 5547.5 亿元，同比增长 19.7%。内蒙古自治区民营经济增加值实现 9082 亿元，同比提高 2.9 个百分点，占全区 GDP 的比重达到 53.9%；主营业务收入 22723 亿元，同比增长 13.7%。

（二）发展质量持续提升

东北三省和内蒙古自治区区域民营经济实缴税金达到 5606.1 亿元，同比增长 10.1%。从区域内各省区看，辽宁省民营经济实缴税金达到 2168 亿元，同比增长 10.5%，累计实现利润 4.8 万亿元，增长 11.24%；吉林省民营经济实缴税金达到 748.2 亿元，同比增长 10.3%，占全口径财政收入的比重达到 35.9%，占全省地方级财政收入的比重为 64.7%；黑龙江省民营经济实缴税金达到 826.4 亿元，同比增长 15.3%；内蒙古自治区民营经济实缴税金达到 1863.5 亿元，同比增长 4.1%，其中规模以上民营工业企业累计实现利润 482.59 亿元，占区域规模以上工业企业利润总额的 28.68%。

（三）企业数量和规模继续扩张

东北三省和内蒙古自治区区域民（私）营经济单位达到 634.3 万户，同比增长 6.2%。从区域内各省区看，辽宁省民营经济单位有 184.1 万户，同比增长 0.1%，其中民营"三上"企业达到 26 万户，同比增长 6.6%；个体工商户达到 147 万户，同比减少 1.4%。吉林省个体工商户达到 111.2 万户，同比增长 12.2%；民营企业达到 16.3 万户，同比增长 12.6%，其中规模以上民营

企业达到 12408 户，同比增长 10.3%，亿元以上民营企业 3579 户，10 亿元以上民营企业 151 户，50 亿元以上民营企业 10 户，100 亿元以上民营企业 5 户。黑龙江省民营经济单位达到 196.2 万户，同比增长 -0.8%，其中民营企业达到 21.9 万户，同比增长 1.4%；个体工商户发展到 174.3 万户，同比增长 -1.1%。内蒙古自治区民营企业达到 16.57 万户，同比增长 12.32%，其中亿元以上民营企业达到 2523 户，同比增长 2.1%；个体工商户发展到 109.89 万户，同比增长 13.62%。

（四）对社会的贡献进一步增强

东北三省和内蒙古自治区区域民营经济从业人员达到 3003 万人，同比增长 9.3%；民间固定资产投资完成 38856 亿元，同比增长 19.2%。从区域内各省区看，辽宁省民营经济从业人员达到 1171.4 万人，同比增长 3.3%；民间固定资产投资完成 15401 亿元，同比增长 10.4%。吉林省民营经济从业人员达到 646.2 万人，同比增长 5.2%，占全省二、三产业从业人员的比重达到 80.9%；民间固定资产投资完成 7057.6 亿元，同比增长 21.6%，占全省固定资产投资的比重为 69.5%。黑龙江省民营经济从业人员达到 718.0 万人，同比增长 -0.7%；民间固定资产投资完成 7170.8 亿元，同比增长 28.9%，占全省城镇固定资产投资总额的 64.5%。内蒙古自治区民营经济从业人员达到 467.4 万人，同比增长 29.4%，占区域二、三产业从业人员的比重达到 75.3%；民间固定资产投资完成 9226.6 亿元，同比增长 15.7%，占区域城镇固定资产投资总额的 59.5%。

二　东北三省和内蒙古自治区民营经济发展面临的主要问题

2013 年，在中央和地方政府一系列政策措施推动下，东北三省和内蒙古自治区民营经济发展潜力得到进一步释放，在全省区经济社会发展中的地位和作用明显增强。但无论是与发达省份和地区相比，还是按区域自身的发展需要来看，其在发展和提高方面仍面临一些困难和问题，特别是在政策落实、软环境治理、市场培育、素质提升等方面均亟待加强。

（一）相关政策落实不到位

近年来，从中央到地方先后出台了一系列促进民营经济发展的政策措施，其框架体系已基本形成。但是，由于种种原因，很多政策难以落实到位。集中表现为相关配套措施不到位。从政策自身看，一些政策措施虽然有好的立意，但由于有些政策缺乏配套的实施细则，上下级之间、各部门之间的衔接"断档"，出现"真空"地带，政策悬在空中、无法落地，有些政策缺乏可操作性，很难落实。从政策落实看，由于一些政策措施是对现有利益格局的再调整，"中梗阻"和不主动作为等问题致使其受到或明或暗的抵制，导致企业对很多优惠政策"不知情""难知情""知情晚"，真正享受到的并不多。也有不少优惠政策被有关部门设置了种种条件和限制，成为权力寻租的筹码，使优惠政策对于多数企业来说成为"看见容易，享受却难"的空中楼阁，"玻璃门"和"弹簧门"现象依然存在；"非禁即入"的投资兴业理念更多的仍然停留在文件上，致使民营企业进入难、立足难、发展更难；一些政策支持缺乏系统性。从自主创新支持政策看，其多以某个创新技术项目或产品为对象给予支持，既缺乏对项目的跟踪和反馈，也缺乏对技术和市场之间关系的考虑。

（二）市场体系发育不够健全

专业市场的兴起、要素市场的跟进、各类市场的持续发展，是民营经济快速发展的基本条件。东北三省和内蒙古自治区市场在发育过程中仍面临着一些问题和缺陷。首先是专业市场稀缺。完善的专业市场特别是工业品市场不仅是商品的集散地，也集聚着信息流和资金流，是商品集中的展示中心，有助于推动企业间的分工协作，延伸产业链条，促进民营经济向专业化、规模化、集群化发展。目前，域内专业市场发育滞后，无论是规模、种类，还是数量、总量均无法满足民营经济发展的需求。其次是市场化程度不高。域内缺乏与民营经济发展相适应的市场体系，土地、资源、资本、科技、信息、环境等要素市场发展缓慢。过度的行政干预既影响到市场发育和完善，也对企业正常经营行为造成干扰，例如，价格形成受到较多的行政干预，致使民营企业生产经营成本偏高，抑制了市场主体的生存与发展。

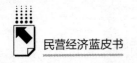
（三）生产要素供给仍然紧张

当前，生产要素获取的相对困难已成为制约民营企业发展的"紧箍咒"。在融资方面，融资难仍是民营企业发展面临的突出困难。总体上看，民营企业由于自身规模不够大、实力不够强、抵贷资产不足、信用能力不高以及不确定性风险较大等因素，难以得到国有商业银行的信贷支持。同时，适合民营企业需求特点的金融产品、信贷模式和信贷管理制度较为缺乏，尽管各大国有商业银行纷纷设立民营中小企业专营机构，也只能满足少数民营企业的需求，而面向中小企业的村镇银行、小额贷款公司等新型金融机构，无论是发展数量还是资金实力均无法承担起民营企业融资重任。在用工方面，民营企业普遍存在用工紧缺现象。企业在生产经营过程中面临人员流动性大、招工难，尤其是人才引进难、留住难，难以满足企业正常生产经营的用工需要，用工紧缺已成为制约民营企业发展的又一个突出问题。

（四）创新能力不强，品牌不多

从民营企业自身看，东北三省和内蒙古自治区大多数民营企业处在产业链的低端，产品技术含量和附加值较低，缺乏专有技术和自主知识产权，缺乏名牌产品和知名商标，创新能力普遍比较低下。从创新动力方面看，由于多数民营企业仍处于成长期，维持生存是企业的第一任务，而企业自主创新存在着投入高、风险大、周期长等诸多不确定因素，加之一些企业受现实利益诱惑，生产经营追求"短、平、快"，民营企业自主创新意识普遍较弱；从研发能力方面看，人才、技术和资金是创新的基础和条件，近年来虽然越来越多的民营企业逐步树立了自主创新意识，但多数民营企业由于缺乏研发队伍、技术平台和资金支撑，企业的科技创新和技术开发能力严重不足，致使创新带动发展的能力低下；从产品层次方面看，拥有自主品牌的民营企业不多，域内大多数企业产品层次不高，集中表现为主导产品少，占市场份额大的产品不多，高附加值产品少，拥有知名品牌的企业不多，一些企业虽然自身资产规模较大，但是仍存在一定的局限性，尚未形成广泛的品牌效应。大量的中小型企业，由于创新意识和能力不够强，很少能拥有自主品牌，一些企业主要是依赖贴牌加工维系生存，缺乏市场竞争力。

（五）自身素质不高，转型困难

东北三省和内蒙古自治区民营企业主要集中于一般竞争性行业，企业素质普遍不高，同质化竞争激烈，面对高成本时代快速到来的倒逼压力，大多数民营企业对转型升级顾虑重重。从调研情况看，首先是转型升级意识滞后。域内大多数民营企业是家族式企业，经营理念陈旧，经营管理层次不高，缺乏创新转型的紧迫感，缺乏做强做大的内生动力，不少中小型企业仅仅满足于仿制、贴牌生产，产品缺乏竞争力。其次是转型升级路径难定。企业转型升级路径多种多样，以改造提升、自主创新、产业升级、上市融资、兼并重组为主，但是对于哪种方式适合产业和企业的自身发展，许多企业难以选择，常常陷入"想转没方向、想升没本领，不转不升没法活"的困境。再次是转型升级风险难测。企业转型升级过程是企业二次创业的过程，资金需求量更大、投入精力更多、把握市场难度更高，宏观环境、市场走向等一些不确定的因素给企业转型带来的风险也无时不在，致使一些企业缺乏转型的胆略和魄力，在转型发展的十字路口，犹豫不决，甚至坐失良机。最后是转型升级能力缺乏。推动民营企业转型升级的关键是人，但是民营企业经营者中有相当一部分属草根型企业家，他们自身缺乏科学决策转型升级的能力。同时，在企业发展过程中他们更注重传统的家族式的"接班"，而不是推进"职业经理人"式的管理模式，致使企业管理人才和技术人才储备不足。由于缺少能够引领企业转型的领军人物，企业在发展到一定规模和阶段之后，要实现转型升级，面临着动力和能力不足等问题。

三 推进东北三省和内蒙古自治区民营经济发展的对策建议

党的十八大明确指出"毫不动摇鼓励、支持、引导非公有制经济发展，保证各种所有制经济依法平等使用生产要素、公平参与市场竞争、同等受到法律保护"。东北三省和内蒙古自治区党委、政府高度重视民营经济发展，在认真贯彻落实中央决策部署的基础上，不断创新发展思路，出台了一系列政策措施，形成更加浓厚的氛围，这些都为域内民营经济发展提供了良好机遇。加快形成良好的发展环境、提高自主创新能力、推进产业转型升级，需要政府和企业双方共同努力，东北三省和内蒙古自治区民营经济发展任重道远。

（一）进一步优化政策环境

首先，应发挥主流媒体舆论作用，广泛深入地宣传党和国家关于毫不动摇地鼓励、支持和引导非公有制经济发展和平等对待各类经济成分的大政方针，加快形成"国企、民营是一体""国企、民营等肩齐高"的舆论氛围。要大力宣传民营经济在经济社会发展中的重要地位和重要作用，宣传鼓励、支持和引导民营经济发展的各项政策举措，宣传民营经济发展的先进典型和成功经验，提高民营经济代表人士的社会地位，引导更多的人投身于创业大军之中，推动全民创业，促进全省民营经济快速发展。其次，进一步完善和落实相关政策。根据形势的发展变化，适时补充、完善、调整鼓励民营经济发展的相关政策措施，从顶层设计、统筹推进、有效实施等诸多方面形成全面覆盖、纵横衔接、相互配套的政策体系。在政策落实中，要制定相应的实施细则，增强政策的整体性、协调性、系统性和实效性；建立可操作的标准化流程，强化监管，规范服务，使各项政策真正落实到位。按照"非禁即入"的原则，开放民间投资领域，鼓励和支持民间资本进入基础产业、基础设施、公用事业、社会事业，以及金融服务、保险、现代物流、文化产业等新兴服务业领域，参与政府投资项目、政府采购项目和国有大项目建设，同时对受宏观调控转产和退出且受损较大的民营企业建立相应的补偿机制。最后，减少税费，降低企业发展成本。近年来，尽管国家十分重视民营企业税费问题，有效减轻了企业负担，但企业税费偏重问题仍然存在，面对产业转型升级和人工等要素成本快速上涨，企业生存与发展压力巨大。应进一步研究制定支持民营企业发展的税收制度，扩大民营企业税收优惠范围，将现有促进民营企业发展的税收优惠政策予以长期化，合理放开对地方政府出台促进民营企业发展的税收优惠政策的限制。

（二）进一步完善政务环境

第一，要强化责任。应建立由各级政府主要领导牵头的推进民营经济加快发展的协调服务机构，结合本地实际制定发展规划和扶持政策，谋划发展题材和措施，统筹协调服务。要把事关民营经济发展的目标和服务内容分解落实到各地、各部门和责任人。第二，增强服务意识。进一步明确政府职能，树立由"管"到"放"，由"压"到"扶"的理念，加快职能转变，还"权"于市场，还"事"于企业，自觉、主动为民营经济发展提供服务。第三，强化服务功能。应完善平台与载体建设，集聚和运用各种资源建立和完善创业孵化、融资担保、科技创新、人才交流、政务代理、招商引资、法律维权、市场协调等服务平台。强化服务平台的服务功能和工作机制，拓宽平台的服务范围，提高平台的服务功效。第四，提高服务效率。政府有关职能部门应进一步提高服务意识，健全服务制度，提高服务质量，为民营企业提供高效服务。第五，加强服务绩效考核。应建立服务民营经济加快发展的激励机制，根据服务民营经济发展的目标和责任内容，按年度考核责任单位和责任人，大力表彰、奖励和宣传优秀单位和有功人员，以调动和组织更多的人服务民营经济发展。第六，简政放权。应着力清理现有阻碍民营企业市场化发展的行政性审批，大力营造促进民营企业高效、公平、可持续发展的政务环境。对已经明确放开的领域和项目要放到位，扼制"明放暗不放"的行为。

（三）进一步加强市场体系建设

第一，建立公平、开放、透明的市场规则。通过政府职能转变和行政体制改革，逐步减少行政干预，最大限度和最大规模地开放市场，充分发挥市场在资源配置中的决定性作用，为各类市场主体提供统一开放、竞争有序的市场环境，帮助民营企业解决发展中的要素供给难题，促进市场主体发展壮大，形成多赢格局。第二，提高市场化程度。要帮助民营企业开拓市场，通过组织开展各种展览会、推介会和展销会，加强对域内民营企业的宣传与推介工作，提高其产业、企业、产品和品牌的知名度；要加快推进域内外企业之间、产品上下游的衔接与融合，帮助域内民营企业"走出去"，打入域外市场、嵌入其产业链条，进一步拓展和赢得市场空间；要支持民营企业参与政府投资项目、政府采购项目和国有大项目建设，推动民营企业快发展、大发展。第三，扶持专业市场建设。为鼓励投资者积极投资建设大型专业市场，不断完善市场功能，促进现代物流业发展；对于新建或续建大型专业市场涉及的行政事业性收费和其他服务性收费，凡符合减免政策的一律按规定减免，属上缴中央财政的按规定标准的最低限收取。第四，加快信用体系建设。要建立健全社会信用体系，进一步整合分散的部门资源，优化社会资源配置，建立健全由政府信用、企业信用和个人信用构成的社会信用体系；加快建立适合民营企业的信用征集、评级、发布制度和奖惩机制，建立和完善权威性的企业信用档案数据库，推进民营企业信用体系建设；大力发展信用中介服务机构，培育信用产业和信用市场，并不断完善信用奖惩制度，加强信用监管。第五，加强市场监管，规范市场秩序。市场经济是法制经济，要通过加强法制宣传和教育，规范经营者行为，引导他们按市场规则行事，要依法打击各类欺诈和侵犯消费者权益的不法行为，通过营造公平、有序的竞争环境，促进其健康发展；同时，要建立反倾销信息平台和预警机制、应对机制，帮助企业规避风险。

（四）进一步优化社会服务环境

首先，充分发挥社团和中介组织的行业管理与服务职能。根据中央"两会"精神和《国务院机构改革和职能转变方案》的相关要求，建立健全适应社会主义市场经济要求的商会、协会等社团组织服务民营经济发展的载体和机制，支持其为民营企业发展提供各种及时有效的服务；鼓励行业协会、商会发挥行业管理与协作沟通等优势，为其对外在联合开发市场、提高行业谈判地位、代表和维护企业与行业权益等方面，对内在加强行业管理与服务、建立企业销售平台、打造产业链品牌联盟等方面发挥作用提供必要条件，充分发挥其内引外联的作用，使其更好地为民营经济发展服务。其次，构建多主体、多层次、全方位的社会化服务体系，为民营企业发展提供政策、投资、信息、技术、法律援助、人才交流与培训等方面的咨询和帮助。特别是针对企业用工难问题，进一步加大对农民工的培训力度，加快教育结构调整，通过职业教育，培养更多的高素质劳动者，缓解"技工荒""用工难"等问题，为民营企业转型发展提供服务和保障。最后，扩大社会保险范围。民营企业依法参加社会养老保险，有利于扩大养老保险的覆盖面，有利于保证劳动力的再生产，有利于社会的和谐稳定。但是，域内民营企业社会养老保险状况不容乐观，存在参保率不高、缴纳保费不高等问题，应进一步加大宣传力度，提高企业老板和员工的参保意识，把符合条件的各类群体分别纳入相应的社会保险体系。

（五）引导民营企业创新发展，促进民营经济质与量双提升

创新发展是企业转型升级的必由之路。域内民营企业绝大多数为家族企业，管理手段和管理方式落后，严重制约着民营经济整体发展水平的提升。应采取有力措施，引导民营企业加强管理创新，强化创新发展，加快转型升级，增强企业发展的内生动力，促进民营经济质与量双提升。一方面，要着力提升民营经济发展质量。提高民营经济发展质量，核心是推进企业转型升级。首先，要引导企业决策者创新思维方式，提高自身科学决策的能力、集聚和运用资源要素的能力和取信于社会的能力，提升企业竞争实力。应进一步完善相关政策措施，把民营企业决策者的培养与锻炼纳入各级人才发展规划，加大投入力度，采取各种有效的方式，引导和帮助他们提高自身素质和能力，实现其从"老板"到"企业家"的转型升级。同时还要引入职业经理人制度，探索建立"职业经理人交流中心"和"企业家人才库"，建立科学的企业家评价、推荐和激励机制，向企业推荐职业经理人才，奖励表彰和宣传成功企业家，以激发和引导更多的人成为创业发展和转型升级的领军人物。其次，应全力支持民营企业创新发展。要以到位的政策和服务鼓励和支持企业加强管理创新，实现产权多元化、团队精英化、管理科学化。通过开展企业制度创新、管理创新、科技创新和商业模式创新，推进企业转型升级。最后，应着力打造精品、培育品牌、树立领军人物，充分发挥典型的引领带动作用。让民营经济不同类型创业发展的先进典型和先进人物可看、可学、可鉴，形成示范效应，引领民营经济提升发展质量。另一方面，要努力扩大民营经济总量。一是以创业带动总量提升，在大力支持科技人员、各类能人和大学生创业中扩大总量。为创业人员提供创业项目信息和孵化平台，通过政策扶持和结对帮扶，扶持初创企业发展，

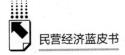
促其创业成功，以引领更多人投身创业。二是以优化存量带动总量提升，在优化存量中扩大总量。要积极协调引导企业间的兼并重组和合作，盘活优良资产，发挥和提高产能作用；为产品市场前景好并具备技术和生产能力，但由于受资金和市场初期瓶颈等因素制约而未能达产达效的企业集聚要素和提供重点服务，使其达产达效；全力支持转型升级的企业延伸产业链，培育品牌，扩大产能和市场，以此扩大总量。三是以集群化发展推动总量提升。重点依托大项目、好项目形成并做强产业集群，要切实采取有效措施，引导支持民营企业参与重点项目建设，做好与大项目龙头企业配套的生产服务工作。要以重点项目为中心，延伸上下游产业，吸引更多的相关企业进行生产配套和服务，做强做大产业集群。要制定具体措施，支持鼓励重点项目企业在本省采购原材料、组织供应商，围绕大项目、好项目和龙头企业打造产业链，形成分工协作的产业集群，推动民营经济量与质的快速提高。

课题组负责人：别胜学

课题组成员：

　　吉林省工商联：牛学民　朱乃芬　许　宁　刘俊杰

　　内蒙古自治区工商联：牛勇强　赵庆禄　张晓媛

　　辽宁省工商联：单　伟　李文涛

　　黑龙江省工商联：于庆华　李淑英　白金龙

2013 年中部六省民营经济发展报告

摘　要：

2013 年，面对错综复杂的国内外形势，中部六省党委、政府将民营经济作为地方经济社会发展的最大潜力和持续动力，及时出台实施了一系列政策措施，不断破除发展障碍，优化发展环境，中部地区民营经济呈现增长提速、贡献突出、结构优化、效益提升的良好态势，在稳定扩大就业、推动技术创新、保持社会稳定、促进经济增长等方面发挥着越来越重要的作用。本文主要分析了中部地区民营经济发展状况和存在的问题，进而对民营经济的发展趋势进行了展望。

关键词：

中部六省　民营经济　发展状况　机遇

一　中部地区民营经济发展状况

民营经济是加快崛起的主力军、改革开放的主动力、增收富民的主渠道，无论是在经济运行的"顺周期"还是"逆周期"，民营经济都展现出蓬勃的发展活力。特别是 2013 年，在国内外宏观环境复杂多变的严峻形势下，民营经济顶住下行压力，奋力开拓市场，保持了良好发展态势。正是由于民营经济的重要支撑，中部地区经济社会发展稳中有进，保持了持续健康发展。

（一）民营经济增加值情况

2013 年，中部六省 GDP 总量达 12.73 万亿元，同比增长 9.1%，高于全国增速 1.4 个百分点，经济增长整体表现抢眼，中部崛起态势日益明显。民营经济为地区经济增长做出了重要贡献。2013 年，中部地区民营经济增加值 76402.7 亿元，同比增长 11.9%，高于 GDP 增速 2.8 个百分点，占本地区 GDP 的比重达 60%，较上年提高 1.4 个百分点（见表 1、图 1）。

表 1　2013 年中部地区生产总值与民营经济增加值情况

单位：亿元，%

分　类 地　区	本地区全社会 GDP		民营经济增加值情况		
	总额	同比增速	总额	同比增速	占本地区 GDP 比重
山西	12602.2	8.9	6982.0	10.0	55.4
安徽	19038.9	10.4	10843.0	10.7	57.0
江西	14338.5	10.1	8237.0	10.8	57.4
河南	32155.9	9.0	22832.9	11.7	71.0
湖北	24668.5	10.1	13321.7	12.8	54.0
湖南	24501.7	10.1	14186.1	11.5	57.9
合计	127305.7	9.1	76402.7	11.9	60.0

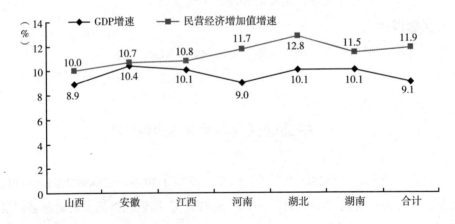

图 1　2013 年中部地区生产总值和民营经济增加值增长速度比较

（二）民营经济上缴税金情况

纳税方面，2013 年中部地区民营经济创造税收达 10006.7 亿元，同比增长 8%，占本地区纳税总额的比重为 63.1%。由于煤炭市场持续疲软，山西省民营经济纳税下滑 5.4%，占本省纳税总额的比重下降 15.7 个百分点（见表 2）。

表 2　2013 年中部地区民营经济纳税情况

单位：亿元，%

地区 \ 分类	民营经济纳税情况		
	总额	同比增速	占本地区纳税总额比重
山西	1200.0	-5.4	52.9
安徽	1941.4	31.2	69.9
江西	1410.0	21.2	70.5
河南	1903.3	5.3	60.5
湖北	2155.0	7.5	70.0
湖南	1397.0	14.3	54.1
合计	10006.7	8.0	63.1

（三）民营经济固定资产投资情况

2013 年，中部地区民间投资 74490.3 亿元，同比增长 26.6%，占本地区全社会固定资产投资的比重为 69.8%，比上年增加 3.3 个百分点。中部地区民间投资已经成为地方经济发展中最具活力的增长力量，增速和占比分别高于全国民间投资 3.5 个和 6.8 个百分点（见表 3）。

表 3　2013 年中部地区民间投资情况

单位：亿元，%

地区 \ 分类	民间投资		
	总额	同比增速	占本地区全社会固定资产投资比重
山西	6089.0	33.8	54.4
安徽	12146.0	25.6	66.5
江西	9336.1	25.9	75.0
河南	20746.1	23.0	79.1
湖北	13822.3	32.4	68.5
湖南	12350.8	27.6	67.2
合计	74490.3	26.6	69.8

（四）民营经济吸纳就业情况

受宏观经济环境趋紧、用工成本和社保压力持续上升、税费负担较重等多重因素影响，民营经济吸纳就业能力受到影响，个体工商户吸纳就业稳中趋紧，私营企业吸纳就业首次出现下降。截至2013年底，中部地区民营经济合计从业人员4019.7万人，比上年减少9万人，同比降低0.2%。其中，个体工商户吸纳就业2288.9万人，比上年增加19万人，同比增长0.8%；私营企业吸纳就业1730.8万人，比上年减少28人，同比降低1.6%（见表4、图2）。

表4　2013年中部六省民营经济吸纳就业情况

单位：万人，%

	私营企业		个体工商户	
	从业人员	同比增速	从业人员	同比增速
山西	216.2	23.8	209.1	9.1
安徽	323.2	8.9	381.9	8.6
江西	330.8	6.4	341.7	3.5
河南	234.9	−13.8	400.5	−19.9
湖北	409.5	20.9	746.6	30.3
湖南	216.2	23.8	209.1	9.1
合计	1730.8	−1.6	2288.9	0.8

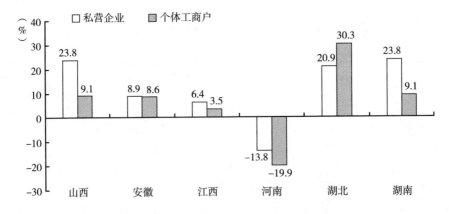

图2　2013年中部六省民营经济从业人员数量同比增速对比

（五）个体私营企业数量情况

截至2013年底，中部地区实有个体私营企业1256万户，同比增长

10.4%。其中，实有私营企业总数达 200.55 万户，同比增长 15.7%，增幅高于上年 1.3 个百分点；实有个体工商户总数达 1055.46 万户，同比增长 9.5%，增幅比上年降低 1.1 个百分点。中部地区私营企业平均注册资本为 325.5 万元，个体工商户平均为 5.7 万元（见表 5）。

表5　2013 年中部六省个体私营企业数量情况

分类地区	私营企业				个体工商户			
	户数（万户）	同比增长（%）	注册资本（亿元）	同比增长（%）	户数（万户）	同比增长（%）	注册资本（亿元）	同比增长（%）
山西	22.05	8.7	8598	15.1	100.06	4.2	408.1	2.5
安徽	35.38	16.5	11749.6	26.2	167.83	10.2	994.4	31.8
江西	26.29	16.4	7909.6	31.2	137.35	8.5	1034.6	41.8
河南	40.07	1.8	15107.3	34.1	199.05	-10.2	1083.2	28.8
湖北	46.25	33.8	11632.3	31.1	268.49	33.3	1497.2	45.4
湖南	30.51	22.6	10286.5	28.1	182.68	8.7	982.0	14.6
合计	200.55	15.7	65283.3	29.4	1055.46	9.5	5999.5	30.1

（六）民营企业规模情况

民营企业规模不断扩大，实力继续增强。截至 2013 年底，中部地区注册资本在 100 万~500 万元的民营企业有 443370 户，占民营企业总数的 22.1%，比上年增加 100600 户，同比增长 29.3%；注册资本在 500 万~1000 万元的民营企业有 130461 户，占总数的 6.5%，比上年增加 34036 户，同比增长 35.3%；注册资本在 1000 万~1 亿元的民营企业有 144144 户，占总数的 7.2%，比上年增加 50536 户，同比增长 54%；注册资本在 1 亿元以上的民营企业有 7792 户，占总数的 0.4%，比上年增加 3430 户，同比增长 78.6%（见表 6、图 3）。

在 2013 年全国民营企业 500 强（2012 年底营业数据）中，中部六省共有 59 家企业入围，占总数的 11.8%，比上年增加 6 户。2014 年全国民营企业 500 强（2013 年底营业数据）中，中部地区共有 52 家企业入围，占总数的

表6 2013年中部六省民营企业注册资本情况

单位：户，%

分类 地区	100万~500万元			500万~1000万元			1000万~1亿元			1亿元以上		
	户数	同比	比重	户数	同比	比重	户数	同比	比重	户数	同比	比重
山西	54923	25.6	24.9	12966	30.4	5.9	16141	37.8	7.3	1578	155.8	0.7
安徽	86736	31.3	24.5	25067	20.2	7.1	25105	26.5	7.0	1711	43.1	0.5
江西	66100	15.3	25.1	19700	47.0	7.5	19969	139.2	7.6	717	175.8	0.3
河南	112015	29.4	28.0	38048	42.5	9.5	44594	51.3	11.1	1610	61.8	0.4
湖北	50334	1.5	10.9	15043	20.9	3.3	13456	0.2	2.9	915	19.9	0.2
湖南	73262	85.4	24.0	19637	43.0	6.4	24879	130	8.2	1261	137.5	0.4
合计	443370	29.3	22.1	130461	35.3	6.5	144144	54	7.2	7792	78.6	0.4

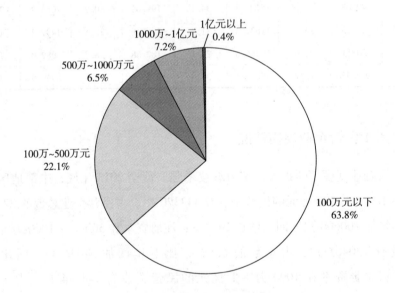

图3 2013年中部地区民营企业规模情况

10.4%，比上年减少7户。从近三年数据看，民营企业500强地区分布数量虽有波动，但总体上仍呈现东部强、中西部弱的特点。东部地区民营企业近三年入围数量分别为380、364、380户，西部地区分别为50、60、54户，中部地区分别为53、59、52户（见图4）。

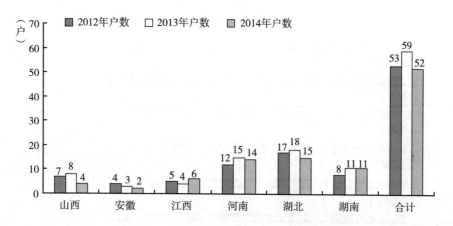

图 4　2012 年、2013 年、2014 年中部地区进入全国民营企业 500 强情况

（七）民营企业产业结构情况

截至 2013 年底，中部地区民营企业中从事第一产业的有 9.69 万户，同比增长 40.4%；从事第二产业的有 43.88 万户，同比增长 7.8%；从事第三产业的有 146.98 万户，同比增长 18.1%。第一和第三产业民营企业均有较大幅度增长，产业结构更加合理，经营领域日趋广泛，三产结构比例由 2012 年的 4.0∶23.6∶72.3 转化为 2013 年的 4.8∶21.9∶73.3（见表 7、图 5）。

表 7　2013 年中部地区民营企业产业分布情况

单位：万户，%

分类 地区	第一产业		第二产业		第三产业	
	户数	同比增长	户数	同比增长	户数	同比增长
山西	1.21	10	4.29	4.6	16.55	8.9
安徽	1.86	43.5	10.51	10.6	23.01	17.4
江西	1.59	14.9	7.23	10.3	17.48	19.3
河南	1.89	43.2	8.98	-2.3	29.19	1.2
湖北	1.92	102.1	6.71	16.3	37.62	35
湖南	1.22	27.1	6.16	11.6	23.13	25.6
合计	9.69	40.4	43.88	7.8	146.98	18.1

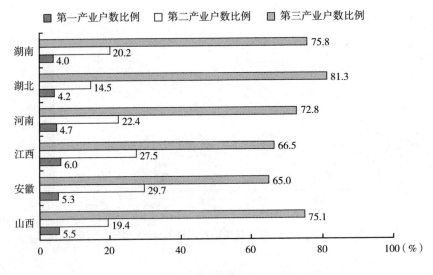

图5 2013年中部六省民营企业三产分布比较

（八）民营企业进出口贸易情况

2013年，中部地区民营企业累计实现外贸进出口额达998.5亿美元，同比增长25%，高于本地区外贸进出口额增速11.4个百分点，占本地区进出口总额的比例由上年的41.3%上升为45.4%（见表8）。

表8 2013年中部地区民营企业进出口情况

单位：亿美元，%

地区 \ 分类	本地区进出口总额		民营企业进出口情况		
	总额	同比增长	总额	同比增长	占本地区进出口总额比例
山西	158.0	5.0	56.9	5.8	36.0
安徽	456.3	16.2	207.6	11.7	45.5
江西	367.4	10.0	222.6	20.5	60.6
河南	599.5	15.9	129.4	16.2	21.6
湖北	363.9	13.8	265.9	23.3	73.1
湖南	251.6	14.7	116.1	29.8	46.1
合计	2196.7	13.6	998.5	25	45.4

二　当前民营经济发展中存在的突出问题

当前，我国经济正处于增长速度换挡期、结构调整阵痛期、前期刺激政策消化期叠加的阶段，到了爬坡过坎的紧要关口，经济下行压力依然较大。受宏观环境影响，中部地区民营经济发展面临较大困难，普遍存在成本压力过大、各种负担过重、融资渠道不畅、盈利空间太小等难题。同时，中部地区民营经济虽然纵向比发展很快，但横向比，特别是与发达地区相比，无论在规模上还是在发展速度与质量上都存在较大差距，总体呈现"数量偏少、规模偏小、层次偏低、分布偏散"的状况。2013 年，中部地区常住人口 3.8 亿人，每万人拥有民营企业 55.58 户，仅相当于全国平均水平的六成，加快发展、跨越赶超的任务十分艰巨。

（一）融资环境偏紧加剧实体经济困难

当前，中小企业面临前所未有的资金压力，近九成民营企业反映融资困难。由于很难得到国有银行贷款，中小民营企业只有转向小额贷款公司、民间借贷等途径，形成了事实上的贷款利率双轨制，对本小利薄的中小企业生产经营造成严重影响。即使是商业银行贷款，利率大多也上浮 30% 以上，再加上各种费用，利率高达 10%，而小贷调头利率更是高达 1~5 分，高昂的融资成本不断蚕食企业利润。更为严重的是，银行拖贷、压贷、抽贷等现象屡禁不止，部分企业因此陷入资金链断裂的困境。此外，企业在规模扩张、新上项目过程中资金需求量大、周期长、回收慢，而银行给民营企业的大部分是短期贷款，人为造成短贷长投。不少企业在贷款调头或基建后期，不得不依赖民间借贷甚至高利贷来维持所需资金。

（二）市场准入障碍束缚民间投资发展

市场准入的"玻璃门""弹簧门""旋转门"依然存在，民间投资的发展空间受到限制。一是公平待遇不到位。例如，民营医院与医保、新农合等政府补贴的医疗救助项目不能有效接轨，一定程度上限制了民营医院的发展；"民办非企业"身份以及不能享受公办高校的生均财政补助等国民待遇，令民间资本在教育领域进退两难等。二是投资领域较窄。总体来看，民营企业投资基本集中在采矿、房地产开发、市政建设、商业等传统领域，对民营经济发展至关重要的民间金融刚刚起步，社会公共事业和社会福利事业发展较慢，高科技领域基础较为薄弱。三是要素保障未能突破。资本、人才、土地等要素保障未出现突破性进展。由于不能作为主发起人等原因，民营企业对成立村镇银行持观望态度；人才流动机制不健全，科研人员进入民营单位在职称评定、项目申请、社保待遇等方面存在后顾之忧；民间资本还不能直接参与矿产权配置，土地等使用权和产权流转交易机制不健全，也制约了民间投资发展。四是政府推动力度有待进一步加强。2012 年上半年，国家相关部委落实"民间投资 36条"的实施细则已全部出台，但部分省份只是出台了"新 36 条"的实施意见，各部门具体实施办法滞后。部分已出台政策不具体、操作性不强或门槛设置过高，实践中很难落实。

（三）税费负担较重制约民营企业发展

由于小微型企业一般纳税人在很多采购行为中无法取得增值税发票，增值税进项税额实际抵扣额小于应抵扣额，造成征收率较高。在经济不景气、营收和利润下降的当下，税务机关对小微型企业的所得税征收方式仍以定率或定额为主，使小微型企业实际税负加重。少数税务部门为完成年度税收目标任务，加大到企业查税、挤税的力度，小微企业生存更是雪上加霜。企业反映较多的还有预征税行为，土地使用税偏高，服务行业的刷卡税率过高，员工工资、交通费、基本建设等不能列入增值税抵扣范围等问题。为缓解用工难，企业普遍增加工人工资，人工成本大幅上涨，同时还要承担职工"五险一金"的大笔费用和同步上涨。对于劳动密集型企业来说，其用工人数多，负担更重。

（四）服务体系滞后影响全民创业开展

民营企业在创业初期，实力弱小、人才缺乏、信息不灵，很大程度上要依靠各类市场中介组织为他们提供财务、培训、融资等服务。尽管中部各省高度重视中小企业服务平台培育工作，但和民营企业快速增长的需求相比仍是杯水车薪。一些行政审批需要中介组织提供环评、安评、能评等报告。某些部门与中介机构联系密切，甚至直接是其下属的事业或企业单位，指定或变相指定服务，剥夺了其他有资质中介组织的正当权利。受市场准入难、市场竞争环境不公平、税负重等多种因素制约，民间资本参与服务体系建设程度不高，没有形成"政府扶持中介、中介服务企业"的良好局面。

（五）政务环境有待进一步优化

当前，党委、政府对加快发展民营经济高度重视，民营企业对改善发展环境的愿望十分迫切，但是少数涉企部门在落实党委、政府的决策上存在滞后，形成了"两头热、中间冷"的现象。一是观念转变不彻底。少数人员官本位意识浓厚，缺乏主动服务意识，坐等民营企业上门争取扶持政策，挫伤了企业发展的信心。有的甚至将扶持政策视作筹码，小动作、潜规则屡禁不止，这部分人数虽少，但对发展环境的危害极大。二是行政执法不规范。一些部门执法标准不透明、不统一，执法者自由裁量权过大，对于有弹性的收费，其收取标准随意性大，存在选择执法、重复执法、错位执法或无人执法等情况。三是审批程序不简便。少数部门和单位借口上级对口部门要求，对规范和优化审批流程避重就轻，传统运行方式仍在延续。例如，民营矿产企业反映，仅"探转采"的申报审批，就需要跑几十个部门，盖近百个公章。四是权益保护不到位。私人财产权保护相关立法的滞后等问题，阻碍了依法对不同经济主体的平等保护。少数企业反映一些涉及民营企业的案件得不到司法上的公正处理，合法权益难以维护。民营企业在跟金融机构、政府、国有企业打交道的过程中依然难以获得理想的平等地位。

三 中部地区民营经济发展趋势展望

从全国范围看，当前我国经济发展虽面临一定困难，但仍处在可以大有作为的重要战略机遇期，工业化、城镇化持续推进，区域发展回旋余地大，今后一个时期保持经济中高速增长有基础也有条件。特别是全面深化改革释放的制度红利，将促进我国经济特别是民营经济的持续健康发展。从中部地区自身

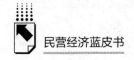

看，在国家东西双向开放战略下，中部地区通过长江经济带把沿海地区和西部地区串联起来，构建沿海、沿江、沿边全方位开放新格局，民营经济将迎来难得的发展机遇。

（一）全面深化改革将为民营经济发展提供新动力

十八届三中全会提出了发展民营经济的一系列新思想、新观点、新举措，在功能定位上重申"两个毫不动摇"，在产权保护上提出"两个不可侵犯"，在政策举措上提出"三个平等"，在发展方向上提出"三个鼓励"，这些重大理论观点和政策举措将释放出巨大的改革红利，充分激发市场主体的活力，为民营经济健康发展提供越来越广阔的空间。

（二）国家政策导向将为中部民营经济发展带来新机遇

从区域政策层面看，国家对中部地区的支持进一步加大，政策叠加效应日益凸显。继2006年出台促进中部崛起的若干意见后，2012年8月，国家又出台了《关于大力实施促进中部地区崛起战略的若干意见》，提出将中部地区建成国家重要的粮食生产基地、能源原材料基地、现代装备制造及高技术产业基地，强化其综合交通运输枢纽的地位，增强发展的整体实力和竞争力。2014年，国家又着手部署建设长江经济带。与沿海和其他经济带相比，长江经济带拥有我国最广阔的腹地和发展空间，是我国今后一段时期经济增长潜力最大的地区，中部地区民营经济发展将迎来历史性机遇。

（三）新型城镇化将为中部民营经济发展创造新亮点

推进新型城镇化是撬动内需的最大潜力，是我国经济发展的新引擎。据测算，城镇化率每提升1个百分点，地方政府公共投资需求将增加5.9个百分点。如此长期持续的巨大投入，仅靠政府财政是远远不够的，这就为民间资本提供了广阔的发展空间。与沿海地区相比，中部地区的城镇化进程还相对滞后。2013年中部六省的平均城镇化率只有49.3%，低于全国平均水平4.4个百分点，正处于城镇化加速扩张期，无论是城镇化过程中的投资需求，还是城镇人口增长所引致的消费升级，都将带来巨大的内需市场空间。

四 促进中部地区民营经济发展的对策建议

（一）抢抓改革红利，支持民间投资加速发展

进一步解放思想，切实转变观念，全面落实好鼓励和引导民间投资的各项政策，全面清理各种准入障碍，建立完善便捷的市场准入通道，坚决打破各种对民间投资制造隐形障碍的"玻璃门""弹簧门""旋转门"现象。结合各地发展中长期目标，加快制定民间投资目录，集中推出一批含金量高、企业急需、有利于加快转型升级的项目，形成示范带动效应。鼓励和支持广大民营企业积极参与城镇化建设，在基础设施建设、公共服务、第三产业等领域，为民营经济进入提供切实可行的便捷服务。根据基础设施项目盈利程度和社会事业项目公益性程度的不同，有针对性地采取特许经营、公私合营、建设移交、财政贷款贴息、政府购买服务等多种方式，吸引民间资本参与。积极引导民营企业参与到深化改革的具体实践中来，在实践中发现机遇，抢抓改革红利，加快自身发展。

（二）加快简政放权，推进政府服务提速提效

厘清政府、市场和社会边界，推行"负面清单"管理模式，实行政府及其工作部门权力清单制度。积极推进政府向社会组织转移职能和购买服务，把政府"不该管""管不了""管不好"的经济类管理或服务职能向商会、协会转移。推进行政审批制度改革，按照市场机制的要求，全面清理审批事项，最大限度下放审批权限，减少预审和前置审批环节，建立健全多部门联合审批运作机制，让民营企业得到优质、高效、公平的服务。建立涉企收费清单制度，实现"涉企收费进清单，清单之外无收费"。

（三）加大扶持力度，缓解民营企业融资难题

一是加快民间资本进入金融领域的步伐，积极争取和支持有资格的民营企业发起或参与设立民营银行、财务公司、消费金融公司、金融租赁公司和信托

公司等新型金融机构。二是针对目前的金融紧缩，政府亟须解决银行抽贷和民营担保公司出现代偿而无法担保，特别是国有担保抽保现象，成立由各级金融办、人行、银监局等部门组成的联合协调小组，对实体经济的贷款、担保金额进行监督，确保银行、担保公司在目前情形下对实体经济不抽贷、不压贷、不缓贷、不压保。三是延长贷款还款期限。中国人民银行近日已明确提出，在小微企业实体经济偿还贷款有困难时，可以适当延长还款期限，而不是视为不良逾期。对于企业到期贷款，银行可在贷款到期前要求企业申报材料，审核通过则直接展期延贷，从而省去中间的调头环节，避免企业因资金调头而产生额外费用。四是建议各地出台民营企业贷款风险补偿基金和担保机构风险补偿资金指导性文件，促进金融与担保合作，缓解民营企业贷款抵质押不足的难题。研究制定鼓励金融机构开展知识产权质押、应收账款质押等贷款业务的具体办法。五是加大对银行金融机构的考核，综合考量金融机构的社会效益，将金融机构对中小实体企业的信贷投放实行量化考核，并加大其在考核中的权重，着力保障对实体经济的融资供给。六是建议各级政府设立一定规模的过桥资金，帮助民营企业解决贷款调头难问题。

（四）健全服务体系，降低民营企业创业门槛

出台行业组织承接政府职能和政府购买服务实施细则，充分发挥行业商会、行业协会及社会中介机构在创业辅导、技术支持、融资担保、信息服务、人才培训、管理咨询、市场开拓以及行业标准制定等领域的服务作用，不断提升服务能力和水平；全面开放民营经济服务市场，引入竞争机制，保证各类服务机构享有公平参与的权利，让更多民间资本兴办的优质社会服务机构加入到社会化服务体系中来；突出"政府扶持中介、中介服务企业"的扶持原则，加大对服务中介机构的扶持力度；加快培育一批中小企业服务核心机构，逐步健全和完善多主体、全方位的社会化服务体系。

（五）加强合作交流，推动中部地区共同发展

充分利用国家推进中部崛起系列优惠政策，加强对区域经济合作的顶层设计，组织协调好沿江各省区的规划和项目，建设科学合理的利益分配机制，打

破行政区划壁垒，建设统一开放和竞争有序的全流域现代市场体系，大力推动中部六省区域生产要素的全流动和重新配置。以中原城市群、江淮城市群、武汉城市圈、环长株潭城市群等城市群合作为渠道，以产业链合作为主导，以农业、能源、原材料加工业、现代装备制造业、高新技术产业和交通运输网络的合作为纽带，构建中部"三个基地一个交通枢纽"，实现中部六省的专业化分工和合作，延长优势产业的加工链条，发展中部六省物流网络，推动中部六省优势互补、共同发展。

课题组负责人：李俊波
课题组成员：
安徽省工商联：李俊波　李增流　刘学峰　凌　冰　储　灵
山西省工商联：郎宝山　闫晓红　王小东
江西省工商联：刘金炎　杨　旭　刘春春
河南省工商联：程国平　杨龙驰　李　莉　孙同军　张　涛
湖北省工商联：罗昌兰　唐万金　黄官清
湖南省工商联：吴曙光　谢商文　湛建阶

B.10

2013 年西南四省市民营经济发展报告

摘 要:

2013 年,国务院围绕稳增长、促改革、调结构、惠民生出台了一系列政策措施,包括取消和下放一批行政审批事项、鼓励民间资本进入基础设施领域、扩大"营改增"范围等,有力地促进了民营经济发展。特别是党的十八大提出"两个都是""市场在资源配置中起决定性作用",更加提振了民营经济发展的信心。重庆市、四川省、贵州省、云南省西南四省市在深入贯彻落实国务院各项政策措施的基础上,主动对接出台配套政策,千方百计加大扶持力度,立足特色优化发展环境,认真评估和改进政策落地成效。区域民营经济继续保持了良好的发展势头,为区域经济社会发展做出了积极贡献。本报告基于四川省对落实企业投资自主权和示范项目开展的第三方调研(以下简称调研)完成,综合概述了 2013 年西南四省市民营经济发展的基本情况,分析指出了当前民营经济发展面临的现实问题,对今后一段时期西南地区民营经济的发展趋势进行了展望,并提出相关建议。

关键词:

西南四省市 民营经济 增加值 产业

一 2013 年西南四省市民营经济发展的基本情况

2013 年西南四省市民营经济发展亮点众多,取得了良好的发展成效,总体呈现出经济总量持续攀升、企业数量继续增加、企业规模不断扩大、产业结构更趋合理、民间投资稳健增长、对外开放步伐加快、解决就业成绩显著、上缴税收贡献突出等特点。

（一）经济总量持续攀升

西南四省市民营经济增量明显，总量持续攀升，民营经济增长率大幅提高。截至 2013 年底，西南四省市民营经济增加值达 30731.3 亿元，较 2012 年增加 4099.1 亿元，同比增长 15.4%，民营经济占本地区 GDP 的比重达到 52%，对本地区经济增长的贡献率为 62.9%。其中，贵州省民营经济增加值 2012 年为 2700 亿元，2013 年为 3442 亿元，增加 742 亿元，同比增长 27.5%（见表1）。

表1　2013 年西南四省市民营经济增加值情况

单位：亿元，%

分类 地区	民营经济增加值情况			
	总额	同比增长	占本地区 GDP 比重	对本地区经济增长贡献率
重庆	6201.9	14.5	49	48
四川	15689.9	12.1	60	71
贵州	3442.0	27.5	43	57
云南	5397.5	19.4	46	69
合计	30731.3	15.4	52	62.9

（二）企业数量继续增加

伴随着民营经济总量的持续攀升，西南四省市民营经济主体数量也在不断增加。截至 2013 年底，西南四省市实有民营经济主体 771.7 万户，同比增长 12.4%，其中实有私营企业总数达 128.4 万户，较 2012 年增加 18.2 万户，同比增长 16.5%；实有个体工商户总数达 643.3 万户，较 2012 年增加 67.2 万户，同比增长 11.7%（见表2）。

（三）企业规模不断扩大

当前，西南四省市民营经济规模化进程加快，企业规模不断扩大，实力不断增强。截至 2013 年底，西南四省市共有私营企业 128.4 万户，户均资本 253.26 万元，较上年增加 37.57 万元，同比增长 17.42%（见表3）。在 2013 年全国民营企业 500 强中，西南四省市共有 33 家企业入围，比上年增加 5 户（见表4）。

表2 2013年西南四省市民营企业户数情况

单位：万户，%

分类 地区	民营企业			
	私营企业		个体工商户	
	户数	同比增长	户数	同比增长
重庆	35.6	21.7	111.5	9.5
四川	50.4	8.8	274.9	12.5
贵州	19.5	35.8	106.1	18.0
云南	22.9	12.8	150.8	7.7
合计	128.4	16.5	643.3	11.7

表3 2013年西南四省市私营企业注册资本情况

分类	地区	重庆	四川	贵州	云南	合计
私营企业 注册资本 情况	户数(万户)	35.6	50.4	19.5	22.9	128.4
	户均资本(万元)	189.72	242.52	260.79	369.25	253.26
	同比增长(%)	3.46	32.30	6.43	17.06	17.42

表4 2013年西南四省市入围全国民营企业500强情况

单位：户

分类	地区	重庆	四川	贵州	云南	合计
入围全国民营 企业500强情况	户数	11	15	1	6	33
	同比增加户数	1	2	0	2	5

（四）产业结构更趋合理

市场在资源配置中起决定性作用，直接推动了经济体制改革和产业结构调整。西南四省市在"倒逼"压力下，民营经济产业结构调整总体向好。截至2013年底，西南四省市私营企业中从事第一产业的有9.9万户，较上年增加1.35万户，同比增长15.8%；从事第二产业的有25.4万户，较上年增加3.20万户，同比增长14.4%；从事第三产业的有93.5万户，较上年增加14.40万户，同比增长18.2%。三次产业的结构比例由2012年的7.8∶20.2∶72.0转化为2013年的7.7∶19.7∶72.6，从事第三产业的私营企业的比重有所增加（见表5）。

表5 2013 年西南四省市私营企业产业分布情况

单位：万户，%

地区 \ 分类	第一产业		第二产业		第三产业	
	户数	同比增长	户数	同比增长	户数	同比增长
重庆	4.3	14.9	7.1	19.2	24.2	24.1
四川	2.1	19.7	10.3	6.8	38.1	13.8
贵州	2.5	12.5	4.0	34.2	13.1	31.9
云南	1.0	20.7	4.0	10.4	18.1	11.8
合计	9.9	15.8	25.4	14.4	93.5	18.2

（五）民间投资稳健增长

2013 年，西南四省市民间资本十分活跃，投资总额稳健增长。四省市全年民间投资总额 25232.2 亿元，同比增长 26%，占本地区全社会固定资产投资总额的比重为 48.3%（见表6）。

表6 2013 年西南四省市民间投资情况

单位：亿元，%

地区 \ 分类	民间投资		
	金额	同比增长	占本地区全社会固定资产投资总额比重
重庆	5161.4	27.7	46.1
四川	11507.3	19.3	54.7
贵州	3458.5	33.8	33.4
云南	5105.0	35.8	53.1
合计	25232.2	26.0	48.3

（六）对外开放步伐加快

西南四省市民营经济在"走出去"发展战略中积极发挥生力军作用，对外开放步伐总体加快。2013 年，西南四省市民营企业累计实现外贸进出口额达 733.0 亿美元，比上年增加 160.1 亿美元，同比增长 27.9%，占本地区进出口总额的 45.4%（见表7）。

表7　2013年西南四省市民营企业进出口情况

单位：亿美元，%

地区 \ 分类	民营企业进出口情况		
	金额	同比增长	占本地区进出口总额比重
重庆	242.1	-2.0	35.2
四川	234.1	25.7	40.1
贵州	51.1	89.3	61.7
云南	205.7	82.6	79.6
合计	733.0	27.9	45.4

（七）解决就业成绩显著

西南四省市民营企业充分发挥就业主渠道作用，有效缓解了社会就业压力，为改善民生、促进和谐发挥了重要作用。2013年西南四省市民营经济从业人员合计2742万人，比上年增加262万人，同比增长10.6%，约占本地区城镇就业总数的37.7%（见表8）。

表8　2013年西南四省市民营经济解决就业情况

单位：万人，%

地区 \ 分类	民营经济		
	从业人数	同比增长	占本地区城镇就业总数比重
重庆	810	8.0	72.7
四川	955	8.0	70.9
贵州	347	25.4	18.6
云南	630	10.8	21.4
合计	2742	10.6	37.7

（八）上缴税收贡献突出

西南四省市民营企业在创造财富的同时，积极履行纳税义务，贡献突出。2013年，西南四省市民营企业创造税收达4172.2亿元，比上年增加453.9亿元，同比增长12.2%，占本地区税收总额的49.4%（见表9）。

表9　2013 年西南四省市民营企业纳税情况

单位：亿元，%

分类 地区	民营企业纳税情况		
	金额	同比增长	占本地区税收总额比重
重庆	932.2	15.7	48.1
四川	1752.4	10.1	46.8
贵州	933.1	14.3	60.3
云南	554.5	9.9	45.6
合计	4172.2	12.2	49.4

二　2013 年西南四省市民营经济发展存在的主要问题

总体上看，西南四省市民营经济发展取得了显著成绩，已经成为区域经济的重要组成部分和促进地区生产力发展的重要力量。但受观念落后、人才缺失、科技薄弱和区位劣势等因素影响，西南地区总体发展水平与东部发达地区相比仍存在较大差距，民营经济起点低、规模小、实力弱、发展不足、水平不高、活力不强，在市场主体数量、综合实力和产业结构等方面还存在一些制约发展的现实问题。

（一）市场主体数量不足

西南四省市民营经济市场主体偏少，数量不足，需要进一步发展壮大。例如，四川省民营经济市场主体有 325.3 万户，平均每万人拥有 401 户，在西南四省市排名第 2，但与沿海省市每万人拥有数量相比较，差距仍不小：比广东省少 128 户，比浙江省少 241 户，比上海市少 140 户，比江苏省少 259 户（见表10）。

（二）企业实现利润下降

受宏观经济形势和市场因素影响，民营企业生产经营的压力仍然存在，实

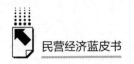

表10　2013年部分省市民营经济市场主体数据比较

分类 地区	民营主体总量 （万户）	私营企业 （万户）	个体工商户 （万户）	万人拥有量 （户/万人）	与四川省相比 （户/万人）
广东	552.0	153.0	399.0	529	+128
浙江	352.8	93.6	259.2	642	+241
上海	130.7	93.9	36.8	541	+140
江苏	524.3	145.0	379.3	660	+259
重庆	147.0	35.6	111.4	495	+94
四川	325.3	50.4	274.9	401	—

现利润有所下降。以云南省为例，2013年底，云南省纳入统计的民营企业盈亏相抵后累计实现利润102亿元，比上年下降22%，降幅较上年收窄3.5个百分点，但较三季度由增长再次转为下降。民营企业的利润主要来源于冶金、轻工、煤炭、医药和建材行业，分别实现利润17.9亿元、24.7亿元、8.3亿元、9.3亿元和5.2亿元，5个行业实现的利润总和同比下降9%，占全省民营企业利润总额的比重由上年的49%提高到64%。民营企业营业收入增速放缓，企业成本费用增加，实现利润明显下降。

（三）企业实力相对较弱

从表3、表4可以看出，西南四省市民营企业规模总体偏小，企业实力在全国范围内相对较弱。例如，重庆市在全国民营制造业500强中，有14家企业上榜，居全国第11位，其规模最大的隆鑫控股有限公司年营业收入224.7亿元，仅为居全国首位的联想控股有限公司的10%。同时，在2013年全国民营企业500强中，重庆市有11家上榜，居全国第12位，其规模最大的龙湖企业拓展有限公司年营业收入292亿元，仅为居全国首位的苏宁电器集团的12.5%。

（四）结构调整压力较大

西南四省市民营企业对资源的依赖程度普遍相对较高，产业结构失衡问题比较突出。例如，贵州省民营企业资金密集行业（注册资本）依次是租赁和商务服务业（1123.52 亿元，比重 22.04%，同比增长 118%）、批发和零售业（1091.41 亿元，比重 21.41%，比上年底增长 25.68%）、房地产业（788.95 亿元，比重 15.48%，比上年底增长 52.93%），民间资本在高科技新兴产业投入较少；其民营企业在第三产业中分布较为密集的行业依次是批发和零售业（5.6257 万户，占总数的 42.82%），租赁和商务服务业（2.159 万户，占总数的 16.43%），住宿和餐饮业（1.6528 万户，占总数的 12.58%），居民服务、修理和其他服务业（0.8635 万户，占总数的 6.57%），房地产业（0.836 万户，占总数的 6.36%），信息传输、软件和信息技术服务业（0.5005 万户，占总数的 3.81%），行业技术门槛普遍较低，高技术、高附加值的现代服务业和科、教、文、卫领域占比偏少。民营企业基础薄弱，受资金、人才、市场风险等条件制约，技术创新层次不高，科技创新动力明显不足。

（五）发展环境亟待改善

尽管国务院和西南四省市党委、政府为助推民营经济发展，出台了一系列政策措施，但从调研结果看，参与调查的民营企业仅有 46% 对有关进一步缩减投资核准范围和下放投资核准权限的政策觉得落实"到位"和"比较到位"，还有 54% 觉得"不太到位"和"说不清楚"，政策落地难、"中梗阻"现象仍然存在；参与调查的民营企业仅有 10% 觉得民间资本投资环境"有明显改善"，51% 觉得"有一定改善"，还有 28% 觉得"玻璃门""弹簧门""旋转门"依然普遍存在，问题没有得到有效解决。另外，民营企业特别是中小微民营企业，普遍固定资产比例不高、企业资信程度偏低，能通过资产抵押贷款和信贷的资金有限，银行"惜贷"现象较为突出，"融资难"问题仍难以解决。其他诸如"用地难""用工难"等制约民营经济发展的问题也未得到根本改善。受政策环境和思想观念的制约，产权多元化和资源配置市场化改革滞后，国有资产沉淀较大，国有企业的股权结构优化亟待加快，但对于民营经济主体来说，仍存在市场主体机会不平等的难题，不仅投资领域受限，而且在民营资本参股国企资本时缺乏话语权，合法权益得不到保护，民营企业投资者顾虑较多，发展混合所有制的难度较大。

三 西南四省市民营经济发展展望

2014 年及今后一段时期，西南四省市民营经济发展面临国际、国内两大背景的新变化，尤其是十八届三中全会精神的深入贯彻和全面深化改革的不断推进，使西南地区民营经济发展面临前所未有的良好机遇。

(一)民营经济发展背景发生新变化

从国际背景看，全球金融危机暴露了发达国家经济存在诸多制度性缺陷，不是一朝一夕所能修复的，世界经济可能在较长时期内处于低速增长状态。美国量化宽松政策退出和政府债务上限问题或将成为影响全球经济金融稳定的最大不确定因素，贸易和投资保护主义明显抬头，世界经济复苏道路仍将艰难曲折。同时，新的国际产业分工和国际经济秩序正在加快调整。主要国家都试图抢占新的国际竞争制高点，美国等发达国家谋求重塑国际经贸规则，创新能力强的优势依然明显，发达国家再工业化和发展中国家同质竞争所带来的双重影响加大。从国内背景看，当前我国经济长期向好的基本面没有改变，但是经过 30 多年高速增长，支撑经济发展的因素已经发生深刻变化，客观上要求增速"换挡"。一是过度依赖投资拉动难以为继。长期高强度投资在拉动经济增长的同时，也带来许多结构性问题，如投资和消费比例失衡、一些行业产能严重过剩。二是土地、劳动力等低成本优势相对减弱。人口老龄化加快，劳动力供求关系出现新的重要变化，劳动力和土地等要素成本不断上升。三是资源环境约束明显强化。过多消耗能源资源的发展方式难以持续，环境容量在某些领域、某些地区已到极限。四是我国经济在国际市场的传统比较优势逐渐弱化，产业多处于国际分工中低端，即使世界经济有所好转、温和复苏，也不意味着我国经济增长的外需动力随之增强，外贸出口要保持过去那样的持续高增长已不大可能。五是经济总量基数增大影响增速。现在经济每增长 1 个百分点，GDP 增量就达 5000 多亿元，比我国改革开放初期一年的经济总量还多。

(二)西南地区经济发展空间巨大

西南四省市普遍处于由中等收入阶段迈入高收入阶段的关键时期，经济发展模式正由"生存型社会向发展型社会"转变,经济增长由"数量型增长向质量型增长"转变,市场化、工业化、信息化、城镇化、国际化快速发展,具备很多难得的机遇和有利条件。一是消费增长空间。在"三驾马车"中,西南四省市消费率均不到50%,比发达国家约低30个百分点,比发展中国家约低15个百分点。然而,其投资率却高达55%以上,约是世界平均水平的2倍、发达国家的2.1倍、发展中国家的1.5倍。根据经济学"消费是经济增长的内生动力"原理,对西南地区"三驾马车"现有格局分析,消费增长空间十分广阔,拉动力巨大。二是城镇化拓展空间。城镇化是现代化水平的重要标志。2013年,西南四省市城镇化率平均只有40%左右,严重制约经济社会发展。参照发达国家的经验,一个国家或地区人均GDP达到6000~10000美元时,城市化水平应在70%左右。城镇化的巨大拓展空间将成为支撑西南地区经济持续较快发展的强劲动力。三是工业化发展空间。城镇化快速发展的时期也是工业化快速发展的时期。西南四省市工业化程度离60%的工业化国家标准还有较大差距,正处于工业化中期向工业化后期过渡的阶段,工业化发展空间巨大。

(三)西南地区民营经济发展迎来新机遇

党的十八届三中全会对全面深化改革做出重大部署,对民营经济发展做出全面、系统、深刻的论述,必将为民营经济的发展带来难得的机遇。十八大报告提出要"优先推进西部大开发,大力促进中西部地区崛起"。过去10年,东西部GDP总量差距从3万亿元扩大到现在的17万亿元,西部GDP年均增长11.9%,比东部慢0.7个百分点。西部面积占全国的71.5%,人口占27.9%,但与东部相比,人均消费却只有东部的45%;西部的基础设施还比较落后,高速公路密度仅为东部的1/10,铁路密度为东部的1/5;城镇化水平也比东部约低20个百分点,加快西部大开发正是扩大内需最主要的载体。在国家近年来重点实施的成渝经济区、长江经济带、丝绸之路经济带以及国家重点扶贫攻坚连片开发区等区域经济发展规划中,西南四省市具有共同的区位特征和互补优势,区域民营经济必将迎来良好的发展机遇。

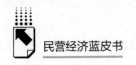

四 对加快西南四省市民营经济发展的建议

（一）加强区域合作，依托国家政策实现自身发展

"多极并进"是未来国内区域经济发展的大趋势，西南四省市在西部地区处于极为重要的地位，作为重要的增长极，必将是西部开发的重点区域，肩负着引领西部广大欠发达地区实现大发展的重要历史使命。西南四省市发展阶段基本相当，在经济发展中面临着诸多共同的问题，存在着很大的互补性和很多的利益共同点。因此，应在努力争取国家对西南地区实施差异化措施的同时，积极促进地方政府自发、自主构建跨区域协作机制，探索研究突破区划障碍的战略举措，组建地缘性经济合作组织，制定生产要素合理流动的统一规则，消除市场壁垒，实现生产要素、人力资源优化配置，培育统一、开放、竞争、有序的市场体系，以发挥综合优势和各自的独特作用，实现共同利益，提升区域整体实力和竞争力。不断创新机制，发挥好工商联（商会）组织的协调作用，加强区域内经贸交流活动的合作，引导民间资本积极参与区域经济互利协作，促进产业发展、资源开发等方面的互惠共赢，形成宽领域、全方位的产业集群效应。

（二）鼓励科技创新，引导民营企业创新发展

加大对民营科技企业的扶持力度，健全科技资源开放共享机制，完善支持民营经济科技发展和成果应用转化的财税、金融、产业技术和人才政策。加大支持民营企业产学研联合创新和技术难题诊断对接力度，积极推进中小企业与大企业、科研机构、高校的技术交流合作。发挥西南四省市传统的军工科技优势，推进实施军民融合战略，开放军工领域，支持引导民间资本和民营企业积极参与军民两用技术的研发和转化，推进企业转型升级，将军工优势转化为经济优势。加强民营企业知识产权试点工作，提高企业知识产权创造、运用、保护和管理水平。实施民营企业引进高层次人才特殊支持计划，对企业用工在城市户籍准入、社会保险标准、职称评定、政府津贴、评优表彰等方面，给予与

国有企业同等的政策待遇，为民营企业人才队伍建设提供政策支撑。积极推进民营企业信息化体系建设。

（三）强化服务引导，推动民营经济转型升级

充分利用各类新闻媒体，大力宣传中央和地方促进民营经济发展的各项方针政策，营造出有利于民营企业健康发展的良好舆论氛围。引导民营企业淘汰落后产能和发展新兴产业，鼓励民营经济进入保税贸易、电子商务等国家战略新兴产业。及时制定出台适应地区战略定位的产业发展规划，分类指导和引导民营企业顺势发展。建立民营企业转型升级发展基金，适当增加政府对中小企业转型升级项目的补贴比例，鼓励民营经济转型升级。巩固和扩大民营企业抱团发展成果，深入实施商会、大企业双带动战略，提速筹建中小企业创业孵化基地，不断实行集中、集聚、集约发展。

（四）抓好政策落地，优化民营经济发展环境

贯彻落实好国家鼓励民营经济发展的各项政策措施，要有效利用第三方评估方式，对各省市开展自评的有关情况进行认真分析和研究，全面总结和梳理各项政策在贯彻落实中存在的问题，抓好问题整改，促进政策落实到位、执行公平公正、监管合理有序。深化行政审批制度改革，简政放权，切实转变职能，强化服务意识，清理不利于民间投资发展的法规政策，简化、整合相关行政审批事项，大力推行负面清单制。依法治国是党的十八届四中全会的主题，必须坚持运用法治思维和法治方式解决问题，加大建章立制力度。严格规范监管部门执法，切实破除地方保护主义，杜绝选择性执法、干预司法、违法办事，为民营经济发展营造平等保护的法律环境。

（五）引导资本融合，推进混合所有制经济发展

深入学习领会党的十八届三中全会精神，积极发展混合所有制经济。创造条件引导民间资本多元参与国企改造、参股国资项目、控股混合所有制企业等，形成新的发展合力，使民营经济、国有经济总量做大、质量提高，发展领域扩大、后劲增强，提升市场竞争能力。按照"非禁即许"的原则提出国资

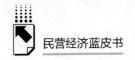

领域开放的负面清单，公开发展混合所有制经济的具体项目，激发民营企业的参与热情。发展混合所有制，"混合"是形式，"制"是核心，要加强对当前在发展混合所有制经济过程中产生的有关问题的研究，建立健全混合所有制经济管理制度。

　　课题组负责人：李光金

　　课题组成员：

　　　四川省工商联：李光金　喻晓春　张文道

　　　重庆市工商联：王　涛　陈孝维　杨浩林

　　　贵州省工商联：谭亦先　汤　漫　吴　洁

　　　云南省工商联：刘可杰　陆志国　赖德淑

2013 年西北地区民营经济发展报告

摘　要：

2013 年是西北地区深入学习贯彻落实党的十八大、十八届三中全会精神，全面深化改革、扩大对外开放、推进跨越发展之年。面对错综复杂的国内外形势，在国家和地方一系列政策措施推动下，西北地区（陕西省、甘肃省、宁夏回族自治区、青海省、新疆维吾尔自治区及新疆生产建设兵团）民营经济转型升级和结构调整步伐加快，内生动力和发展活力增强，呈现出持续快速健康发展的良好态势。本发展报告客观总结西北地区民营经济发展的基本情况、呈现的突出特点，科学分析西北地区民营经济发展存在的困难和问题，对西北地区民营经济发展的前景进行展望，并试图提出推动西北地区民营经济加快发展的建议，以供研究和决策参考。

关键词：

西北地区　民营经济发展　对策建议

一　西北地区民营经济发展的基本情况

2013 年在国内外环境错综复杂、各种困难和问题相互交织、宏观经济下行压力较大、制约经济发展的不利因素较多的情况下，西北地区民营经济实现了持续稳定健康发展，总量继续增加，规模逐步扩大，产业布局不断优化，投资强度不减，社会贡献继续增加。

（一）民营经济完成增加值情况

2013 年西北地区民营经济完成增加值 14886.1 亿元（不包括青海省）。其中，陕西省民营经济完成增加值最多，在本地区 GDP 中所占比重最大（见表1）。

表1   2013年西北地区民营经济完成增加值

单位：亿元，%

地区 \ 分类	地区GDP	民营经济增加值		
		增加值	同比增长	占地区GDP的比重
陕西省	16045.2	8376.2	13.6	52.2
甘肃省	6268.0	2507.2	13.9	40.0
宁夏回族自治区	2565.1	1246.6	10.2	48.6
青海省	2101.1	—	—	—
新疆维吾尔自治区	8510.0	2253.6	13.1	27.0
新疆生产建设兵团	1499.9	502.5	2.0	33.5
合　计	36989.3	14886.1	—	—

（二）民营经济主体数量情况

2013年西北地区民营经济主体达到346.8万户。其中，私营企业58.2万户，个体工商户288.6万户。私营企业户数最多的是陕西省，增幅最大的是甘肃省；个体工商户最多、增幅最大的是陕西省（见表2）。

表2   2013年西北地区民营经济主体数量情况

单位：万户，%

地区 \ 分类	私营企业		个体工商户		合计
	户数	同比增长	户数	同比增长	
陕西省	27.2	12.5	104.9	13.5	132.1
甘肃省	11.2	16.6	73.7	11.0	84.9
宁夏回族自治区	4.2	11.5	24.4	10.9	28.6
青海省(上半年)	1.7	0.7	21.0	2.3	22.7
新疆维吾尔自治区	13.4	14.5	64.6	12.1	78
新疆生产建设兵团	0.5	7	—	—	0.5
合　计	58.2	—	288.6	—	346.8

（三）民营经济主体注册资金情况

2013年西北地区民营经济主体注册资金总额达到20213.1亿元（不包括宁夏回族自治区和新疆生产建设兵团）。其中，私营企业注册资金19076.1亿元，个体工商户注册资金 1137 亿元。私营企业注册资金最多、增幅最大的是陕西省；个体工商户注册资金最多的是陕西省，增幅最大的是甘肃省（见表3）。

表3 2013 年西北地区民营经济主体注册资金情况

单位：亿元，%

地区 \ 分类	私营企业		个体工商户		合计
	注册资金	同比增长	注册资金	同比增长	
陕西省	8755.8	38.2	435.5	25.4	9191.3
甘肃省	3344.7	36.4	389.5	49.6	3734.2
宁夏回族自治区	—	—	—	—	—
青海省（上半年）	955.8	2.6	54.8	9.2	1010.6
新疆维吾尔自治区	6019.8	35.1	257.2	29.9	6277.0
新疆生产建设兵团	—	—	—	—	—
合 计	19076.1	—	1137	—	20213.1

（四）民营经济主体从业人员情况

2013 年西北地区民营经济主体从业人员达 699.9 万人（不包括陕西省）。其中，私营企业从业人员 342.2 万人，个体工商户从业人员 357.7 万人。私营企业从业人员最多的是甘肃省，增幅最大的是青海省；个体工商户从业人员最多、增幅最大的都是甘肃省（见表4）。

表4 2013 年西北地区民营经济主体从业人员情况

单位：万人，%

地区 \ 分类	私营企业		个体工商户		合计
	从业人员	同比增长	从业人员	同比增长	
陕西省	—	—	—	—	—
甘肃省	118.2	18.4	145.6	15.4	263.8
宁夏回族自治区	85.5	6	54.3	10.9	139.8
青海省（上半年）	45.8	31.1	40.9	2.3	86.7
新疆维吾尔自治区	87.0	3.2	110.3	11.4	197.3
新疆生产建设兵团	5.7	4.8	6.6	6.2	12.3
合 计	342.2	—	357.7	—	699.9

（五）民间投资完成情况

2013 年西北地区民间投资总额达到 14424.5 亿元，同比增长 30.3%；占本地区固定资产投资的比重为 38.9%，同比提高 0.6 个百分点。其中，民间投资额最多的是陕西省，民间投资占地区固定资产投资比重最大的是宁夏回族自治区（见表 5）。

表 5　2013 年西北地区民间投资完成情况

单位：亿元，%

地区＼分类	地区固定资产投资	民间投资		
		投资额	同比增长	占地区固定资产投资的比重
陕西省	15934.2	6965.1	26.3	43.7
甘肃省	6407.2	1125.2	40.0	17.6
宁夏回族自治区	2681.1	1538.0	24.7	57.4
青海省	2403.9	1021.0	27.8	42.5
新疆维吾尔自治区	8148.4	3066.2	35.1	37.6
新疆生产建设兵团	1509.9	709.0	21.0	47.0
合　计	37084.7	14424.5	30.3	38.9

（六）民营经济对外贸易发展情况

2013 年西北地区民营经济对外贸易完成进出口总值 539.7 亿美元，同比增长 29.6%。其中，民营经济进出口总值最大的是新疆维吾尔自治区，增幅最大的是宁夏回族自治区，占地区进出口总值比重最大的是陕西省（见表 6）。

（七）民营经济缴纳税收情况

2013 年西北地区民营经济缴纳税收 1161.7 亿元（不包括陕西省和新疆生产建设兵团）。其中，民营经济缴纳税收最多的是甘肃省，增幅最大的是新疆维吾尔自治区，占地区税收收入比重最大的是宁夏回族自治区（见表 7）。

表6   2013 年西北地区民营经济对外贸易发展情况

单位：亿美元，%

地区 ＼ 分类	地区进出口总值	民营经济进出口		
		总值	同比增长	占地区进出口总值比重
陕西省	201.3	164.2	55.7	81.6
甘肃省	102.8	46.9	26.0	45.6
宁夏回族自治区	32.2	21.2	96.3	65.9
青海省	14.0	11.0	45.8	78.6
新疆维吾尔自治区	275.6	203.7	11.4	73.9
新疆生产建设兵团	115.9	92.7	25.6	80.0
合 计	741.8	539.7	29.6	72.8

表7   2013 年西北地区民营经济缴纳税收情况

单位：亿元，%

地区 ＼ 分类	地区税收收入	民营经济缴纳税收收入		
		总额	同比增长	占地区税收收入的比重
陕西省	—	—	—	—
甘肃省	928.0	350.7	-1.0	37.8
宁夏回族自治区	452.6	330.6	14.7	73.0
青海省	343.4	203.3	11.1	59.2
新疆维吾尔自治区	826.3	277.1	19.3	33.5
新疆生产建设兵团	—	—	—	—
合 计	2550.3	1161.7		

二 西北地区民营经济发展的特点

2013 年西北地区民营经济依托独特的资源优势、政策优势和地缘优势，自身发展能力不断增强，继续呈现出持续稳定健康发展的良好势头和鲜明的区域特点。

（一）民营经济发展环境改善

近年来西北地区认真贯彻落实中央出台的一系列差别化宏观调控政策和促

进民营经济稳增长的措施，坚持稳中求进、好中求快的工作总基调，积极应对复杂严峻的经济形势，着力破解民营经济发展难题，推动民营经济环境不断改善。民营经济已经成为推动全地区经济社会持续快速发展的重要力量。例如，宁夏回族自治区于2013年2月召开全区发展非公有制经济大会，出台《关于加快发展非公有制经济的若干意见》，表彰非公有制经济优秀企业家、优秀企业、优秀个体工商户和发展非公有制经济工作先进单位，推出了一系列改善民营经济发展环境的新举措。

（二）民营经济发展势头强劲

2013年是西北地区民营经济主体数量增长最明显的一年。在一系列政策指导、信贷担保、税费减免等措施的支持下，西北地区市场主体快速增加，民营经济主体增长数远远超过往年，规模逐步加大，总量持续扩张。例如，甘肃省民营经济规模近5年来首次达到两位数增长，全省54个中国驰名商标中民营企业占37个。宁夏回族自治区2013年认定的53家高新技术企业中，民营企业有45家，占84.9%；67个国家级、自治区级企业（集团）技术中心中，民营企业有55个，占82.1%；154家科技型中小企业中，96%是民营企业；2011~2013年，全区共登记企业科技成果149件，其中民营企业110项，占登记企业科技成果的73.9%。

（三）民营经济产业结构优化

近年来西北地区民营经济由传统的农业、商业、手工制造业、服务业等逐渐向新材料、新能源、装备制造业等战略性新兴产业延伸拓展，经营方式也从过去简单的批发零售、代购代销向联营联销、品牌专卖、连锁经营、网络销售等信息化方向发展，总体产业结构分布呈现"三二一"发展格局。例如，陕西省民营经济第二产业首次突破半壁江山，金融业、房地产业带动民营经济第三产业快速上升，并成为民营经济三次产业中占比最高的行业。

（四）民间投资持续活跃

近年来西北地区民间投资强度持续不减，并从制造加工、商贸流通、饮食服务、房地产开发等传统产业拓展延伸到文化旅游、教育卫生、公共设施、金融服务等领域，覆盖了国民经济的大多数产业，呈现出多领域涉足、多门类发展的态势。例如，陕西省民间投资中，房地产和制造业合计占 6 成以上。民营经济投资主体开始向多元化方向发展，越来越多的民营企业开始运用股份制来构筑多元化产权结构。民营经济产业经营向系列化延伸和集群化发展，一大批特色产业集群正在逐步形成。

（五）民营企业"走出去"步伐加快

在国家"走出去"战略引导下，西北地区民营经济已经成为推动地区外贸进出口增长的重要力量。例如，甘肃省民营经济进出口额增长迅速，外贸进出口创历史最好水平，一批专门从事进出口贸易的民营企业成长壮大，成为全省对外贸易的新生力量。新疆 2013 年有进出口业绩的 2448 家企业中，民营企业有 2327 家，占 95.1%；进出口前 50 名的企业中，民营企业有 38 家；进出口上亿美元的 55 家企业中，民营企业有 43 家，占 78.2%；5 家民营企业完成对外工程承包营业额 6.2 亿美元，占总额的 43.0%，同比增长 67.8%。

（六）民营经济社会贡献增加

西北地区民营经济在快速发展壮大的同时为社会提供了大量就业机会，成为全地区扩大社会就业的主要渠道、保障和改善民生的重要力量。例如，宁夏回族自治区民营经济法人单位从业人员 85.5 万人，占全部法人单位从业人员的 66.0%。西北地区民营经济对全地区税收以及财政的贡献呈逐年递增趋势，涌现出一大批对地区税收做出突出贡献的骨干民营企业。例如，宁夏回族自治区 2013 年民营经济实现税收收入占全部税收收入总额的 72.9%，对全区税收收入增长的贡献率高达 82.4%。西北地区民营企业家能够坚持致富思源、富而思进，在实现自身发展的同时积极承担社会责任。例如，甘肃省民营企业家和商会在"同心·光彩陇原行"礼县大型系列活动中捐款 578.6 万元，捐赠药品价值 1.1 万元；宁夏回族自治区工商联和固原市市委、市政府共同举办"宁夏光彩事业六盘行"活动，区内外 200 多名企业家共 260 人出席了活动，共签订投资项目 19 个，签约金额 44.02 亿元，公益慈善捐赠 607 万元；据不

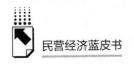

完全统计,青海省 2013 年新增光彩事业项目 230 个,到位资金 27.2 亿元,公益捐赠总额 7380 万元;新疆 2005～2013 年,实施光彩项目 324 个,到位资金 72.7 亿元,实现就业 8.2 万人,捐款捐物累计达到 10.1 亿元。

三 西北地区民营经济发展中存在的困难和问题

西北地区民营经济发展势头良好,运行质量显著提高,但整体上总量少、规模小、层次低、结构差问题客观存在,整体竞争力不强,依然是地区经济发展的"短板"。该地区民营经济发展除面临受国家宏观政策影响的资金供应紧张、能源制约加剧、原材料价格波动以及 2013 年新疆维吾尔自治区因暴恐事件引发的安全形势较为严峻等地域性、暂时性困难外,普遍存在以下问题。

(一)认识有待提高、服务意识不强

多年来西北地区对民营经济的认识存有偏见、观念落后守旧始终是一道民营经济发展难以逾越的障碍。当地对发展民营经济在思想上没有足够重视,在观念上重国有、轻民营,在行动上重管理、轻引导扶持,导致了民营经济在政策制定、融资服务、资金扶持、项目倾斜等方面存在事实上的不平等。例如,新疆生产建设兵团出台了国有及国有控股企业深化改革的指导意见和 5 个配套管理办法,对国有企业实行"一企一策",但针对民营经济的"非公经济 36 条"至今未出台配套措施。一些地方政府以 GDP 增长论英雄,缺乏兴商、重商、亲商的观念,在思想上认为民营经济的发展无关大局、无足轻重,这一现象在资源型城市中尤为突出。有些部门对民营经济的认识比较片面,只注意了民营企业的个人利益,而忽略了其对社会的贡献,缺乏服务意识和热情。少数掌握行政审批权的部门及工作人员,把审批权作为获取利益的"资源",不同程度地存在着把国家利益部门化,部门权力个人化,个人权力利益化的问题。相关部门主动为民营经济服务的少,以检查代管理、以罚款代服务的多,检查活动不是以指导教育和整改问题为目的,而是带着罚款和收费任务去的,调研活动不是以服务企业和规范行业、发现问题和解决分歧为立场,而是带着政治任务去的,往往是走马观花、蜻蜓点水,形式主义明显。

（二）经济总量较小、整体实力不强

西北地区民营经济尽管取得了较大发展，但整体实力还明显偏弱，总量少、规模小，特别是具有较大影响和明显示范带动作用的大企业、大集团、大品牌少，高科技含量、高附加值的企业少。例如，2013 年陕西省民营经济增加值占 GDP 的比重为 52.2%，在西北地区最高，但与同期全国民营经济贡献的 GDP 总量超过 60% 的整体水平相比仍然差距明显。2013 年中国民营企业500 强榜单显示，西北地区入围 500 强最多的是陕西省，有 4 家，不仅与浙江省 139 家和江苏省 93 家存在明显差距，而且与同处西部地区的四川省 15 家相比也落后不少。宁夏回族自治区 2013 年小微企业占全部民营企业总数的90%。青海省 2013 年度全省上规模（营业收入 5 亿元以上）民营企业有 15家，在"2014 年青海企业 50 强"中，虽然有 20 家民营企业入围，但其营业收入只占到 50 强企业营业收入总额的 15.9%。

（三）加快发展任务重、转型升级压力大

2013 年受国际市场需求不振、国内经济下行压力加大等因素影响，西北地区整体经济发展速度有所放缓，内外需求不足。随着国内市场进一步开放、经济外向度提高，国际国内竞争呈一体化发展态势，生产要素流动频频加速，行业竞争更加直接，世界能源供求矛盾以及国内区域经济的竞争态势更加激烈，开拓国内市场和国际市场的风险与难度增加。此外，原材料价格进入快速上涨通道，企业生产经营成本长期居高不下。多以劳动密集型传统产业为主、处于产业链的末端、能源消耗高、产品附加值低的西北地区民营企业还没有足够实力参与市场竞争，发展压力加大。例如，2013 年新疆私营企业主要分布在批发和零售业、制造业、租赁和商务服务业，这三大行业中私营企业有 8.9万个，占全部私营企业的 66.4%。个体工商户主要集中在批发和零售业、制造业、居民服务和其他服务业、住宿和餐饮业，这四大行业中个体工商户有59 万个，占全部个体工商户的 91.3%。随着高成本时代的快速到来，西北地区民营企业受到原材料成本上升和激烈市场竞争的双重压力，部分行业利润大幅缩减，许多企业面临生存困境，转型升级迫在眉睫却又进展缓慢。多数企业

属于家族式企业，面对转型升级的巨大风险顾虑重重，存在"不转型是等死，转不好是找死"的想法，缺乏发展的内在动力。

（四）体制机制不健全、政策措施落实难

近年来，国家和西北地区出台了一系列支持民营经济发展的政策措施，但是在政策执行过程中，由于缺乏考核监督、细化量化、问责机制等，政策在夹缝中游离，相关部门推诿扯皮，普遍存在政策落实不到位、执法不规范、程序不简便等问题。一些地区对政策的宣传还存在盲区，有些企业主根本就不知道国家和地区出台的扶持政策，更谈不上享受政策，以文件落实文件、以会议贯彻会议的现象依然存在。一些地方和部门制定的配套措施存在一般化、形式化的问题，含金量不高、可操作性不强，导致土地供给、贷款融资、生产要素使用等方面不能满足需要，往往是"上面放、下面望、中间常遇顶门杠"，许多领域还存在"玻璃门""弹簧门""旋转门"现象，出现"看得见却摸不着、进不去"或者"进得去却没人管、没法退"的尴尬境地。陕西省工商联的调查问卷显示，83.4%的受访企业认为政府出台的财税支持政策在促进企业发展方面取得了较好或者一定的效果，但75.6%的企业因手续繁杂而放弃了享受所得税减免、专项支持资金等扶持政策。一些地方政府盲目追求招商引资效应，重外来企业而轻本地企业，执行政策标准不统一，招商企业理直气壮地"圈地"，挫伤了本地企业的发展积极性。

（五）生存发展阻碍较多、市场盈利能力不强

西北地区民营经济发展受到外部经济环境恶化和生产经营成本上升双重制约，土地、原材料、人工成本三要素同时上涨，推动企业生产成本增长，利润空间萎缩。在发展硬环境上，各地为快速推进优势资源转换和区域经济发展，园区建设搞得不少，但普遍存在基础设施建设不配套、政策机制不灵活、产业功能不完善等问题，民营企业项目落地难、用地难等问题突出。在发展软环境上，审图、环评、消防等事项审批权主要集中在省一级部门，一个环评、一个审图往往需要半年时间，严重影响了建设周期和项目效益。税负过重也是西北地区民营经济长期面临的难题。尽管中央通过采取扩大"营改增"试点范围、

降低部分进口商品关税、取消和免征涉企收费项目等结构性减税政策及措施减轻企业发展负担，但是民营企业特别是中小微企业整体税负仍然沉重，税目繁多、税率较高、重复征收等问题仍然存在，企业在缴纳的税种达 20 多个的同时还要缴纳名目繁多的行政性收费。加之一些地方和部门仍存在对民营企业的乱收费、乱摊派和滥罚扣等问题，民营企业的盈利空间受到挤压。

（六）融资渠道不畅、融资贵问题显现

西北地区金融机构发展相对滞后，民营企业融资渠道狭窄。以甘肃省为例，全国 12 家股份制银行在该省落户的只有 6 家，外资银行机构仍属空白，仅有的两家地方性商业银行规模小、业务能力弱。全省已成立村镇银行 16 家，挂牌开业小额贷款公司 505 家，只覆盖到全省 14 个市（州）的部分县区，覆盖面较窄。银行贷款依然是西北地区民营企业获取资金支持的主要渠道，但国有商业银行的贷款主要投放给大中企业，小微企业大多无法满足其放贷要求，少数从银行贷到款的民营企业，其贷款利率也远高于银行基准利率，这导致民营企业融资成本普遍偏高。陕西省的调查问卷显示，从银行等机构获得过贷款的企业不足受访者的一半，其中因达不到银行贷款条件而无法获得贷款的占 53.2%。部分企业因无法获得贷款，甚至以超过 20% 的费用率通过民间借贷等渠道融资。新疆维吾尔自治区 290 家民营企业的问卷调查显示，48.8% 的企业反映流动资金短缺、资金周转困难，银行贷款难、门槛高、手续复杂，融资成本高等。2013 年成功从金融机构贷款的企业有 139 家，占 47.9%，从多家金融机构贷款的企业有 72 家，仅占 24.8%。由于融资渠道较窄、融资成本较高，民营企业特别是中小微企业资金缺口较大，处于"融不到、用不起"的尴尬境地。

（七）用工难题仍存、用工贵问题突出

受地理、环境、气候等因素影响，西北地区民营经济整体人才匮乏，绝大多数民营企业存在招人难、用人难、留人难、高端人才聘用更是难上加难的现实困境，员工流动性大，人才流失率高。企业员工主体的更新换代，对企业文化建设和经营管理提出了更高的要求，劳资双方还未形成命运共同体。由于民

营企业缺乏高技能专业人才、懂经营和善管理的职业经理人，一旦市场环境发生变化，就很容易受到冲击。据陕西省统计，全省中小微企业从业人员中，大专及以上文化程度的仅占企业从业人员总数的 11.5%，专业技术人员仅占 8%，能够担当技术创新项目领头人、承担企业转型升级重任的复合型人才凤毛麟角。新疆维吾尔自治区 290 家民营企业的问卷调查显示，民营企业经营管理人才、专业技术人才和财务管理人才严重匮乏，"普工缺口大、技工难招、管理人员难留"现象普遍存在，27.5% 的企业反映招工难，尤其是专业管理技术人才缺乏，人员流动性大、员工队伍不稳定，用工成本逐高、员工培训压力大，员工素质不高等。

（八）研发投入严重不足、技术创新能力不强

大多数西北地区民营企业创新意识不强，存在小富即安的思想观念，满足于维持现状，面对不断变化的市场进行自主创新、实现技术储备的能力不强。以劳动密集型行业和传统行业为主的西北地区民营企业的自主创新能力整体较弱，在技术创新上"有动力、缺实力"，大部分企业尚未建立自己的技术中心或研发中心，与科研院所、高等院校"产学研"的联合研发滞后，信息化程度低，获得政府支持少，致使企业产品科技含量、技术能力和附加值较低，本地企业叫得响的自主品牌很少。以新疆维吾尔自治区乌鲁木齐市为例，全市工程（技术）研究中心、企业技术中心等研发机构总体数量较少，层次不高，行业带动作用不明显。在全市 100 家规模以上科技中小企业中，企业内部建有专门研发机构的仅为 7% 左右，能够承担实施科技计划项目的企业仅占规模企业的 2%。另外，西北地区民营企业在自主创新方面的资金投入不够，大多数企业资金主要用于扩大再生产和维持正常生产，没有更多的资金用于技术研发和企业的转型升级。新疆维吾尔自治区 290 家民营企业的问卷调查显示，开展自主研发的企业有 103 家，仅占 35.5%，超过 6 成的企业研发资金投入低于 100 万元。

（九）企业管理水平较低、市场竞争能力较弱

西北地区民营企业的整体素质偏低，在经营管理、创新发展、人才储备等

方面存在不足，缺乏核心竞争力。一些民营企业经营管理不规范，缺少经营管理知识，管理粗放；有的民营企业没有独立的财务核算制度，存在潜在的管理风险；有的民营企业缺少创新，几乎没有现代企业的管理模式；一些民营企业主存在"小成即满""小富即安"的思想，缺乏干大事业、闯大市场、当大老板和敢为人先的气魄及雄心。这些都导致企业市场竞争力有限。

四 西北地区民营经济发展趋势展望

在可以预见的一段时间内，制约和困扰西北地区民营经济发展的宏观经济压力加大，用工难、融资难、利润下降等问题将持续存在，但随着国家和地区宏观调控政策措施的逐步落实会有一定程度的缓解。从整体来看，西北地区民营经济将继续长期面临蓬勃发展的大好时机，迎来三大历史性发展机遇。一是党的十八大和十八届三中全会先后从多个层面提出了鼓励、支持、引导非公有制经济发展的改革举措，中央和地区全面深化改革向纵深推进，市场在资源配置中的决定性作用和企业在市场中的主体作用将逐步释放。当前中央对发展民营经济极为重视，党的十八大再次重申"毫不动摇鼓励、支持、引导非公有制经济发展，保护各种所有制经济依法平等使用生产要素、公平参与市场竞争、同等受到法律保护"。党的十八届三中全会进一步明确了民营经济平等的政治、法律和市场地位，这无疑为加快民营经济发展创造了更加公平的发展环境、更加广阔的发展空间和更加有力的政策支持。同时，按照深化改革的要求，各类制约民营经济发展的政策障碍和隐性壁垒将全面消除，民营经济发展的总体环境将更加宽松，改革红利将逐步释放。中央和地方的一系列深化改革措施的陆续推出，必将大大激发西北地区民营经济发展的活力和创造力。二是中央加大沿边开放、开发力度，新一轮西部大开发逐步深入，新丝绸之路经济带建设进程加快。新一轮西部大开发将扩大民间投资范围，以项目为载体引导民间投资参与到铁路、交通、市政建设、卫生、金融等领域，投资拉动民营经济发展的作用只增不减。丝绸之路经济带建设注重互通互联，为地区民营经济发展提供了广阔的发展空间和强大的发展动力。三是国际经济一体化和区域经济协同化发展趋势加强，产业转移步伐加快。随着国际发达经济体加快向中国等发展中国家产业转移，东部发达地区加快向中西部地区梯度产业转移，西北地区迎来承接产业转移的大好时机和转型升级的有利契机，区域民间资本将加速融入全球、全国经济圈和产业链条，为跨越式发展提供了必要条件和驱动力。

五　推动西北地区民营经济发展的对策建议

民营经济已经成为西北地区最具活力的经济成分，是经济发展中最具潜能的增长因素，是全地区实现科学跨越、后发赶超的希望和潜力所在。全地区、全社会应全力支持、协调推进，加快形成有利于民营经济发展的浓厚氛围，促使其上规模、上档次、上台阶。

（一）解放思想、转变观念，为民营经济发展营造良好环境

充分认识民营经济在繁荣城乡经济、增加财政收入、扩大社会就业、改善人民生活、优化经济结构、推动经济发展、促进社会稳定等方面的积极作用，适应西北地区民营经济跨越发展的客观形势，牢固树立民营经济是民生经济、富民经济、活力经济，发展民营经济是解决就业、维护稳定的有效途径的理念，坚持"民营经济发展到哪里，政府服务就延伸到哪里，扶持性政策措施就落实到哪里"的目标，真正实现职能部门"法无授权皆禁止"，民营经济发展"法无禁止皆许可"。大力宣传民营经济主体在经济社会发展中的重要作用，定期组织召开民营经济发展大会，总结成绩，统一思想，理清思路，明确目标，完善措施，表彰奖励优秀民营企业。有关部门要以保护、扶持民营经济发展为己任，放开市场、放手发展，不限比例、不限速度、不限规模，切实形成与基本经济制度相适应的思想观念和创业机制，"放手让一切劳动、知识、技术、管理和资本的活力竞相迸发，让一切创造社会财富的源泉充分涌流"，努力营造有利于民营经济发展的良好氛围。完善责任考评机制，建立健全民营经济运行与发展统计指标体系，完善制度，加强监测。建立考核评估机制，把发展民营经济的主要指标完成情况作为各级党委、政府和相关部门年度考核的重要内容，加大赋分权重，强化绩效考核。建立奖惩激励机

制，每年对为全区经济社会发展及财政税收做出重大贡献的重点民营企业给予更特殊的优惠政策。

（二）深化改革、简政放权，切实减轻民营企业发展负担

继续全面深化改革，支持和鼓励民营企业进入负面清单之外的各个领域，让他们真正享有依法平等使用生产要素、公开公平公正参与市场竞争的权利。优化管理和服务环境，继续减少行政审批事项，降低市场准入门槛，优化办理流程。优化民营企业发展的法制环境，加强对行政执法人员的管理，规范涉企行政执法行为，严控涉企检查工作的次数、形式、程序。畅通行政执法监督联络渠道，确保民营企业和民营经济人士的合法权益、合法财产能够得到有效保护。积极稳妥地推进"营改增"，减少重复纳税环节，减轻企业负担。坚持涵养税源、多予少取，大力推进结构性减税政策，切实降低民营企业特别是中小微企业的所得税税率，对经营状况好、信用记录良好的中小企业给予一定优惠。从统筹发展的角度出发，在政策、资金等方面适度向欠发达地区倾斜，充分发挥专项资金和发展基金的引导作用，对欠发展地区民营企业发展实施特惠性扶持政策。

（三）放宽准入、加强引导，继续鼓励和扩大民间投资

鼓励和支持民间资本以独资、参股、控股等多种方式进入基础设施和基础产业、市政公用事业和政策性住房建设、社会事业、金融服务等领域。重点培育一批民营龙头企业，在优势产业中选取一批运作规范、业绩良好、发展潜力大、带动作用强的优质民营企业，采用设置政府引导基金等方式予以重点扶持，并引导企业实施品牌带动战略，走高端化发展道路，打造有较大影响力和较强带动作用的知名品牌。鼓励和支持现有民营龙头企业加快发展，推动资源向龙头企业集中，注重要素资源的协调服务，建立生产要素供给"绿色通道"，最大限度满足生产经营需求，争取实现政策效应最大化。积极推动民营企业高效整合产业链，鼓励优质民营企业通过联合、兼并、股份制改造等途径，在较大范围内进行资产重组和结构优化，组建规模大、实力强，经营区域广，能主导地区、区域乃至全国市场的区域性民营企业集团，使其逐步走上规模化经营的发展道路。

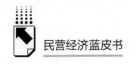

（四）健全机制、完善体系，推动民营经济利好政策落实到位

大力宣传、落实近年来中央和地区出台的一系列有利于民营经济发展的政策措施，对各项政策措施的贯彻落实情况引入第三方评估，对市场准入、财税支持、环境建设等方面进行专项检查，发现问题挂牌督办，确保各项政策措施全面落实到位。及时清理阻碍民营经济发展的地方性法规、规章，制定投资、融资、税收、财政等相关政策的详细指引和操作规程，切实做到"法无禁止即可为"。做好党的十八大、十八届三中全会等重要会议精神的宣传贯彻，研究提出更加优惠的鼓励民间投资、支持民营经济和中小微企业发展的政策措施。推进国有企业混合所有制改革，为民营资本进入国企垄断领域创造更大空间，对民营资本和国有资本一视同仁、公平对待，形成国有经济和非国有经济互相促进、互相补充、互相合作的局面。建立民营经济发展协调联席会议制度，征询及听取企业的意见和建议，协调解决发展中的重大问题。优化招商引资环境，清理行政审批事项，清理行政事业性收费项目，增强政策措施的时效性和透明度。不断完善民营企业服务体系，培育和规范各类商会、协会组织，加快信息服务、知识产权、资产评估、信用评价、人才培训、法律服务、就业服务、商会和协会等社会中介服务体系建设，建立以政府部门为龙头，各类民间商会为桥梁，社会服务中介机构为依托的多方社会资源参与的多元化、多层次、全方位的民营企业社会化服务体系，重点在人才、技术、信息等方面切实加强对民营企业尤其是中小微企业的服务。

（五）拓宽渠道、改善服务，增强金融支持民营经济发展力度

加快金融改革创新步伐，推动中小企业信贷管理制度改革创新，对中小企业设立独立的审批和信贷准入标准，压缩贷款审批流程，切实提升审批效率。针对中小企业客户风险状况，制定风险管理业务规则，加快建立与企业业务性质、规模和复杂程度相适应的市场风险管理体系。加大中小企业信贷产品创新和推广力度，在有效防范风险的基础上，扩大仓单、订单、应收账款、产业链融资以及股权质押贷款规模。发展多样化的民间金融组织形式，积极支持小额贷款公司、村镇银行等民间金融组织实力壮大和信用升级，并在审慎有序、风险可控的原则

下，着力推动小额贷款公司转制为社区银行、村镇银行。积极搭建融资平台，探索形成"政银企联席会议制度"，引导各类金融机构、小额贷款公司、担保公司开发适合民营企业需求的金融产品。完善信用担保体系，积极发展中小企业担保机构，建立"政府为主、社会为辅、多元募集、滚动发展"的融资担保体制，改善县域民营经济融资环境，提高融资担保能力。大力发展金融服务业，支持建立企业投融资交易服务平台，为企业提供金融信贷、融资租赁、股权合作、投资理财等一揽子投融资服务。继续实施差别化信贷支持政策，对小微企业贷款实施信贷规模、监管指标、存款准备金率、再贷款和再贴现等方面的差别化扶持政策，建立适合小微企业特点的资信评估制度，并建立信息共享机制，优先支持信用记录优良、有竞争力、有市场的小微企业发展。

（六）科学规划、积极引导，为民营经济发展提供人力支撑

开展全方位、多层次、形式多样的培训工作，通过政府引导和社会力量广泛参与，使广大民营经济主体的经营管理人员、专业技术人员、中介服务机构的服务人员普遍接受培训，全面提高民营企业特别是中小微企业的整体素质，着力提高"企二代"传承发展企业的本领。将民营经济主体人才培训纳入地区人才培训规划，整合现有培训资源，设立地区民营经济主体人才培训基地，由政府每年拿出专项培训资金用于民营企业科研人员、经营管理人员、技术人员和职工的培训。由政府采购企业家培训项目，面向企业家举办公益性的学习讲座，让企业家们系统学习和探讨民营企业转型升级等内容，通过实现企业家队伍的"转型升级"来推动企业的转型升级。建立高技术专门人才及管理人才数据库，以便合理使用并促进人才交流合作。建立和完善补助机制，支持服务中介机构开展信息、培训、技术、创业、质量检验、企业管理等服务。建立企业与高校之间人才需求信息平台，引导高校根据民营企业的需要设置专业，并积极开展定向培训，使高校的教学与企业的需求挂钩，培养出企业需要的各类人才。不断建立健全科技人才流动机制，出台相应的激励措施，鼓励大中专毕业生到民营企业就业，探索建立从民营企业中高层管理人员、技术人员中选拔行政、事业单位领导干部的机制，激励民营企业积极吸纳大中专毕业生就业，对每年能安排一定数量大中专毕业生长期就业的民营企业给予减免税收等

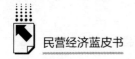

优惠政策。有计划地鼓励、动员和组织科研单位和高校的科技人员到民营企业挂职服务，科技人员派出期间的职务、工资、福利和岗位保留不变，成绩突出的可优先晋升职务职称。支持国有企事业单位的中高级技术人员在民营企业兼任技术指导，鼓励高校、科研机构、国有企业的退休技术人员为民营企业提供技术咨询、技术指导和技术诊断服务。

（七）搭建平台、鼓励创新，完善民营经济发展的服务体系

大力支持民营企业科技创新，探索形成以财政投入为引导、企业投入为主体、社会投资为补充的自主创新投入体系，加大对民营企业自主创新产品的采购力度，鼓励民营企业加大科技投入，引导企业通过技术创新带动产品创新、品牌创新和生产经营模式创新，努力将价值链向研发、标准制定和品牌建设拓展，推广应用新技术、新工艺、新装备，加快传统产业升级改造，提高产品附加值和科技含量。依托地区优势资源，加大对民营企业技术创新服务机构、科技性民营企业的扶持力度，打造区域品牌。坚持外部引进和内部培育两手抓，支持和鼓励中小微企业与大企业开展多种形式的经济及技术合作，加快形成一批具有地域特色和优势的中小企业产业集群。针对民营企业自主创新制定长期稳定的税费减免缓等优惠政策，鼓励民营企业进行技术改造和产品创新，推动民营企业转型升级。积极贯彻落实有关解决民营企业人才问题的政策措施，推动民营企业与高校科研院所建立产学研合作机制和人才培养培训机制，为民营企业自主创新提供强大的人才支撑。

课题组负责人：王力涛　葛　敏

课题组成员：

新疆维吾尔自治区工商联：邓铁梅　隋建勋

陕西省工商联：宋永华　赵昌奎　尚　潇　高　鹏　张　赟

甘肃省工商联：姬书平　吕晓明　张文军　王慧芹　王瑜娟　王慧芹

宁夏回族自治区工商联：余明清　廉俊杰　陈建民　纪泽东

青海省工商联：于兴国　靳生奎　宜青华　王宏志　祁　琰

新疆生产建设兵团工商联：屈开平　李自学　孙润涛

2013年珠三角地区民营经济发展报告

广东省工商业联合会

摘　要:

2013年,珠三角民营经济主动适应经济发展新阶段要求,积极谋划产业转型与升级,努力克服成本上涨、市场不明等因素影响,充分发挥投资拉动的关键作用,继续挖掘内需潜力,经济实力和发展地位进一步增强。涉及投资管理体系改革的进一步深入为民营经济未来发展提供了广阔空间。

关键词:

结构调整　产业升级　投资改革

2013年,在全面深化改革的推动下,珠三角地区民营经济保持较快增长速度,发展质量持续提升,创新能力有所增强,产业结构不断优化。随着改革不断推进、《珠江三角洲地区改革发展规划纲要(2008~2020年)》(以下简称《珠三角规划纲要》)深入落实,民营经济发展的市场环境、政策配套更加完善,对全省乃至全国民营经济的辐射带动、引领发展作用将进一步增强。同时,在结构调整的阵痛期,珠三角地区民营经济面临着市场巨变、成本上涨、风险加大的新的外部经济条件,亟须以改革的持续红利激发企业创新的活力、增强发展的内在动力。

一　区域总体概述及分析

(一)总量和比重持续扩大

据统计,2013年珠三角地区9个城市的民营经济实现经济增加值2.35万

亿元, 同比增长 10.88%, 占广东省全省民营经济增加值的比重为 73.37%, 较 2012 年提高 1 个百分点。其中排名前四位的分别是广州、深圳、佛山、东莞, 分别为 6043.30 亿元、5620.84 亿元、4283.01 亿元、2592.44 亿元。4 个城市民营经济增加值占珠三角地区增加值的比重为 78.82%, 占全省民营经济增加值的比重为 57.83%, 占珠三角地区生产总值的比重为 44.3%, 比全省平均水平低 7.3 个百分点。

从珠三角经济圈内部看, 广佛肇地区由于广州、佛山两地的民营经济规模较大, 民营经济龙头地位显著, 广佛肇地区民营经济实现增加值 11433.09 亿元, 占整个珠三角地区民营经济增加值的 4 成多, 约为 48.65%; 深莞惠地区为 9232.19 亿元; 珠中江地区的经济总量规模偏小, 为 2855.65 亿元。

从增加值增速看, 惠州、肇庆排在前两位, 分别增长 13.8% 和 12.2%; 江门、中山的民营经济增速排名落后, 分别仅增长 7.3%、7.1%, 不仅低于全省民营经济增速, 还低于全省地区生产总值增速, 显示当地民营经济正处于调整阶段。

(二) 民间投资较快增长

2013 年, 广东省按照《国务院关于鼓励和引导民间投资健康发展的若干意见》的要求, 对民间投资放宽准入范围, 落实平等待遇, 完善相关配套政策, 有力提升了民间投资的发展水平。从 2012 年起, 省政府连续开展重大项目面向民间投资推介活动, 并形成了工作机制, 营造了促进民间投资健康发展的良好氛围。尽管面对复杂的经济形势, 但在政策利好的激励下, 民间投资扛起大梁, 呈现出整体活跃、主动有为的积极状态。全省民间投资为 12780.32 亿元, 同比增长 25.5%, 增幅比上年同期提高 2.5 个百分点, 比全省固定资产投资增速高 7.2 个百分点, 占全省固定资产投资的 55.9%, 比上年同期提高 3.2 个百分点。珠三角各市的民间投资对当地经济发展的拉动作用明显, 地位突出。例如, 广州民间投资 1512.92 亿元, 增长 31.6%, 比同期全市投资增速高 13 个百分点, 占全市固定资产投资额的 33.96%, 拉动广州固定资产投资增长 9.7 个百分点, 贡献率达到 52.2%, 成为推动广州新型城市化建设的重要力量。

(三) 民间创业热情迸发

广东省先行先试的商事制度改革为民间创业提供了宽松的制度环境, 激发了民间创业热情，新增私营企业、个体工商户登记数保持高速增长。2013 年，广东省民营经济主体共 567. 18 万个，年增长 12.9%，比 2012 年增速高 5.7 个百分点。其中，私营企业 152. 97 万家，年增长 21.8%；个体工商户 398. 97 万户，年增长 10. 2%。同期，全国私营企业为 1253. 86 万家，个体工商户为 4436. 29 万户，也就是说全国大约每 8 户私营企业中就有 1 户在广东，每 11 户个体工商户中就有 1 户在广东。珠三角地区企业登记注册情况与全省整体情况几近相同，例如，广州市民营经济市场主体超过 100 万户，占内资市场主体的 97%。

（四）社会贡献突出

民营经济是主要税收来源与就业领域。以广州市为例，民营企业贡献了超过 40% 的税收，创造了 53% 的就业岗位，为广州提供新增就业岗位 7 万个。截至 2013 年底，全省民营经济实现税收收入 7081. 87 亿元，同比增长 9.5%。全省民营单位从业人员达 3009. 71 万人，比上年同期增长 2.5%，新增就业人口 72. 25 万人。

二　民营经济发展的主要特点

（一）产业结构调整优化

2013 年，珠三角地区民营经济第一产业实现增加值 920 亿元，同比增长 3. 63%，第二产业 9097. 19 亿元，同比增长 11. 10%，第三产业 13503. 49 亿元，同比增长 10. 97%。三次产业比为 3. 91∶38. 68∶57. 42。与 2012 年珠三角地区民营经济的三次产业比例（4. 05∶39. 9∶56. 1）相比，第一产业发展稳定，第二产业比重下降，第三产业比重提升。这表明，珠三角民营经济的产业结构继续优化，第三产业对地区经济整体发展的贡献率继续加大。

（二）实体经济压力减轻

近年来，房地产限购、限贷等调控政策不断出台，国际消费需求尚未强劲恢复，加之受成本上涨、市场变化等因素影响，实体经济要实现稳定发展面临一定压力。2013 年，中央出台了一系列政策，旨在减轻企业负担、稳定外贸市场、促进实体经济的健康发展。在落实相关政策的同时，广东省民营经济也从中获

益。2013 年民营经济实现出口 2284.74 亿美元，同比增长 25.9%，进口 1464.89 亿美元，同比增长 38.7%，民营经济进出口额占全省外贸总额的 32.5%。民营经济工业实现增加值 13025.24 亿元，同比增长 9.6%，增速快于民营经济整体水平。以以制造业为主的佛山市为例，规模以上民营工业完成总产值 11303.34 亿元，比上年同期增长 14.1%，增幅高于全市工业 1.5 个百分点。民营工业占全市工业总产值的比重为 65.9%，对全市工业增长的贡献率达 72.8%，拉动全市工业增长 9.2 个百分点。这些数据显示，实体经济持续增长动力有所恢复。

（三）规模化发展趋势增强

2013 年，广东省规模以上工业中民营企业的生产继续保持较高增长速度，完成增加值 10282.11 亿元，同比增长 11.2%，增幅高于全省规模以上工业增速 2.5 个百分点，占规模以上工业增加值的比重为 40.1%。民营骨干企业发展良好，主营业务收入超百亿元的民营企业有 62 家，增加 20 家，其中超千亿元的有 5 家，增加 1 家。

（四）投资领域拓宽

在促进民间投资健康发展政策的带动下，一些领域向民间投资开放的步伐加快，门槛降低。这拓宽了民间投资的发展领域，有利于民营经济的长远发展。从民间投资行业情况看，部分基础性行业占全省同行业的比重有所提高。2013 年，广东省民营经济在石油加工、炼焦及核燃料加工业，电力、热力的生产和供应业，交通运输、仓储和邮政业，金融业，水利、环境和公共设施管理业，卫生和社会工作 6 个行业分别完成投资额 34.97 亿元、177.58 亿元、348.93 亿元、14.75 亿元、518.66 亿元、41.04 亿元，分别比上年同期提高 7.9%、4.4%、1.0%、10.1%、1.9%、2.5%。

三 存在的问题及原因

（一）企业现金吃紧，经营风险加大

民营经济的金融环境不乐观，融资问题持续困扰部分民营企业。民营企业

融资难、融资贵现状未见彻底好转。在银根收紧形势下，小微企业成为金融业紧缩银根的首选。这进一步加剧了小微企业的经营风险。不少企业表示，贷款到期后，银行不再续贷展期，或答应的续贷未能兑现，直接导致企业流动资金非常紧张。这对于习惯短贷长投的民营企业来说，意味着关系生死存亡的严峻考验。造成这种状况的主要原因一是银行主动收缩贷款，规避风险；二是一些民营企业短贷长投，资金配比失衡，容易出现现金流风险。

（二）行业调整持续，经营前景未明

广东省房地产行业调控政策压力大，广州、深圳都是全国重点调控的城市。2013 年以来，餐饮住宿等传统消费行业也面临下滑压力。这几个领域都是广东省民营经济占比较大的行业。例如，房地产行业政策直接影响民间投资取向，表现为民间资本投资房地产的比重下滑，2010 年房地产行业投资占民间投资的比例高达 48%，2013 年这个比例下降了近 5 个百分点。2013 年，民营房地产业增长 5.1%，略高于全省房地产业 4.8% 的平均增速，但增长乏力的态势已经显现。近几年来，广东省民营房地产业明显受到宏观经济、市场情绪、调控政策的多重影响，增速波动剧烈。2010～2013 年四年间，民营房地产业增速区间为 4.4%～10.6%，高低值相差一倍多。受公务消费约束的影响，2013 年，民营住宿和餐饮业增速继续下滑，实现增加值 1247.20 亿元，增速仅为 6.8%。

（三）员工流动快，人力资源缺口大

一些民营企业反映即使工资再涨、待遇再改善，企业的员工还是不能稳定在岗。民营制造类企业缺乏高技能人才，这类人才向省外流动，转移就业。高端人才更为紧俏，直接影响企业的转型升级和高新技术企业的发展。其主要原因，一是本地职业教育发展相对不足，技能型人才短缺；二是广东省生活成本持续走高，子女就学困难，家庭团聚成本较高，而外省经济社会发展迅猛，提供了更多的就业选择。

（四）区域发展不平衡，协调发展任务重

促进区域协调发展是广东省经济发展的主要任务之一。在广东省较为发达

的珠三角地区内部，民营经济发展也存在不均衡的状况。前三位的广州、深圳、佛山占了整个地区民营经济的 67.80%（按增加值计算）。2013 年，民营经济增加值的第一位广州是最末位珠海的 11 倍，仅在 5.6 万平方公里的珠三角区域里，民营经济发展悬殊。从产业结构上看，各地民营经济产业结构雷同，往往是投资一窝蜂地上，产业竞争多、互补合作少，造成投资重复、资源内耗，没有真正实现资源有效整合。

四　趋势展望

（一）民间投资活力有望进一步释放

随着贯彻落实十八届三中全会精神的深入，全国市场规则将实现公平、开放、透明，准入制度将实现统一。这有利于彻底打破困扰民间投资健康发展的"玻璃门""旋转门""弹簧门"，进一步拓宽民营经济投资领域，为珠三角地区民间投资健康发展提供强大的改革动力。金融、石油、电力、铁路、电信、资源开发和公用事业等领域，有望吸引更多的民间资本进入，民间投资产业领域也将进一步拓宽。除此之外，随着投资审批、市场管理、商事制度等行政体制改革的深入推进，我国全面深化改革的制度红利将进一步释放。投资创业将更加便利，民营企业权利将得到更好的保护，民营企业在市场资源配置中的作用和地位将得到更好的尊重，这都有利于营造推动珠三角地区民间投资健康发展的政策环境，为民间投资提供大显身手的舞台。

（二）产业结构调整步伐将加快

在发展模式方面，以简单要素投入换取的粗放式增长模式将难以为继。珠三角地区的人力资源成本、土地要素成本以及其他要素成本的上涨趋势和压力不会在短期内扭转。这使更多以品牌创建、管理优化、模式创新、技术领先等实现内涵式增长的民营企业获得了更大的竞争优势，从而带动整个区域的民营经济实现产业结构的调整优化。在产业组织方面，在国家政策的鼓励和支持下，优势民营企业有望获得更多的支持，从而引领行业的兼并重组，促进资源在市场配置中转移到更有效率的企业手中。同时，珠三角地区统一市场的建立也有助于各地区民营企业建立合作关系，加快资源流转，从而形成更强的区域整体竞争实力。

（三）未来发展空间仍然广阔

2014 年是实施《珠三角规划纲要》的重要节点。按照 2020 年的规划目标要求，珠三角地区在基础设施建设、产业体系、环境保护、社会事业、区域协调、粤港澳合作等方面将进一步完善，达到新的发展水平。同时，全国城镇化、海上丝绸之路经济合作、粤东西北地区振兴发展、骨干企业发展等我国和我省重大发展战略相继实施，这是民营经济发展的战略基点，更为珠三角地区民营经济发展提供了更多的发展空间和机会。上述都是珠三角地区民营经济发展的利好因素。只要民营企业坚定发展信心，顺应发展潮流，遵循发展规律，把握发展机遇，就一定能够克服困难，实现新的进步。

课题组负责人：杨浩明
课题组成员：潘丽珍、庞森

B.13

2013年长三角地区民营经济发展报告

摘 要：

2013年，国际经济形势错综复杂，我国宏观经济开始进入中高速运行的新常态。作为民营经济发展较快的地区，长三角地区按照十八届三中全会全面深化改革的总体部署，调整产业结构，推进转型升级，不断改善民生，努力保持经济增长速度，千方百计提高经济增长质量，民营经济在促进当地经济社会稳定发展中做出了重大贡献。本报告主要分析了2013年长三角地区民营经济发展总体情况，总结了民营经济发展的特点，进而对长三角地区民营经济的发展前景进行了展望。

关键词：

长三角 民营经济 概况 特点 趋势

一 2013年长三角民营经济发展总体概况①

（一）经济总量

2013年，长三角地区民营经济实现经济增加值61211亿元，占长三角地

---

① 注：上海市民营经济统计范围包括私营企业、集体企业、个体经营户以及私营控股、集体控股企业，本文有关上海民营经济的数据由上海市工商联提供。江苏省民营经济统计调查的范围为江苏省行政区域范围内除国有控股以外的内资企业和个体经营户，具体包括集体企业、股份合作企业、集体联营企业、其他联营企业、其他有限责任公司（剔除国有控股企业）、股份有限公司（剔除国有控股企业）、私营独资企业、私营合伙企业、私营有限责任公司、私营股份有限公司、其他内资企业和个体经营户，本文有关江苏省民营经济的数据由江苏省工商联提供。浙江省民营经济指个体工商户、私营企业、集体企业以及私营控股企业、集体控股企业等经济成分，本文有关浙江省民营经济的数据由浙江省工商联提供。

区生产总值的 51.73%，占比与上年相当。其中，①上海市民营经济增加值为 5711.3 亿元，较上年增长 7.4%，占全市 GDP 的比重为 26.4%；②江苏省民营经济增加值为 3.2 万亿元，较上年增长 10.1%，占全省 GDP 的比重达 54.1%，其中个体私营经济的比重为 42.3%，分别比上年提高 0.5 个和 0.6 个百分点；③浙江省民营经济实现增加值约 23500 亿元，较上年增长 6.3%，占全省 GDP 的比重达 63%。

（二）企业规模

至 2013 年末，长三角私营企业共计 252.88 万户，比 2012 年增加 31.6 万户，同比增长 14.3%。其中，①上海市私营企业共 14.18 万户，同比增长 13.5%；②江苏省私营企业达 145.1 万户，比上年增长 10.5%，累计户数位居全国第二；③浙江省私营企业共 93.6 万家，同比增长 20.8%，占全省企业总数的 90% 以上。在 2014 年中国民营企业 500 强中，上海、江苏、浙江共 249 家，几乎占到一半。其中，浙江入围企业 138 家，连续 16 年居全国首位。

（三）民间投资

2013 年，长三角地区民营经济完成投资 38983.71 万亿元，同比增长 17.8%，增速较上年下降 6.3 个百分点。其中，①上海市完成民间投资 1587.71 亿元，增长 2.3%，增速较上年下降 6.7 个百分点，慢于上海市全社会固定资产投资增速 5.2 个百分点，占全市固定资产投资总额的 28.1%，占比较上年下降 1.4 个百分点；②江苏省完成民间投资 2.5 万亿元，增长 20.1%，高于江苏省全社会固定资产投资增速 0.5 个百分点，占全省投资的比重为 68.2%，比上年提高 1.1 个百分点；③浙江省民间投资 12396 亿元，同比增长 17.2%，高于全社会固定资产投资增速 0.9 个百分点，占全省固定资产投资的比重达 61.4%，比上年下降 0.5 个百分点。

（四）对外贸易

2013 年，长三角地区民营企业出口额为 3111.98 亿美元，比上年增长 15.02%。其中，①上海市民营企业出口额达 377.58 亿美元，较上年增长

6.4%，增速较上年下降 3.8 个百分点，但仍快于全市出口增速 7.4 个百分点，占全市出口总额的 18.49%；②江苏省民营企业实现出口 1067.4 亿美元，同比增长 10.8%，高于全省出口增速 10.7 个百分点，占全省出口总额的 32.5%；③浙江省民营企业实现出口 1667 亿美元，比上年增长 18.8%，高于全省出口增速 8.0 个百分点，占全省出口总额的 67%，占比较上年提高 4.5 个百分点。

（五）社会贡献

2013 年，长三角民营经济实现税收 12288.95 亿元，同比增长 9.6%，占各类所有制经济税收收入总额的 50.13%。

其中，①2013 年，上海市民营经济完成税收收入 2045.15 亿元，较上年增长 5.8%，增速较上年回落 0.3 个百分点，低于全市平均水平 2.9 个百分点。全年民营经济税收收入在全市的占比为 25.5%，较上年下降 0.7 个百分点。②江苏省民营经济上缴税金 5489.7 亿元，同比增长 12.0%，占全省税务部门直接征收总额的 57.1%。③浙江省民营经济完成税收收入 4754.1 亿元，同比增长 8.6%，占全省各类所有制经济税收的比重为 69.09%，其中私营企业上缴税收 1401.86 亿元。

2013 年，长三角民营经济共吸纳从业人员 4698.1 万人，同比增长 8.7%。其中，①上海市私营企业从业人员共 664.1 万人，同比增长 1.37%；②江苏省私营企业和个体工商户登记的从业人员达 2543 万人，同比增长 13.88%；③浙江省民营企业吸纳从业人员达 1491 万人，占全省就业人数的 4.1%。

二　2013 年长三角民营经济发展特点

（一）上海：民营经济产业结构进一步优化，开放发展质量提高，科技创新能力增强

2013 年，上海市民营经济一、二、三次产业结构为 2∶32∶66，产业结构进一步优化（2012 年三次产业结构为 2∶36∶62）。其中，第一产业实现增加值

116.55 亿元，同比下降 2.9%；第二产业实现增加值 1852.23 亿元，同比增长 4.5%；第三产业实现增加值 3742.52 亿元，同比增长 9.2%。第三产业领先增长，增速快于整体民营经济增速 1.8 个百分点，快于第二产业增速 4.7 个百分点。

2013 年，上海市民营经济开放发展格局良好。民营企业努力克服世界经济复苏缓慢、外需疲软等困难，全年实现进出口总额 749.20 亿美元，较上年增长 10.8%。从贸易方式看，一般贸易增长快于加工贸易。2013 年民营企业一般贸易方式出口额为 314.59 亿美元，同比增长 6.6%，占民营企业出口总额的 83.3%；而加工贸易出口额为 22.26 亿美元，同比下降 0.9%，占比也较上年下降 0.4 个百分点至 5.9%。从主要贸易产品看，机电产品和高新技术产品为本市民营企业最重要的进出口大类商品。其中，私营企业实现机电产品进出口 275.38 亿美元，同比增长 13.9%，增速快于全部商品进出口平均增速 3.1 个百分点；实现高新技术产品进出口 109.49 亿美元，同比增长 33.7%，增速快于全部商品进出口平均增速 22.9 个百分点。从主要进出口市场看，2013 年上海市民营企业对欧元区、美国、日本三大经济体的进出口总额为 299.86 亿美元，占民营企业进出口总额的 40%；对三大经济体进出口同比分别增长 10.0%、10.2% 和 1.6%，均低于民营企业进出口平均增速（10.8%）。2013 年，上海市对我国台湾省、澳大利亚的贸易增速高达 50.4% 和 22.5%，对东盟十国贸易的平均增速为 21.6%。

上海（中国）自由贸易区建设将对民营经济产生积极影响。调查显示，37% 的制造业企业认为自贸区建设将给民营企业发展带来重大机遇，有 22% 的企业表示出将在自贸区内注册公司的强烈意愿。

（二）江苏：民营经济整体实力显著提升，转型升级步伐加快，产业集聚度进一步提高

2013 年，江苏省民营经济已经占到全省经济总量的半壁江山以上，成为江苏省就业的主渠道、财政收入的重要来源、转型升级的重要力量、科技创新的生力军。2012 年江苏省营业收入百强民营企业（集团）统计显示，全省百强民营企业户均实现营业收入 229 亿元，户均营业收入比上年提高 22 亿元。其中，75 家民营企业营业收入超过 100 亿元，超 500 亿元的民营企业有 6 家，

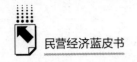

企业整体实力显著提升。

全省民营企业积极融入产业结构大调整的发展格局中，加快发展高新技术产业、战略性新兴产业和现代服务业，为全省经济加快转型升级做出了重要贡献。2013 年，民营经济一、二、三产的比例为 4∶51∶45，与 2010 年相比，二产比例下降了 3.4 个百分点，三产比例上升了 3 个百分点。近年来，江苏省大力实施创新驱动战略，加快建立以企业为主体、市场为导向、产学研相结合的技术创新体系，民营科技企业研发投入约占全省研发投入的 64%。

2013 年，江苏省产业集聚度得到加强。全省超百亿元的产业集聚区达到 152 个，超 500 亿元的有 14 个，超千亿元的有 2 个，较 2010 年分别增加 42 个、5 个、2 个。全省涌现出一批实力强、有影响的民营企业，这些企业通过自身快速发展，带动上下游产业的集聚。

（三）浙江：民营经济科技创新成效明显，新生代接力民营企业传承发展

近年来，浙江省委、省政府高度重视民营企业技术创新工作，制定出台了一系列行之有效的政策措施，积极推动企业技术创新。2013 年 5 月，浙江省委十三届三次全会出台了《关于全面实施创新驱动发展战略加快建设创新型省份的决定》，把创新驱动发展上升到全局和战略的高度，并出台了一系列政策举措，为民营企业开展技术创新提供了坚强支撑。各级财政对科技资金的投入不断加大，省财政科技经费支出在总财政支出中的比重逐年上升。随着中央深化改革决策的实施和省委、省政府创新驱动发展战略的推动，民营企业越来越认识到技术创新的重要性和紧迫性。调查中，近 80% 的民营企业家认为技术创新对企业发展非常重要，过半数的企业已实施或筹划开展技术创新，正着力推动"腾笼换鸟、机器换人、空间换地、电商换市"工程的全面实施。目前，浙江省综合科技实力居全国第 6 位，企业技术创新能力居全国第 3 位。截至 2013 年底，全省建立各类孵化器 154 家（其中，国家级孵化器 39 家、省级孵化器 70 家），高新技术企业和科技型中小企业数量分别达到 5160 和 11630 余家，科技型民营企业呈现"星火燎原"之势。全省现有国家认定企业技术中心 62 家，居全国第 4 位，省级企业技术中心 719 家，市级企业技术中心

2000 多家；全省拥有专利 6 万多项，其中发明专利 6000 多项，专利申请量和授权量均居全国第 2 位。浙江省积极支持骨干企业与科研院所、高等学校签订战略合作协议，建立联合开发、优势互补、成果共享、风险共担的产学研用合作机制，组建产业技术创新战略联盟。2013 年，全省新建 7 家省级产业技术创新战略联盟，全省企业牵头组建的产业技术创新战略联盟达到 30 家，其中 4 家被列入科技部产业技术创新战略联盟试点。

关注新生代就是关注浙江省民营经济的未来。据统计，浙江省将有大约 60% 的民营企业面临交班问题。新生代企业家的培养不仅是全省民营企业交接班的"家事、私事"，而且是全省经济转型升级、可持续发展的"大事、要事"。因此，近年来，浙江省各级党委、政府十分重视新生代队伍建设，重视民营企业的顺利传承，谋划促进"两个健康"工作。2013 年 1 月，浙江省新生代企业家联谊会正式登记成立，首届企业家会员有 192 名。截至 2013 年 11 月，全省 11 个市 90 个县（市、区）中，已有 9 个市、35 个县（市、区）建立新生代企业家联谊会。

三 长三角民营经济发展趋势与展望

（一）长三角民营经济发展面临的主要挑战

当前我国经济处于增长速度换挡期、结构调整阵痛期、前期刺激政策消化期三期叠加的新常态。新常态给长三角地区民营经济带来冲击，民营企业出现资金链紧张、盈利能力下降、投资信心不足等问题。

1. 民营企业发展信心不足

一是当前宏观经济形势依然严峻，企业发展环境没有得到根本好转，尤其是制造业发展模式受到挑战，企业家普遍持谨慎态度，发展意愿较低。二是外需市场复苏缓慢，企业海外订单和海外市场需求萎缩，而内需市场的培育和发展还不完善，导致很多企业不得不收缩生产线，影响企业销售增长。三是垄断行业和领域的国有企业改革进展不快，使得以民间投资为主体的民营企业投资领域受限，出现传统行业产能过剩、恶性竞争的局面，以致民营企业发展信心

不足。

2. 民营企业盈利能力较弱

一是金融机构利润畸高，加剧了实体企业的亏损。2014 年中国企业 500 强报告显示，17 家银行企业实现净利润 1.23 万亿元，占 500 强企业净利润的 51％，这是 500 强企业中银行企业利润总额首次超过其余 483 家企业的总和。银行和实体企业的利润鸿沟越拉越大，成为影响企业盈利能力的重要原因。二是企业生产成本上升挤压企业利润空间。原材料成本、用工成本上升，环保压力增大使得企业生产环节的成本上升，而又不能被有效传递转嫁到流通环节，导致企业利润受到挤压。三是税费负担过重，压缩企业利润。尽管国家进行税收体制改革，全面实施营业税改增值税，并通过结构性减税来减轻企业负担，特别是新一届政府多次出台针对小微企业的税收优惠政策，但统计数据显示，2013 年，长三角民营经济实现税收同比增长 9.6％，仍然高于 GDP 增长幅度。

3. 民营企业融资问题显现

民营企业融资难、融资贵是近年来比较突出的一个现象，既有金融体制改革滞后的原因，也有企业信用体系建设不足的问题。随着经济局势的持续低迷和缓慢复苏，企业的资金链问题开始显现，去库存盘活资金成为众多企业面临的生死考验。部分企业反映，由于宏观经济政策调整，为了规避经营风险，当前一些银行对民营企业项目贷款进行抽贷、停贷，本来承诺贷款先还掉然后继续提供贷款，结果收回贷款后就拒不续贷，令企业猝不及防。部分企业资金链紧张后无奈转向信托、民间借贷等其他途径融资，高额成本使得企业经营陷入了恶性循环，增加了实体企业的经营风险。

4. 民营企业创新能力亟待增强

这些年来，虽然长三角地区民营企业已取得了技术创新方面的明显成效，但受一些涉及体制机制矛盾的制约和当前宏观经济形势的影响，仍面临创新环境不公平、创新要素难保障、创新服务不到位、创新能力较弱、创新氛围不够浓厚等问题，民营企业尚未真正成为创新决策、研发投入、科研组织和成果应用的主体，企业创新能力亟待加强。

（二）进一步促进长三角民营经济发展的对策建议

在当前我国经济发展处于新常态的情况下，长三角地区既要着眼于解决当前困扰长三角民营经济发展的一些突出问题，又要谋划有利于保持民营经济健康发展的政策举措。

1. 着力深化投资体制改革，提振企业发展信心

通过简政放权，方便企业投资活动，激发市场活力，提振民营企业发展信心。一要对涉及行业投资和管理的法规进行梳理，破除制约民营企业投资的行业规定。二要改进和规范投资项目核准与备案流程，减少投资审批中间环节，提高审批效率，扩大企业投资自主权，各项目主管部门要相互协作配合，共同搞好企业服务，不要有的很积极到位，有的却为了部门利益拖后腿。三要建立民营企业投资收益保障机制。国家要通过立法，一方面保障企业各种投资权益不受侵犯，另一方面加快建立项目投资退出机制，让项目投资作为股权能够在股权交易市场自由交易，实现项目投资股权自由流动。

2. 着力激发创新活力，推进民营经济转型发展

一是减少政府干预，以市场化推动战略性新兴产业发展。政府应做好资金引导，并发布产业、行业发展白皮书，帮助民营企业了解新兴产业的发展趋势，由企业自主决策。二是推动市场化科技创新体制建设。从政府和市场结合的角度，探索建立科技项目的市场化评估、投入和推广机制，推进企业与政府之间的科技信息交互合作；推动民营高科技、先进制造业企业科技成果的推广应用。三是鼓励市场化、社会化的平台经济发展。转变由政府搭建公共服务平台的定式，通过创新基金、政府补贴和政府购买服务等方式，鼓励市场化、社会化的中小企业服务平台建设，发挥平台经济在服务广大小微企业、激发创新动力上的辐射作用。四是按照节能减排、环境友好的要求，推进产业结构调整。结合实施重点节能环保工程和发展循环经济的要求，加强相关政策引导，充分利用市场倒逼机制，推动民营传统制造企业加快转型升级。

3. 着力深化国有企业改革，积极发展混合所有制经济

按照十八届三中全会精神，进一步解放思想，营造有利于混合所有制经济发展的政策环境，加快各行业领域混合所有制经济改革的实践探索，充分发挥国有企业实力和民营企业活力的叠加效应。一是切实推进国有企业人员管理体制改革。加大对国有企业实施去行政化改革的力度，打破国有企业领导人党政官员的身份，减少行政任命，为发展混合所有制经济扫除身份障碍，打消有关民间资本与国有资本混合发展的投资管理体制的疑虑。二是逐步打破部门利益局限，对现存于各级政府相关职能部门的国有资产进行集中清产核算，逐步实现由政府管理国有企业模式向管理国有资产模式转变，打消企业在投资权益保障方面的疑虑。三是进一步拓宽民营企业准入领域。全面清理各种准入障碍，建立完善便捷的市场准入通道，坚决打破各种对民间投资制造隐形障碍的"玻璃门""弹簧门""旋转门"。尽快在金融、石油、电力、铁路、电信、资源开发等领域向民间资本推出一批符合产业导向、有利于转型升级的项目，形成示范带动效应。

4. 着力推进上海自贸区建设，向长三角民营企业释放制度改革的红利

上海自贸区是我国全面深化改革的突破口，是向全社会传递一个明确的改革信号。我们认为上海自贸区改革将从制度层面率先向长三角地区民营企业释放改革红利。一是有利于民营经济进一步开放发展。在投资管理上，对外国投资实行负面清单和外资备案制管理，这是具有历史意义的。现在已形成了以备案为主的外资审批管理机制，目前实验区里93.5%的外商投资都是在负面清单以外、按照备案制的方式来设立的。此外，大幅简化了境外投资的程序，对上海自贸区内企业到外国投资实行备案管理方式，提高了境外投资的效率，现在5天之内就能够办结对外投资的项目，提高了企业应对国际市场变化的能力。二是有利于民营经济转型升级。上海自贸区有限的容量为自贸区以外的长三角地区招商引资提供了条件，自贸区内的大企业、大集团将研发总部、生产基地或分公司、子公司等转移到长三角地区。从自贸区溢出的优质经济资源有利于推动长三角地区民营经济转型发展。

课题组负责人：黄正强

课题组成员：

浙江省工商联：刘志义　景柏春

上海市工商联：徐惠明　张　捍　韩　莹

江苏省工商联：陆　群　周　洁　欧　坚

地方报告

Provincial Reports

B.14
2013 年福建省民营经济发展报告

福建省工商业联合会

摘　要：

本文首先用数据分析了福建省民营经济平稳较快发展的态势，概括了福建省民营经济在稳定增长的同时呈现出以创新驱动助转型、以龙头企业和产业集群促发展、以多元渠道造优势等特点，最后就如何在新的形势下进一步激发民营经济发展的潜力和活力提出建议：一是突出创新创造，加快转型升级步伐；二是突出龙头引领，调整优化民营经济产业结构；三是突出绿色增长，着力建设生态文明先行示范区；四是突出营造环境，促进民营经济健康发展；五是突出要素保障，推动社会化服务体系建设。

关键词：

创新创造　优化结构　绿色增长　简政放权　社会化服务体系

2013 年以来，我国经济负重前行，迎难而进，在形势错综复杂、下行压力较大的情况下，福建省委、省政府深入贯彻全面深化改革精神，坚持稳中求进工作总基调，着力推进体制、机制创新，促进福建省民营经济在创新、创业、再创造中提升竞争力，推动福建省发展从"要素驱动"向"创新驱动""改革驱动"稳步迈进。但是福建省民营经济发展仍然存在"内忧外患"，需要进一步深化改革，持续优化民营经济发展的良好环境，充分激发民营企业的潜力和活力，推动"两个健康"工作开展。

一 福建省民营经济发展的总体状况

2014年是深入贯彻落实党的十八届三中全会精神、全面深化改革的开局之年，也是福建省55位厂长、经理呼吁为企业"松绑"放权三十周年。5月18日，福建省30位企业家致信习近平总书记，以"敢于担当、勇于作为"为题，就贯彻党的十八届三中全会决定、加快企业改革发展建言献策，习近平总书记收到后随即回信。习近平总书记的回信充分肯定了福建企业家"敢为天下先、爱拼才会赢"的胆识和勇气，体现了对企业作为市场主体的尊重和支持，他对进一步解放思想、加快企业改革发展提出的要求，极大鼓舞和鞭策了福建省广大民营企业家，为福建省民营经济发展带来了机遇、指明了方向。此外，"三规划两方案"出台、全国首个生态文明先行示范区落户福建、泉州莆田民营经济综合改革试点方案获国家发改委批复、平潭综合实验区封关运作通过国家验收……随着中央对福建的支持力度不断加大，福建省民营经济发展的优势愈加明显，潜力和空间巨大。

民营经济是福建省经济的最大特色和优势所在，是推动福建省科学发展、跨越发展的重要力量。省委、省政府十分关注和支持福建省民营经济的发展，2013年以来陆续出台了十多项促进全省民营经济健康发展的政策措施，如支持龙头企业加快发展促进工业稳定增长7条措施、加强企业融资服务8条措施、扶持小微企业发展9条措施等，为民营经济发展营造了良好环境、创造了有利条件。民营企业发展环境持续改善，实现平稳较快的发展，为保增长、调结构、促转型做出了积极贡献。2013年，福建省民营经济实现增加值1.47万亿元，增长11.7%，占全省GDP的67.2%，"三分天下有其二"，对经济增长的贡献率达70%以上。2014年1~6月，福建省民营经济实现增加值6532.66亿元，同比增长 9.8%，占全省 GDP 的比重为 67.1%，对 GDP 增长的贡献率为 67.7%。

作为民营企业主体部分的私营企业和个体工商户保持平稳较快的发展态势。截至 2014 年 6 月，福建省私营企业实有 44.9 万户，注册资本 2.66 万亿元，分别比上年底增长 21.3%、56.5%；全省个体工商户实有 120 万户，资金数额达 776.3 亿元，同比分别增长 18.9%、34.2%。

二　福建省民营经济发展的主要特点

2013 年以来，在福建省各级党委、政府的关心支持和企业自身的努力下，福建省民营经济在稳定增长的同时呈现出以创新驱动助转型、以龙头企业和产业集群促发展、以多元渠道造优势等特点，逐渐成为推动福建省科学发展、跨越发展的重要力量。

1. 民营工业企业运行态势良好

民营工业企业成为经济的重要支撑。2013 年，全省民营工业企业达 7.11 万家，主营业务收入 2.28 万亿元、实现利润 1485.64 亿元，缴纳税金 793.98 亿元、从业人数约为 400 万人，其中规模以上民营工业企业资产总额 1.3 万亿元，实现增加值 5773.86 亿元，占全省规模以上工业增加值的 65%，对规模以上工业增长的贡献率为 70.4%。2014 年上半年，全省规模以上民营工业企业达 12420 家，主营业务收入 1.09 万亿元，实现利润 560.18 亿元，缴纳税金 268.12 亿元，从业人数为 271.79 万人，资产总额为 1.27 万亿元，实现增加值 3091.41 亿元，占全省规模以上工业增加值的 63.7%，对规模以上工业增长的贡献率为 61.8%。

由于福建省民营企业大部分由中小微型企业组成，因此，加大小微企业培育和扶持力度，是近年来福建省发展民营经济工作的重点。福建省中小微型企业发展加快企稳回升，2014 年上半年，福建省规模以上小微工业总产值达 7932.56 亿元，同比增长 19.0%，增加值 1998.14 亿元，增长 18.0%，增速同比提高 0.4 个百分点。

2. 龙头企业引领促进产业集聚发展

2014 年 2 月，福建省出台《产业龙头促进计划实施方案》，其中明确提出，围绕先进制造、现代农业和现代服务业等领域，在 20 个产业领域中培育壮大一批龙头企业。4 月，省政府又出台支持龙头企业加快发展促进工业稳定增长的 7 条举措，激发产业龙头内生动力，促进资源要素向产业龙头集聚。在这一形势下，福建省涌现出一批关联度大、主业突出、创新能力强、带动力强的龙头骨干企业，其中大多数是民营企业，如福耀玻璃、紫金矿业、正兴车轮、银鹭食品、万利达、龙工、三安钢铁、福大自动化、星网锐捷等企业，已成为行业和民营经济的领头雁，发挥龙头带动作用，推动产业转型升级，以做大做优增量调整经济结构，形成龙头引领、链条延伸、集群共进的局面，为实现有质量、有效益、可持续的发展提供充足动能。福建省拥有一批具有较强竞争力的知名企业品牌，截至 2014 年 6 月，全省拥有全国驰名商标总数达 370 件，居全国第 5 位，其中大部分为民营企业品牌，并形成一批以民营经济为主的具有较高知名度的区域品牌。民营企业还积极参与标准的制修订，如泉州市 49 家民营企业参与制修订 51 项标准，其中，各层次标准参与企业和制修订数量分别为：国际标准 9 家、8 项，国家标准 10 家、14 项，行业标准 11 家、16 项，地方标准 19 家、13 项。

全省以民营企业为主体的产业集群有 60 个，涌现出一批在全国乃至全球具有较强竞争力的产业集群。其中，厦门电子信息产业集群、福安电机产业集群、泉州箱包产业集群、晋江休闲运动鞋产业集群、石狮休闲运动服装产业集群、南安五金水暖器材产业集群、德化日用工艺陶瓷产业集群 7 个产业集群入选《中国百佳产业集群》，位居全国第 5 位；厦门海洋与生命科学产业集群、泉州微波通信产业集群及宁德闽东中小电机产业集群 3 个产业集群成为国家创新型产业集群试点（培育）；厦门光电、泉州纺织服装、福州光电显示器、泉州鞋业、泉州体育用品、泉州建陶及水暖器材、长乐纺织化纤 8 个产业集群产值超过千亿；莆田鞋业、安溪铁观音、建瓯笋竹城、仙游仿古家具等产业集群也在全国享有较高知名度。

3. 民营企业技术创新主体地位基本确立

全省民营企业拥有国家级、省级企业技术中心分别为 20 家和 327 家，分别占全省的 71% 和 88%；全省共有高新技术企业 1641 家，其中民营企业占 95%。全省 89% 的研发投入由企业完成，81.8% 的研发活动人员集中在企业，65.7% 的省级科技奖成果来自企业，60.9% 的专利授权从企业产生。福建省首家民营高新技术企业孵化器——"金山大道高新技术企业孵化器"运营良好，拥有已授权发明专利 14 项、实用新型专利 19 项，另有 16 项发明专利进入实质审查阶段。民营科技企业成长迅速且富有竞争力，全省经过认定的软件企业 95% 以上为民营企业，瑞芯微电子、福大自动化、网龙等一批福建民营科技企业凭借各自的优势产品，已纷纷占据国内工控、IC 设计、动漫游戏等行业的龙头地位。

4. 民营经济成为拉动投资和外贸进出口的主力军

民营经济日益成为拉动福建省经济增长的主要动力，其中在拉动投资和外贸进出口上的表现更为突出。2013 年，全省民间投资 8674.11 亿元，比上年增长 35.5%，占全社会固定资产投资的比重为 56.9%，比上年提高 5.5 个百分点；对投资增长的贡献率达 81.4%，比上年提高 26.9 个百分点，拉动投资增长 18.2 个百分点。2014 年上半年，福建省民间投资总额达 5059.88 亿元，同比增长 28.9%，增幅比全社会高出 7.6 个百分点，占全社会投资总额的比重为 59.0%，同比提高了 3.5 个百分点，对全省投资增长的贡献率达到 76.1%。

2013 年，全省民营企业实现进出口贸易额 752.35 亿美元，比上年增长 19.1%，增幅比国有企业和外商投资企业分别高 20.1 个百分点和 17 个百分点，对同期全省进出口增长贡献率达 89.8%。其中，进口 191.43 亿美元，增长 39.0%，比国有企业和外商投资企业分别高 35.2 个百分点和 41.8 个百分点，对全省进口增长贡献率达 113.3%；出口 560.92 亿美元，增长 13.5%，比国有企业和外商投资企业分别高 19.5 个百分点和 7.0 个百分点，对全省出口增长贡献率达 77.0%。2014 年上半年福建省民营企业进出口额为 359.1 亿美元，同比增长 4.3%，增速明显高于国有企业和外商投资企业，占全省外贸比重达 43.3%。

5. 民营企业在多元发展中集聚优势

福建省民营企业通过资本运营、市场运营，在创新多元发展中集聚新优势。2013 年，福建省企业上市融资稳步推进，共 13 家企业实现在境内外资本市场上市或再融资，募集资金 324.49 亿元。其中，富贵鸟、卡宾服饰等 8 家企业在香港等市场上市。此外，省重点上市后备企业达 600 余家，其中 4 家已通过上市审核待发行，19 家已提出上市申请，47 家进入上市辅导期。2014 年上半年，全省共计 10 家企业在境内外资本市场上市或再融资，募集资金 74.72 亿元。其中，贵人鸟在国内上市，天广消防等 5 家企业实现再融资，4 家企业在香港、台湾上市。此外，确定的 678 家省重点上市后备企业中，4 家已通过上市审核待发行，24 家已提出上市申请，32 家进入上市辅导期。同时，福建省民营企业着力拓展市场网络，充分发挥专业市场、电子商务、营销联盟等重要作用，促进产销协作、供需对接，扩大了闽货市场占有率。

三 进一步激发福建省民营经济发展
潜力和活力的对策建议

虽然福建省民营经济发展趋势向好，但在当前"外需不旺、内需不强"的形势下，民营企业发展"进中有忧"，仍然存在政策服务和市场环境有待改善，社会公共服务不足，人才、资金、土地等要素获取困难，竞争能力和创新能力不强，投资实体经济意愿不高等问题。需要进一步深化改革，加大政策扶持力度，以改革创新促发展、增活力。

1. 突出创新创造，加快转型升级步伐

技术创新是民营企业做精做强、提高核心竞争力的关键，也是推动民营企业转型升级的战略选择，需要进一步深化改革，引导民营企业着力改革创新，运用新技术，发展新产业，培育新业态，在市场搏击中强筋健骨，提升竞争能力，努力冲出传统发展方式的"重围"，实现提质增效的"新生"。一是调动企业经营者思维"二次创新"，尤其是大力培育富有创新精神的"创二代"民营企业家队伍，引导民营企业加强原始创新、集成创新和引进消化再创新，以"两化融合"推动传统产业的技改提升，提高生产效率和产品质量，增强企业核心竞争力。二是引导企业整合现有技术资源，加快建设以企业为主体、市场为导向、产学研用相结合的区域创新体系，围绕产业链部署创新链，支持实力强、信誉度高的行业商会和协会、产业联盟、龙头企业打造市场化公共服务平台，推动产业链关联企业和上下游企业解决难题。三是大力培育自主品牌，加强知识产权保护，加大对假冒伪劣产品的打击力度，引导企业将知识产权的创造、保护和运用融入企业日常管理，提升知识产权价值，鼓励创新积极性和保护创新者利益。四是推动民营企业建立现代企业制度,建立完善的法人治理和职业经理人机制,参与国有企业股份制改革,利用产权市场组合各类资本,以资产、资源、品牌和市场为纽带,通过债务重组、股权收购、资产收购、合并等方式实施兼并重组,在转型升级中把握先机、赢得主动。五是以项目为抓手,组织民营企业参与"5. 18"、"6. 18"、"9. 8"、中德论坛等重大经贸活动,推动民资回归,引导民营企业参与建设21 世纪"海上丝绸之路",吸收新技术、开拓新市场。

2. 突出龙头引领作用,调整优化民营经济产业结构

在经济下行、一些领域产能过剩的情况下,按照省委、省政府"抓龙头、兴产业、铸链条、建集群"的决策和《产业龙头促进计划实施方案》的部署,着力抓龙头、抓升级版产业。对于鞋服、纺织、建材、食品等传统加工业,要通过技术创新、产品创新、商业模式创新赋予其新的竞争力;对于电子信息、机械装备、石油化工等主导产业,要积极引导其增资扩产,延伸产业链条,促进产业集群发展;对于近年来成长起来的一批新兴产业项目,如石化、光电、信息软件、生物医药、生态农业等,要加大扶持力度,尽快培育形成产业龙头,构筑产业链和产业群。要引导龙头企业坚持做优做强主业,在搞好自身创新的同时,以产业链为纽带,带动下游小微企业协同发展,力争形成龙头引领、链条延伸、集群共进的局面。抓民营、促投资始终是抓发展的关键所在,要引导民间资本进入基础设施、基础产业、金融服务、社会服务等领域,发展先进制造业和移动互联网、物联网、新能源、新材料等高新技术新兴产业,以及现代物流、科技研发、工业设计、技术咨询、信息服务等生产性服务业,突出产业群、产业链招商,推动民营经济转向产业发展的缺失环节、关键环节和高附加值环节,以为传统制造业转型升级提供支撑。要着力优化发展环境、加强服务保障,为龙头企业纾解后顾之忧。

3. 突出绿色增长,着力建设生态文明先行示范区

2014 年3 月,国务院印发了《关于支持福建省深入实施生态省战略加快生态文明先行示范区建设的若干意见》,标志着福建生态省建设由地方决策上升为国家战略,步入创建全国生态文明先行示范区的新阶段。在生态文明建设的大背景下,引导民营企业利用福建省生态优势,有利于加快实现"绿色转

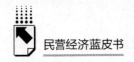

型"。要突出资源节约和环境友好的导向，加快培育循环经济和节能环保产业，严控高耗能、高排放行业发展和低水平重复建设，着力建设具有地方特色的绿色产业体系，加强生态工业园规划与建设，制定有效的产业绿色发展保障措施。鼓励民营企业"抱团"转型，积极投入城镇化建设，研究、开发和建设"社区友好型"生态工业园区。发挥"6·18"中国海峡项目成果交易会平台作用，进一步深化海峡两岸环保产业交流合作，加快建立与台湾相关协会、企业和园区的生态交流和产业合作机制，推进节能环保、新一代信息技术、新能源等新兴产业的对接。在加快推动中小微企业发展的过程中，将以节能、环保、高效为核心价值的绿色理念融入规划，采取措施，约束行动，把绿色增长的挑战与机遇融于福建省走新型工业化道路的实践，积极推动绿色转型，通过做大一批绿色产业，做亮一批重点项目，率先走出一条生态文明与经济文明高度融合的科学发展之路。

4. 突出营造环境，促进民营经济健康发展

进一步打造公平高效、充满活力的市场环境，山清水秀、宜居宜业的生态环境，互利共赢、和平发展的开放环境，风清气正、和谐稳定的社会环境，为民营企业发展提供更好的条件。要进一步创新服务理念，善于换位思考，大力简政放权，推行柔性执法，加快政府职能转变。一是从市场准入、资源配置、管理服务等方面实现"国民共进"，在土地、资金、人才等要素保障方面更多向小微企业倾斜。在政府采购中消除用技术要求、规格设置等"隐形门槛"排斥民营企业的做法，推动落实企业投资自主权，鼓励民间资本参与基础设施建设，帮助民企申报列入《福建省国有投资项目和重点建设项目设备材料采购甲供甲控供应商品目录》，优先购买本省企业的产品和服务，给予民企产品"首用"机会。二是继续开展"阳光减负"专项行动，推进工商登记制度改革，进一步清理行政审批收费，减少收费事项，降低税费，加强电子政务建设。加快建立和完善公开透明的权力清单制度，坚持放管结合，切实取消不必要的审批，推进公平、公正的监管执法，重点打造良好的市场环境和开放环境，释放市场经济活力。三是充分发挥民营经济工作联席会议、民营企业诉求沟通机制、项目对接机制及技术创新机制的作用，逐步建立起福建省民营经济综合服务协调职能机构和第三方评估政策落实情况的长效机制，解决好政策落实"最后一公里"问题。四是加大产业招商力度,抓好重大产业和基础设施项目。针对每个项目逐一解决可研、设计、报批、招投标等各个环节的问题,实行专人负责、专案运作,研究和落实好相关政策。要抓好民间投资的渠道畅通和项目推介,跟踪落实好"6·18"项目成果交易会、民企产业项目洽谈会形成的成果,组织好常态化的民企对接活动,促进异地闽商参与"回归工程",共同建设"百姓富、生态美"的福建。

5. 突出要素保障,推动社会化服务体系建设

一是在制定政策及确定扶持对象时强化部门配合、信息共享,避免出现政策盲区或重复叠加现象,运用传统、新兴媒体进行政策宣传。二是进一步完善金融服务效能评价机制,鼓励金融机构探索贷款模式、产品风险保障和服务创新,在各地市地方财政继续探索"助保贷"等贷款风险分担机制,积极拓展社会融资渠道,全力推进征信、法律援助等体系建设,助推民企融资顺畅。三是建立全省联网、公开透明、信息对称、各取所需的高端人才储备库,通过校企合作、技术咨询等解决人才短板,进一步完善劳务服务,为产业发展提供高素质产业工人支持。落实《福建省中长期人才发展规划纲要》"引导人才向农村基层和欠发达地区流动"和"实施欠发达地区人才支持工程"等要求,促进山海协同发展。四是加快建设由各类商会(协会)、中介机构、产业联盟或龙头企业自发组建、提供技术创新共性服务的市场化公共服务平台,形成网络化、社会化、产业化的中介服务体系,抓好生产性服务业和生活性服务业的发展。

课题组负责人:陈　峰

课题组成员:曹宛红　董静怡　黄学良

执　　　笔:董静怡

B.15

2013 年海南省非公有制经济发展调研报告

海南省工商联（总商会）

摘　要：

2013 年，非公有制经济仍然在海南省经济中扮演着主要角色。在国内外经济增长动力不足、市场行业竞争加剧及国内经济效益放缓等多种因素的影响下，海南省非公有制企业积极调整企业结构，开拓市场，实现平稳、健康、持续、快速发展。本文主要概述了 2013 年海南省非公有制经济发展的主要成就，分析了非公有制经济和中小企业发展面临的突出困难和问题，并进一步提出促进中小企业发展的意见和建议。

关键词：

非公经济　中小企业　问题　建议

一　2013 年海南省非公经济发展的主要成就

非公有制经济为海南省经济贡献了近 6 成的 GDP，8 成的税收和就业，9 成的进出口和新增就业，在稳增长、保就业、惠民生等方面发挥了重要作用，是推动海南省经济社会发展的主力军。

（一）民营经济规模和实力不断壮大

从户数和从业人数上看，2013 年海南省非公有制经济规模有较大增加。工商局数据显示，2013 年全省企业总数为 165417 家，其中，纯私营企业 13.3 万家，占企业总量的 80%，私营企业数量较上年度增加了 3 万户，增幅达 30%；个体工商户 30.9 万户，较上年度增加近 3 万户，同比增加 10.7%。全省私营企业和个体工商户解决就业 152.5 万人，占全部所有制经济实体从业人员的 80.8%。

中小微企业是海南省企业主体。海南省企业总量中，99% 是中小微企业，其中又有大部分是小微企业。截至 2013 年底，全省小微企业 88822 户，占企业总量的 53.7%，其中绝大部分是非公有制企业，占 96.2%。小微企业从业人数为 729791 人，占全部所有制经济实体从业人员的近 4 成。2013 年全省小微企业及个体经济实现增加值 1547.42 亿元，同比增长 11.7%，占同期全省 GDP 总量的 49.3%。小微企业主要分布在租赁和商务服务业、零售业、批发业等服务行业和建筑业、农业。

农业合作社和个体经济保持蓬勃发展势头。2013 年共有农业合作社 10506 户，比上年度增加 2261 户，增幅达 27%。出资总额超过 166 亿元，主要分布在种植业、养殖业和农产品销售三大块。2013 年个体工商户注册资金总额达 127.6 亿元，比 2012 年增加 22.6 亿元，增幅为 21.5%。

（二）民营经济税收贡献继续增长

非公有制经济仍然是海南省纳税主体。2013 年全省国税、地税收入共计 755.4 亿元，其中非公有制经济纳税共计 593.7 亿元，占全省税收总额的 78.6%。2013 年，非公有制经济缴纳地税 356 亿元，占全省地税缴纳总额的 89%，同比增长 19.5%。

以非公企业为主体的第三产业成为"纳税半边天"。从事服务业的企业有 9 成是非公有制企业，占全省企业总数的 7 成以上。第三产业纳税占海南省税收总额的 58.2%（第二产业占 41.3%，农业仅占 0.5%）。从国税数据来看，第一产业纳税仅占 0.2%，工业和建筑业纳税占 58%，服务业占 41.8%。从地税数据来看，第一产业纳税仅占总额的 0.8%，工业和建筑业纳税占 26.2%，服务业占 73%。

（三）民营经济是外贸进出口的主力军[①]

非公企业对进出口的贡献率达 9 成以上。海南省全年对外贸易进出口总值

---

① 注：本部分数据指海南外贸企业的进出口贸易数据，不含由中国国际石油化工联合有限责任公司等外省企业代理海南炼化进出口的数据。

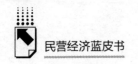

为 149.8 亿美元，比上年增长 4.6%。非公有制企业实现 141 亿元，占比达 94%，其中，三资企业进出口实现 109.5 亿美元，占外贸总额的 73.1%，占了 5 成的出口额和 8 成以上的进口额；民营企业进出口实现 31.6 亿美元，占比增加到 21%，总量同比增长 55.64%。民营企业发展势头明显，其进出口增速居各类型企业首位，外贸主体结构实现初步优化。

在各市县，外商和民营企业也是进出口的绝对主体。例如，海口市 2013 年进出口总值 51.1 亿美元，其中外商投资企业进出口 25.7 亿美元，增长 12.6%，占进出口总值的 50.3%；民营企业进出口 24.2 亿美元，增长 31.9%；而国有企业进出口额仅为 1.1 亿美元，仅占 2%。

在一些重点出口产业，民营企业独占鳌头。以水产品为例，海南省 2013 年水海产品出口 12.6 万吨，其中民营企业出口 10.5 万吨，占出口总量的 83.3%，通威水产食品、海南思远食品、海南翔泰渔业等 24 家企业出口规模均在千吨以上。

（四）民间投资不断增加

民间投资牢牢占据固定资产投资半壁江山。2013 年海南省民间固定资产投资完成 1378.11 亿元，增长 29.0%，分别比国有经济、外商投资高 3.5、6.5 个百分点，民间投资总量占全省固定资产投资总量的 50% 以上。

基础设施和服务业的民间投资高速增长。全年全省基础设施民间投资项目 59 个，比上年同期增加 19 个，增长 55.3%；合计完成投资 152.55 亿元，增长 1.8 倍，同比提高 204.8 个百分点。服务业民间投资项目 106 个，比上年同期增加 36 个，增长 51.4%；合计完成投资 189.78 亿元，增长 1.0 倍，同比提高 111.7 个百分点。

民间投资项目占全省大项目的 5 成以上。全年全省民间投资亿元以上项目 763 个，同比净增 107 个，占全省亿元以上项目总数的 58.9%，增长 16.3%；完成投资 1298.92 亿元，增长 31.2%，占民间投资总量的 94.3%。其中，2013 年完成投资亿元以上民间投资项目 345 个，比上年同期增加 74 个，增长 27.3%，完成投资 1114.12 亿元，增长 36.8%，对全省民间投资增长的贡献率为 99.0%。亿元以上民间投资项目是推动民间投资增长的主要力量。

西部地区民间投资增速明显加快。东、中、西部地区全年民间投资分别完成 955.32 亿元、85.74 亿元、337.04 亿元，分别增长 25.0%、1.8%、53.4%；西部地区民间投资增速比全省民间投资增速高 24.4 个百分点，比东、中部分别高 28.4、51.6 个百分点，西部地区增速明显加快。

二　海南省非公经济和中小企业发展
中面临的困难和问题

海南省大部分企业经营状况良好，有自己独特的产品和销路，经营得有声有色，产值和收益比较可观，但一些企业却由于政府或其自身各种原因而经营受阻，甚至直接关门停业。企业反映比较多的问题和困难主要有以下几点。

地方政府对中小企业和实体经济重视程度不够。一是受"抓大放小"的思想影响，一些地方政府片面强调"大企业进入，大项目带动"，导致"外来的和尚好念经"的现象，地方政府各部门为大企业开通绿色通道，却对中小企业关心不够，有意无意中侵犯或忽视了本地中小企业的利益。例如，政府帮助大企业连片征地，导致范围内的小企业骤然失地，又得不到及时合理安置，经营场所没有着落，企业难以为继。二是在很多市县，出于 GDP 和财政收入考虑，地方政府存在重地产、轻工农实业的倾向，对工农实体经济关心不够。绝大多数市县分管经济的主要领导一年也不走访一次工商联，不参加一次工商界企业家活动，对中小微企业漠不关心。众多中小企业纷纷反映，自投资以来，少有领导走访企业、过问企业困难，部分以农业为主要产业、以地产为主要税源的市县，企业家戏称政府姓"房"，不姓"工"也不姓"农"。三是地方规划不考虑企业利益，随意更改，使企业家无所适从。调查①中 65% 的企业家对本地城市规划"略知一二"，仅有 11% 的企业家表示"非常清楚"。地方政府此任可能鼓励此产业，彼任可能扶持彼产业，轻易更改本区域主导产业、城市规划，挫伤企业家投资的信心。

行政不作为有所抬头，行政效率仍需大力提速。一是办事难依然存在。调查中 6 成企业家表示政府行政效率"有明显进步"，但却变为"门好进，脸好

---

①　2014 年 4 月，海南省工商联开展的"海南省 2013 年非公有制经济发展情况调查"。余同。

看，事照样难办"。调研中企业家反映，或者审批手续本身烦琐复杂，时日长久，导致企业家望而生畏；或者办事人员故意拖拉，甚至弄丢资料，不负责任；或者主管部门之间推诿塞责，导致证件多年办不齐全；等等。二是基层区县职能部门人员的专业素质较低，一定程度上影响了企业效率和投资信心。例如，一些市县意在引进和打造新型产业，但一些公务员却依然停留在不会用电脑、不会用网络、不懂审批流程的阶段，导致一些新进入的企业在审批办证时无所适从。甚至在某些市县，部分公务员集体阻挠政府采用信息化系统。

人才问题是制约海南省实体经济发展的一大瓶颈。无论是海口三亚，还是琼中五指山，无论是大企业还是小作坊，人才（包括高科技人员和一线工人）紧缺问题都相当突出。其原因主要有4个方面：一是育才功能不强，省内人才培养能力不强、储备不足；二是聚才功能不够，缺乏产业集聚环境，人才成长空间受限；三是引才能力有限，缺乏有竞争力的大企业，提供不了有竞争力的薪酬，且中小微民营企业人才很难享受人才落户政策；四是配套服务落后，留才功能欠缺。种种原因导致海南省人力资源成本高、招人难，一些优秀人才因生态环境而来，却因种种原因怅然而去。不仅高新技术企业始终难有发展，一些服务行业和传统行业的人才同样处于吃不饱状态。调查结果显示，大多数企业的人员流动率偏高，有的甚至高达30%以上（见图1）。对于"企业2014年最在意的问题"，企业选择最多的是"用工难"（见图2）。

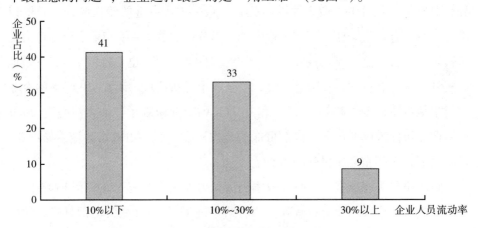

图1 企业人员流动情况

注：另有17%的受访企业拒绝回答该问题。

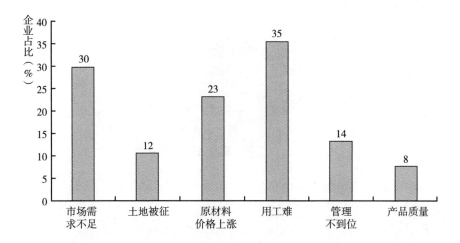

图 2　2014 年企业家最在意的问题

　　国企与民企、大企业与小企业在权利方面不平等。一是政府直接或间接垄断市场的情况依然存在。虽然在国企和民企公平性方面取得了很大进步，教育等多个行业对民营企业放低门槛，但是，海南省在旅游业、交通运输业、文化教育产业等领域存在不同程度的政府指定、垄断市场的情况。调查中有 34% 的企业家认为与国企相比民企仍存在不公平的待遇。这个数字和认为两者公平的人数（35%）持平。二是这种不公平在土地方面的表现更为突出。大企业跑马圈地，小企业为 10 亩地跑断腿也办不下来。招拍挂的土地一般动辄几百亩，中小企业根本没有竞拍能力。调研结果显示，71% 的企业需要土地，其中需要 10 ~ 50 亩建厂房的企业占 42%。相当一部分中小生产型企业的用地性质为非工业用地，这是企业发展壮大的一大隐患。即使在一些工业园区，如海口市正在启动的美安科技城，高达 50 万/亩的土地价格也使中小微企业望而却步。

　　融资难问题依然未能得到很好的解决。尽管在各部门的努力下，中小企业贷款难问题得到一定程度的缓解，但在融资方面依然存在的瓶颈，如缺乏信用评价机制、租地无法抵押、缺乏担保机制等未能从根本上得以解决，导致一半的企业存在较大资金缺口。在解决融资难问题上，近 6 成企业寄希望于银行，其次是担保公司（见图 3）。在民营企业家"跑路"的新闻屡次出现后，银行对民营企业的贷款审核更为严格，民间借贷更为谨慎，这也在客观上抬高了融资成本。

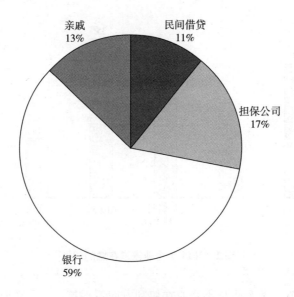

图3 企业的融资对象倾向占比

创新机制和创新环境亟待建立和完善。没有创新就没有可持续发展。海南省创新驱动乏力的原因有四。一是理念方面，缺乏20世纪90年代鼓励创新、宽容创新的理念。海南省曾走在全国改革开放的前列，如今建设国际旅游岛，从产品到技术，从管理到服务却难见创新。二是创新存在短板，如人才、融资政策等尚未找到破解出口，高昂的房价又导致气候和生态环境的比较优势难以发挥，"北上广"高技术人才无法入岛长留。三是政府老的创新激励机制需要调整，延续"撒胡椒面"的做法难以扶持真正的企业创新。例如，2014年600万科技型中小企业技术创新资金扶持了近50个项目，每个项目仅10万~20万元，只能起到"奖励"效果，不能真正扶持到创新企业和项目。四是技术创新必需的基础设施没有跟上。例如，"电"和"网"直接影响了企业技术创新，海南省一些药企引进了先进的药品保鲜设备，但因限电政策，设备效果受到影响；而某印刷企业因宽带速度太慢流失了不少重要客户。

专项资金需统一平台管理，加大透明力度。政府专项资金近年来加大覆盖力度，成效明显，调查中41%的企业曾获得过政府扶持，但企业也表示，政府各种专项资金多头管理，各职能部门各分一块，各自为政，没有统一的宣传、申请和管理机制，评选打分标准不透明、不公开，缺乏监督和问责机制，甚至很多企业认为其中必有"潜规则"，严重影响政府形象，同时也导致某些审批部门负责人经不住权力寻租的诱惑而误入歧途。

园区集聚效应不明显。在海口，园区集聚效应初步显现，但在除海口之外的其他各市县，特别是中西部市县，仍然缺乏政府大力扶持的工业园区、高新科技园区，中小微企业往往创业几十年后仍然拘囿在村镇，散落在各处。企业分散加大了原材料成本、物流成本、人力资源成本、环境治理成本，其政策风险也就相应增加，不利于其发展壮大。在我们调研过程中，多家企业反映因短时间内上不了昂贵的大型环保治污设备而被关停。

三　进一步促进海南省中小非公企业发展的建议

近年来，海南省各级政府及其办事人员的作风和素质有一定进步，但在扶持帮助实体经济方面的水平仍然需要大力提高，软硬件方面——从办公设备到电子信息化水平，从有形市场到人才、融资、技术等各种信息服务平台亟待建立和完善。作为一个具有后发优势的小省，岛屿经济带给我们巨大的挑战和机遇，在"十二五"计划如火如荼地进行、国家宏伟蓝图正在勾画的大背景下，大刀阔斧地推进各项改革，深入基层和群众落实各项政策，将非公经济及其企业家作为改革的推动者、主力军和监督者，是我们未来经济工作的重要使命。据此，我们提出以下建议。

（一）建立鼓励中小企业发展的工作机制

加强服务观念。政府工作人员要转变政府是"管理方"的老观念，树立政府是服务机构，公务员是"人民的勤务员"的新观念。只有真正打造好服务型政府才能真正杜绝不正之风，人民群众才会真正信任和维护党及政府，企业家才能安心投资，将企业做强做大。

加强主要领导联系工商联工作制度。抓大不能放小，海南岛的发展离不开众多中小企业家的努力。建议由各级政府牵头，每年至少召开一次本区域的政府企业对接会，就本区域企业发展的相关问题进行了解和掌握，由主要领导和

相关职能部门对企业家反映的问题和困难进行现场处理和答复。建立分管经济的主要领导与工商联企业家的会议、走访、对话制度,由相关领导定期走访企业,与企业家座谈。

建立企业家评议机制。政府服务的对象主要是企业家,企业家理应拥有对政府服务优劣的评议权。建议海南省出台政策,由各级工商联组织企业家对本级政府服务进行评议,并将评议结果纳入公务员考核内容。对企业家不满意的部门、领导和普通公务员进行惩戒,对办事效率高、服务态度好的部门及人员进行表扬和宣传。广东等地已有类似规定可借鉴和学习。

(二)进一步落实推进审批制度改革

提升服务水平。一是加强学习。国内许多省份,如江、浙、粤,在审批制度改革方面已走在前列,曾为各项改革先行者的海南,更应先行先试,引领全国改革创新潮流甚至与国际接轨,学习国内外先进政务经验,大胆尝试审批制度改革。二是用电子信息化提升审批水平。更新电子审批软件系统,实行网上一站式服务,统一多头管理部门的审批流程,各部门要逐步实行网上报批,尽量减少审批中的人为因素,减少权力寻租空间。三是打造专业、敬业的公务员队伍。加强对审批负责领导和办事人员的培训,提高行政服务素质。对于海南省新型行业和产业,要加强对职能部门监管负责人的培训。

行政审批制度改革做到"放、少、快、严"。能下放的下放,能少管的少管,能加快的加快,对故意违反审批时限的负责人从严处罚。国内一些省份将部分审批时间缩短30%~90%,受到纳税人一致好评。省内一些市县在审批服务上大胆创新也可以借鉴。相关职能部门可联合工商联广泛征求企业家意见,进行新一轮的行政审批事项清理工作。

(三)完善和加强实体经济服务工作

土地方面,建议各市县均划拨连片土地,建立中小企业工业园区,发挥产业集聚效应。广泛调研中小企业用地需求,做好园区整体规划和招商、政策扶持引导、配套服务工作。对被征地的企业给予合理的土地补偿,使之能延续发展。

人才方面，建议户籍、教育、住建、人社等相关部门联合研究人才政策，逐步解决外地人才的落户安家、子女上学问题，争取在一些地区一定程度上有所突破；信息方面，各级政府在集中区域设立公益的有形中小企业人才市场，定期举行招聘活动，帮助中小微企业人才自由流动；无形市场方面，可在政府官网上开辟企业专栏，免费为企业刊登产品、招聘等信息；劳动力培训方面，根据本地情况聚集行业、企业进行统一培训，将培训效果落到实处。

融资方面，一是加快推进海南省金融改革步伐。加快引进各类股份制银行和外资银行，鼓励各类民营银行和中小银行到海南落户生根，大力发展村镇银行和小额贷款公司，推动市场充分竞争格局的形成，让小微企业在贷款方面有更多可选择的对象。二是加快创新步伐，借鉴国内先进省份和省内先进市县的经验，通过引导资金和利息补贴等方式，探索建立政府和商界共营的担保机制，鼓励民间互保行为，鼓励担保公司服务本区域企业。三是探索建立完善的中小企业信用评价体系，扶持有能力的企业通过证券市场融资。

（四）进一步发挥工商联的助手作用

试行建立全省财政扶持资金的网络统一平台。在当前加大信息公开力度的基础上，统一企业网络申报口径，实行统一申报、统一评定、统一公开，彻底转变多头管理、暗箱操作的情形。

吸收工商联参与政府扶持企业资金的评定。将各专项资金申报通知和评选结果抄送工商联，评议专家邀请工商联机关或企业界代表参与，与工商联共同举办企业宣传、宣讲培训工作，邀请工商联参加获扶持项目的检查审计工作。

政府联合工商联进行政策调研。中央和地方政府出台了不少有利于企业发展的政策措施，但由于主客观各种原因，绝大多数企业家对此不甚了解，因此建议法规政策在出台和发布前，委托工商联征求企业家意见；在发布后，政策的发布单位联合工商联对政策进行广泛宣传，并对政策的落实情况进行调研。

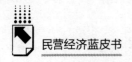

推行"百家企业大走访"活动。各级党委、政府及有关企业的主要领导每年率各职能部门，联合工商联深入一线，定期、不定期地进行"百家企业大走访"，解决企业实际问题，并将走访工作成果向大众公布。

课题组负责人：黄　琅
课题组成员：胡艺怀　杨华艳

B.16
BLUE BOOK

2013 年广西壮族自治区
民营经济发展报告

广西壮族自治区工商业联合会

摘　要：

2013 年以来，在自治区党委、政府的正确领导下，广西壮族自治区民营企业积极应对错综复杂的经济环境，坚持转方式、调结构，实现平稳发展，企业规模进一步壮大，民间投资和外贸出口均保持较快增长。但面对经济下行压力，民营企业依然存在较多困难和问题。

关键词：

民营经济　特点　问题　建议

一　民营经济主要指标完成情况

据有关部门统计，截至 2013 年 12 月底，全区实有个体工商户 124.34 万户，同比增长 6%，注册资本 637.90 亿元，同比增长 21.40%，从业人员 249.24 万人，同比增长 8.53%；实有私营企业 28.25 万户，同比增长 24.50%，注册资本 5512.41 亿元，同比增长 27.50%，从业人员 259.60 万人，同比增长 4.41%；全区个体私营经济新增就业 31.24 万人，同比增长 6.54%。截至 2014 年 6 月底全区实有个体工商户 129.20 万户，从业人员 260.10 万人，注册资本 647.03 亿元，分别同比增长 6.4%、6.8%、-1.6%；实有私营企业 30.92 万户，从业人员 269.02 万人，注册资本 6695.6 亿元，分别同比增长 21.60%、13.90%、40.30%（见表1、表2、图1、图2）。

表1　2009～2014年6月全区个体工商户情况

年份	户数 （万户）	增长 （%）	注册资本 （亿元）	增长 （%）	从业人数 （万人）	增长 （%）
2009	117.85	3.60	271.49	28.36	218.48	5.70
2010	115.87	-1.68	373.80	37.68	223.14	2.13
2011	114.16	-1.50	425.42	13.80	217.23	-2.60
2012	117.33	2.77	525.65	23.56	229.66	5.72
2013	124.34	6.00	637.90	21.40	249.24	8.53
2014年6月	129.20	6.40	647.03	-1.60	260.10	6.80

表2　2009～2014年6月全区私营企业情况

年份	户数 （万户）	增长 （%）	注册资本 （亿元）	增长 （%）	从业人数 （万人）	增长 （%）
2009	10.89	21.40	1751.89	29.80	165.52	23.10
2010	13.70	25.85	2503.18	42.88	189.41	14.43
2011	18.07	31.90	3395.23	35.60	216.64	14.40
2012	22.69	25.58	4324.22	27.36	247.95	14.45
2013	28.25	24.50	5512.41	27.50	259.60	4.41
2014年6月	30.92	21.60	6695.60	40.30	269.02	13.90

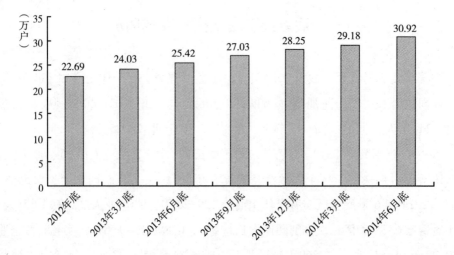

图1　私营企业户数季度变化情况

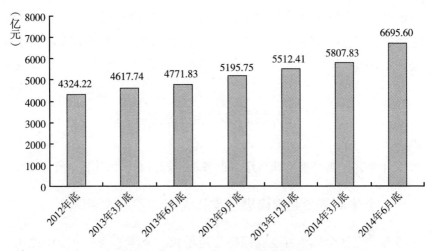

图 2 私营企业注册资金季度变化情况

2013 年全区规模以上非公有制工业企业实现增加值 3742.1 亿元，比上年增长 15.23%，占全区规模以上工业增加值的 70.4%。2014 年 1 ~ 6 月，全区规模以上非公有制工业企业增加值同比增长 14.0%，增速比全区的高 2.2 个百分点。

2013 年全区非国有固定资产投资 7531.78 亿元，比上年增长 28.04%，占全区固定资产投资的比重为 66.16%。其中，民间投资 7262.80 亿元，比上年增长 29.6%，占全区固定资产投资的比重为 63.8%。2014 年 1 ~ 6 月，全区民间投资 4157.34 亿元，同比增长 19.1%，民间投资占固定资产投资的比重为 67.1%，同比提高 1.7 个百分点。

2013 年全区非公有制经济缴纳税收 1300.92 亿元，占全部税收的 71.20%，同比增长 5.28%。其中，个体工商户和私营企业纳税总额为 266.73 亿元，同比增长 13.47%，占全部税收的 14.60%。2014 年 1 ~ 6 月，全区非公有制企业上缴税收 684.26 亿元，同比增长 11.6%，占全部税收的 71.1%。其中，个体工商户和私营企业纳税总额为 133.69 亿元，同比增长 7.3%，占全部税收的 13.9%。

2013 年全区民营企业（集体企业、私营企业和个体工商户）进出口总额为 163.3 亿美元，同比增长 22.3%，占全区进出口总额的 49.73%。其中，出口 126.4 亿美元，增长 32.7%，进口 36.9 亿美元，下降 3.5%。2014 年 1 ~ 6

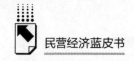

月，全区民营企业进出口总额为 89.74 亿美元，同比增长 48.5%，占全区进出口总额的 47.7%。其中，出口 71.77 亿美元，同比增长 61.2%，占全区出口总额的 65.0%。

二 民营经济发展的主要特点

2013 年来，民营经济增速放缓，但各项指标占全区的比重继续扩大。

（一）个体私营企业规模进一步壮大

2013 年，全区个体私营企业保持稳定增长。个体工商户户数增速比上年高 3.22 个百分点，资金数额增幅超过 20%，户均资金数额从 2012 年的 4.18 万元提高到 5.13 万元；私营企业户数与注册资金的增幅均超过 20%，户均注册资金从 2012 年的 190.56 万元提高到 195.13 万元；规模以上私营企业数量增多，注册资金 1000 万 ~1 亿元的企业数量同比增长 113.8%，1 亿元以上企业数量同比增长 135.3%。

（二）民营企业对工业经济贡献加大

2013 年，全区规模以上非公有制工业企业增加值为 3742.09 亿元，比上年增长 15.23%，超出全区平均水平 2.33 个百分点，占全区的比重同比提高 1.6 个百分点（见图 3），对全区规模以上工业增长的贡献率为 80.3%，比上年提高 2.9 个百分点，拉动全区规模以上工业增长 10.4 个百分点，对促进全区工业经济较快增长起到非常重要的作用。全区规模以上非公有制工业企业增加值增速比 2012 年下降 3.07 个百分点，但是下滑速度比 2012 年的 6 个百分点减少 2.95 个百分点。2014 年上半年，全区非公有制工业企业增加值增速低于上年同期 3.4 个百分点，但对全区规模以上工业增长的贡献率超 8 成。

（三）民间投资拉动保持主导地位

2013 年，民间投资实现增长 29.6%，增速比全区高 7.8 个百分点，比国有投资高 18.4 个百分点，占全区固定资产投资的比重从 2012 年的 58.5% 提高到 63.8%，又提高到 2014 年上半年的 67.1%，保持了较快增长态势和拉动投资增长的主导地位（见图 4）。

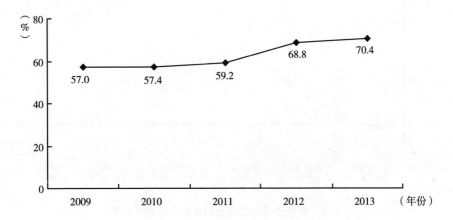

图 3　2009～2013 年规模以上非公有制工业企业增加值占全区比重的变化

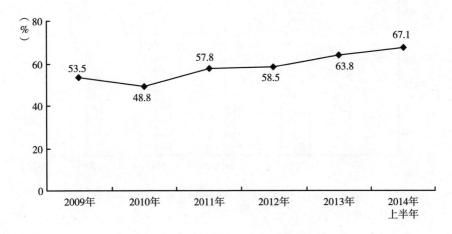

图 4　2009～2014 年民间投资占全区的比重变化

（四）民营企业外贸进出口快速回升

2013 年 4 月民营企业扭转进出口负增长局面并快速增长，前三季度民营企业外贸进出口累计同比增长 37.5%，全年民营企业进出口同比增长 22.3%，

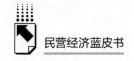

到 2014 年上半年同比增长 48.5%，增速高于全区 12 个百分点（见图 5）。
2009~2013 年民营企业外贸进出口额变化情况见图 6。

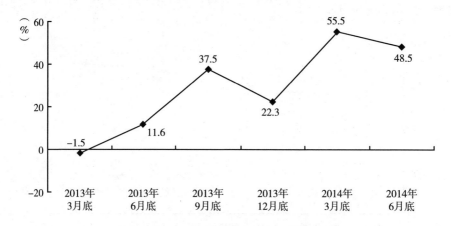

图 5　民营企业外贸进出口季度同比增长趋势

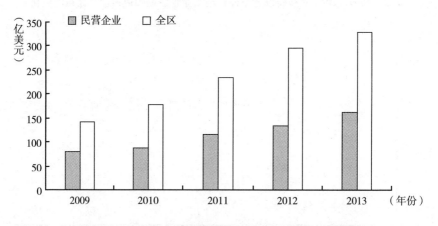

图 6　2009~2013 年民营企业外贸进出口额变化情况

（五）个体经济税收稳步提高

2013 年，针对个体工商户全面提高营业税起征点，尽管如此，个体经济
上缴税收继续提高，比上年增长 22.22%，并进一步拉大与私营企业的差距，
增速比全区非公有制企业税收增速高 16.94 个百分点，比全区财政收入增速高
11.72 个百分点（见图 7）。

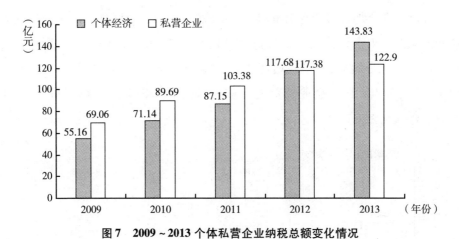

图7　2009～2013 个体私营企业纳税总额变化情况

（六）民营企业转变发展方式取得新进展

个体私营企业产业结构进一步优化。2013 年，个体工商户三产比重达 93.3%，从事教育、水利环保和公共服务、科学研究和技术服务业的户数同比分别增长 255%、43.8%、26.8%；私营企业第一产业新增户数同比增长 73.9%，第三产业新增户数同比增长 21.6%，第二产业仅增长 8.7%。中小微企业技术创新主体意识明显提升，2013 年随意抽样检测的 69 家中小微企业中，有 30 家企业投入开展技术创新研发活动，占样本数的 43.48%，有 26 家企业拥有技术专利，共 266 项。特别是一些传统产业技术创新取得新成效，例如，北流日用陶瓷行业通过投入煤改气和自动化等技术改造，使产品质量、产品档次得到提高，企业用工减少了 30% 左右，综合成本降低了 12% 左右。此外，新兴产业得到快速发展，例如北海市，2013 年非公有制电子信息制造业产值 487 亿元，同比增长 32.7%，占全市电子信息制造业产值的 94.5%。

三　民营经济运行面临的困难和存在的问题

（一）民营经济发展总体下行

2013 年，全区规模以上非公有制工业企业增加值增速比上年下降 3.07

个百分点，全年增速较上半年的 17.4% 下滑了 2.17 个百分点；民间投资增速同比下滑 2.1 个百分点；私营企业税收收入增长仅 4.7%，增速同比下降 8.8 个百分点，个体经济纳税增速从上年的 35.03% 下降到 22.22%，下滑了 12.81 个百分点；民营企业外贸进口总额同比下降 3.5%，原材料进口加工生产下降（见图 8）。

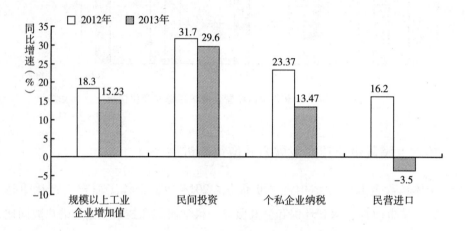

图 8　2013 年民营经济主要指标增速下滑情况

（二）民营企业经济效益明显下降

在广西工商联 2013 年抽样调查的 207 家企业中，有 134 家营业收入实现增长，占 64.73%；有 110 家企业税收收入实现增长，占 53.14%；有 103 家企业利润实现增长，仅占 49.76%；亏损企业 83 家，占比达 40.09%。

（三）民营企业营造成本继续提高

2013 年多数企业的财务成本居高不下，人工成本继续提高，税费负担、商政关系成本仍然偏高，挤压了企业利润。一是民营企业融资难、融资贵问题依然突出。大部分企业反映银行贷款融资成本升高，其中，国有商业银行利率上浮 30% 以上，北部湾银行上浮 40% 以上，农信社上浮 50%。部分银行信贷实行存贷挂钩，要求企业以定期存款作质押，事实上提高了贷款利率。2012 年来，担保手续多，附加条件多，过程长，担保费率也有不同程度的提高，即使是政府投资性中小企业担保公司，其担保费率也达到了 2.7%，同时，还附加私募保险基金等。政府贴息扶持民营企业贷款资金事实上都被银行、担保公司通过咨询费、非利息收入、再质押等方式消化掉，最终民营中小企业贷款的年综合利率达15% 左右。调研发现，某多种经营企业在银行贷款 7000 万元，银行方面除了利息上浮——从上年的 30% 提高到 40% 外，还提高了存贷挂钩质押部分利息约3%，担保公司方面的保证金也从上年的 8% 提高到 10%，并按实际放贷征收保险费 1%（北部湾保险），使担保综合费率达 2.92%，同时要求购买基金 2000 万元，企业实际拿到的贷款仅 4000 万元，年实际利率达到 14%。某制药企业以土地、厂房及存货抵押贷款 4000 万元，除了被银行截留 1000 万元为定期存款质押外，还要购买担保公司基金 600 万元，企业实际可用资金仅 2400 万元。某文化企业，不经过担保公司在某股份制银行贷款 250 万元，银行要求存贷挂钩，以存入 230 万元作质押，企业实际按借贷 480 万元付息，加上银行上浮利率、咨询费等，最终贷款年利率超过 15%。2014 年上半年，广西社会融资规模为1809 亿元人民币，居全国第 22 位，不足江苏 10355 亿元的两成。二是税费负担重。虽然国家全面提高个体经济营业税起征点，并于 2013 年 8 月提高小微企业的营业税起征点，但各地为了完成财政收入任务，变相收费或收税。2013年，全区个体经济纳税同比增长 22.22%，增幅排在各类经济的前列，全区非税收入同比增长 9.5%，占公共财政预算收入的 33.55%。此外，部门的收费和中介收费也较多。据调研了解，某个体工商户月营业额实际未超过 2 万元，但税务部门强制以超过 2 万元收取税款。三是人工成本提高，压力增大。据抽样调查，企业员工工资有不同程度的提高，食品行业同比平均提高 6% 左右，冶炼行业提高约 10%，服务业提高 3% ~ 10%。但是，当前各行业民营企业员工的平均工资仍较低，规模效益较好的食品工业企业的员工月平均工资为3500 元/人左右，机械制造企业约 3000 元/人，而商贸、饮食服务业仅 2000元/人左右，工资水平与发达地区还有一定差距，与发达国家的差距更大，员工工资继续提高的压力仍较大。此外，广西民营企业面临高技术人才引进难、成本高的问题，使用技术人才的工资成本比发达地区高 1/3 ~ 1/5。据某高新科技企业反映，在上海年薪 10 万元可以聘请到的人才，在南宁要用 20 万元，某大型企业反映在广东用年薪 100 万元聘请的高级专家，在广西要用 150 万元。

四　加快民营经济发展的建议

（一）抓住国家全面深化改革发展机遇

当前，中央正抓紧推进全面深化改革，行政体制、财税体制、金融体制改革在 2014 年将有新突破，民营企业进入金融、石油、电力、铁路、电信、资源开发、公用事业等领域将成为热点。因此，各级党委、政府，各有关部门要密切关注国家改革动向，及时引导、帮助民营企业进入更多发展领域，积极引导民营企业参与城镇化、农业现代化发展，支持民营企业参与混合所有制经济建设、参与"产城一体化"建设、参与"美丽广西·清洁乡村"深层次建设，把蕴藏在民营经济中的活力和创造力进一步释放出来。

（二）认真落实全区促进非公有制经济发展大会精神

2013 年，自治区党委政府主持召开了全区促进非公有制经济发展大会，并出台了一系列政策措施。当前工作重点是认真落实大会精神和政策措施，坚持民营经济发展"两条腿"走路，加大引进区外知名民营企业的力度，主动出击，进一步落实 2012 年全国知名民企入桂活动签约的项目，推动项目落地和加快建设步伐；加强培育和壮大本土民营企业，引导民营企业依靠技术创新带动产品创新、品牌创新，通过商业模式创新、企业文化建设，推进管理创新、制度创新；同时，要结合深化行政体制改革，加强督促和检查，促进非公有制经济发展相关政策的落实，进一步推进行政审批制度改革，并以实际行动从严治理乱罚款、滥评比、乱收费、拉赞助等行为，清理政府部门与中介机构的"暧昧"关系，进一步优化投资环境。

（三）加快推动民营企业转型升级、健康发展

把服务和引导民营企业增强创新能力、实施创新驱动发展战略作为当前与今后发展民营经济一项工作重点，促进民营企业加快转型升级。一方面，要引导民营企业调整产业、产品结构，促进民营企业向农业现代化、现代服务业转

型，尤其要依托信息技术、现代化科学技术和技能改造提升传统服务业，推动新业态和新方式的商贸服务、运输服务业以及信息、知识、技术相对密集的新兴服务业的快速发展。另一方面，加快推动企业技术创新，着重建立以市场为主导、企业为主体的技术创新体系，拓宽企业融资渠道，加强整合科技资金资源，重点扶持企业创新出成果；重视企业的人才引进、培养工作，重视知识产权保护和品牌战略，着力推进税收优惠等政策落地，推进企业开展产学研结合。

（四）研究解决民营企业生产经营实际困难

当前，企业生产经营成本高是最大的困难，除了原材料、人工、技术等成本外，融资成本、税费负担、商政关系等成本高问题较突出。银行监管部门应加强对银行的监管，规范商业银行依法平等经营，对各种不正当提高利率的行为严厉查处；政府应加强监管政府性投资的融资担保公司的经营行为，要求其不应以盈利为目的，更不应利用担保过程强制募捐基金等。同时，加快推进民营银行等金融机构发展，加快组建混合所有制性质的民营融资性担保公司，着力解决民营企业融资难、融资贵问题。此外，继续加强"营改增"等财税体制改革工作，弱化考核各地财政收入任务，切实解决有关政策只落到"膝盖"不落地的问题，让企业享受应有的税费等优惠政策。

（五）充分发挥区位优势，推进民营企业参与区域发展

"双核"驱动发展战略、国家 21 世纪"海上丝绸之路"建设等区域经济发展优势都是广西吸引全国知名民营企业的重要因素。政府应在区域发展规划阶段引入民营企业参与，特别是邀请新兴工业、现代服务业等新经济领域行业的领军人物到广西开展咨询活动，共同研究广西新时期应重点发展的产业，并支持有实力的新经济领域民营企业进入广西开展策划和先试先行建设活动。

课题组成员：唐振富　蓝家珍

B.17

北京市非公有制经济发展
政策环境评估报告

北京市工商业联合会

摘 要：

为服务首都科学发展，针对北京市非公经济①发展政策环境现状，就政策落地、市场准入、融资服务、创新驱动等问题，北京市工商联会同中国社科院民营经济研究中心、市政府研究室等部门联合开展了专题调研。在实地走访政府部门、非公企业、召开座谈会和对调查问卷统计分析的基础上，结合贯彻落实党的十八届三中全会精神，形成了此报告。

关键词：

非公有制经济 政策环境 评估

一 北京市非公有制经济发展的主要成就

在市委、市政府的正确领导下，首都非公经济实现快速健康发展，成为首都经济社会发展的重要基础。

（一）总量和规模快速增长，结构不断优化

截至 2012 年底，全市个体私营经济经营实体约 129.14 万户（其中私营企业 60.04 万户，同比增长 10.35%），占全市各类市场经营主体的 88.17%；注

---

① 本研究中的非公经济指个体经济和国内资本投资控股的私营经济组织，本文所述的非公企业、民营企业、中小微企业可被认定为同一称谓。

册资本金达 13669.42 亿元，同比增长 23.24%；实现税收（国、地税）598.04 亿元，同比增长 22.43%。

从产业分布来看，北京市非公经济在一、二、三产业都得到比较稳定的发展，结构日益优化。据统计，2012 年在全市 60.04 万户私营企业中，第一产业有 0.31 万户，比上年同期增长 6.89%；第二产业有 4.48 万户，比上年同期增长 2.75%；第三产业有 55.24 万户，比上年同期增长 11.06%，占总户数的 92.02%（见图 1）。

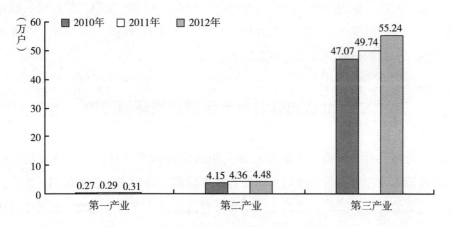

图 1　北京市私营企业产业分布

（二）创新驱动担当重任，贡献率不断增强

截至 2012 年底，北京市科技型企业有 2 万余家，其中 92% 以上为非公有制（或混合所有制）性质的民营企业，在全市 8300 多家高新技术企业中，民营企业同样占到 90% 以上，2012 年北京市中小企业科技投入达全市科技总投入的 71%。全市规模以上非公有制（或混合所有制）文化企业约有 7000 家，约占文创企业总量的 87.5%，收入约占 83%。非公经济已然成为推动首都实施"双轮驱动"战略的一支重要力量。

（三）就业带动作用凸显，积极承担社会责任

以中小企业为主体的非公经济，一直是解决北京就业的主渠道，统计数据

显示，非公经济吸纳了全市 80% 的就业人口和 85% 的新增就业。仅 2013 年前三季度，北京市非公经济对全市新增就业的贡献率就超过 96%，为社会和谐稳定起到了积极作用。同时，非公经济人士还自觉承担社会责任，积极参与服务北京奥运、抗震救灾、扶贫济困、新农村建设等光彩事业。

（四）企业发展势头强劲，影响力不断增强

根据 2013 年全国工商联公布的中国民营企业 500 强榜单，北京上榜企业有 8 家。其中，联想控股有限公司名列全国民营企业 500 强第二。同时，以小米手机、东华软件为代表的一批规模不大但行业竞争力强的技术领军型企业迅速成长，为首都经济注入了生机和活力。

二　北京市非公有制经济政策环境评价

从总体上看，市委、市政府对非公经济发展高度重视，发展环境比较健康。政策体系比较完备，政府部门服务效率较高，得到了非公企业和广大非公经济人士的肯定。同时，目前北京市非公经济发展还存在落地难、操作难等体制机制障碍，中小微企业生产成本上升、融资难等问题依然突出。

（一）相关政策配套出台，市场准入逐步放开

党的十五大以后，市委、市政府陆续出台了《关于鼓励个体、私营经济发展的若干意见》《北京市关于鼓励和引导民间投资健康发展的实施意见》等一系列旨在鼓励非公经济发展的政策措施。尤其是 2013 年密集推出了《北京市引进社会资本推动市政基础设施领域建设试点项目实施方案》《关于加快总部企业在京发展的工作意见》《关于进一步鼓励和引导民间资本投资文化创意产业的若干政策》等文件，在降低市场准入、拓宽企业生存发展空间等方面，为促进非公经济发展奠定了坚实的政策基础。

（二）重视融资难问题，融资政策陆续出台

市委、市政府先后出台了包括股权投资基金的税收优惠和财政支持等在内

的一系列有助于解决中小微企业融资难、融资贵问题的政策措施，并初步形成了"1+16+100"的市区两级中小企业投融资服务体系，建立了北京市中小企业金融服务平台，设立了9.2亿元的北京市中小企业创业投资引导基金，推出了集合信托、集合票据、融资租赁等企业融资创新产品，为解决中小微企业融资难发挥了积极作用。

（三）财政扶持逐年加大，有力撬动社会资本

北京适时设立中小企业发展基金，市级中小企业发展专项资金由每年的5亿元增至8亿元。除此之外，还采取了政府采购向中小微企业倾斜的政策，明确提出"预算金额在300万元以下的政府采购项目，应当从小型微型企业采购"的具体要求。在这一政策措施的推动下，到2012年全市已经有90%以上的政府采购合同授权给了中小微企业供应商。

（四）鼓励创新政策频出，有效激励企业创新

市委、市政府制定实施了中关村国家自主创新示范区"1+6"系列政策，并高度重视创新能力的培植，着力打造中关村国家创新示范区、亦庄国家级经济技术开发区，大力构建完善的市场体系、制度体系、金融体系，引导企业向现代服务业、高端制造业发展。同时，积极利用财政补贴、税收减免、风险投资基金、公共服务和创业基地平台建设等手段，在创业孵化、技术研发、设备采购、成果转化、新技术产业化等环节，为企业技术创新提供一切可能的帮助。

为鼓励文化创新，设立每年100亿元的文化创新发展专项资金、北京市文化创意产业统贷平台，为非公企业开展文艺演出、出版发行和版权贸易、广播影视节目制作和交易、动漫游戏研发制作等创造了良好条件，培育出一批文化创新领军企业。

问卷调查结果显示，有57.19%的企业认为目前北京市促进科技型中小企业创新发展的政策环境"非常完善"和"比较完善"；有47.72%的受访企业认为目前北京市促进中小企业文化创新发展的政策环境"非常完善"和"比较完善"（见图2）。

市委、市政府支持非公有制经济健康发展，得到了非公经济人士的高度评

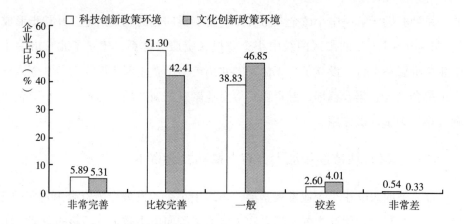

图2 企业对科技、文化创新政策环境的评价

价和充分肯定。郭金龙书记、王安顺市长相继到非公企业考察调研，强调要高度重视民营经济发展，大力支持民营企业特别是民营高科技企业发展。问卷调查数据显示，有84.06%的企业对市委、市政府扶持首都非公经济发展表示认可；有81.99%的企业认为，自2008年以来北京市非公经济总体发展政策环境"有明显改善"或"有一定改善"（见图3）。

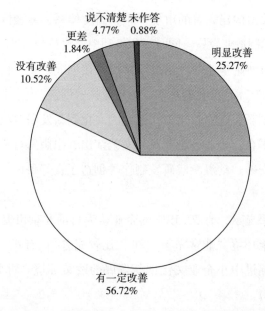

图3 企业对2008年以来北京市非公经济总体发展政策环境的评价

三 非公有制经济发展政策环境面临的问题

（一）"玻璃门""弹簧门"问题依然存在

与国有企业相比，非公企业很难进入基础设施领域，进入某一领域所受到的审查更为严格，面对同等机会受到的限制更多。问卷调查数据显示，有87.52%的企业认为仍然存在"玻璃门""弹簧门"，其中43.38%的企业认为这种现象确实存在（见图4）。

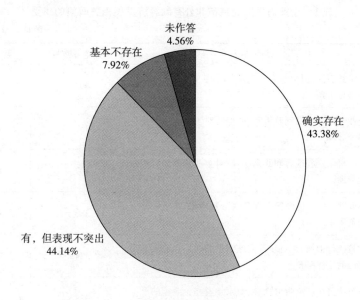

图 4　企业对"玻璃门""弹簧门"问题的看法

1. 对非公有制经济重视不够，重大轻小

由于非公企业规模小且分散、发展水平较低，对其实施管理难度较大，在重视程度、政策支持力度上都不如国有企业。问卷调查数据显示，有51.52%的企业认为，在促进非公经济发展方面，北京存在片面强调抓大企业、发展大企业倾向；56.07%的企业认为政策执行上存在思想不解放，对发展非公经济认识上有偏差的问题，客观上造成了政策执行上国企、民企待

遇不同的结果。

2. 体制机制不顺畅，政策服务不到位

问卷调查数据显示，50.65%的企业认为，政府服务非公经济发展的最迫切任务是加快服务体制建设，提高政府服务效率；41.21%的企业认为，不同部门出台的政策还存在条块分割、互相掣肘现象，需要统筹和资源整合；对于发展非公经济的政策，50.76%的企业认为，政策意愿好，但操作性不强，实际效果易打折扣（见表1）；有高达66.16%的受访企业认为没有得到过公共技术服务机构的服务，表明建设公共服务体系的愿望非常迫切。

表1　企业对促进北京市非公有制经济发展相关政策的感受

单位：家，%

序号	感受情况	选择企业数量	企业占比
1	政策意愿好,但由于条件限制,操作性不强,实际效果易打折扣	468	50.76
2	企业虽然未享受到政策利好,但其对于企业仍然是很大鼓舞	453	49.13
3	符合科学发展理念和北京实际,对企业的发展有很大帮助	407	44.14
4	不同部门制定的政策存在条块分割现象,缺乏统筹和资源整合	380	41.21
5	政策执行中,缺乏对政策实施结果的评估和对实施部门的工作考核	334	36.23
6	政策制定在广泛听取社会、专家学者和企业家的意见方面有待加强	333	36.12
7	其他	31	3.36

3. 政策制定缺乏针对性，政策实施缺乏公允度和透明度

政策制定缺乏针对性。问卷调查结果显示，有36.12%的企业认为政府在政策制定过程中认真听取社会、有关专家学者和企业家的意见等方面有待加强（见表1）；有60.85%的企业认为已经颁布的政策措施需要进一步完善，尤其需要在政策措施关键环节上有所突破（见图5）。

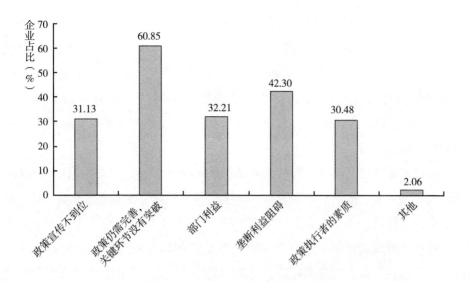

图5　政策落实不到位的原因分析

问卷调查数据还显示，只有14.86%的企业对政策落实效果表示满意；约有50%的企业认为由于缺乏实施细则和配套措施，政策难以落到实处；还有43.93%的企业认为虽然制定了实施细则，但高门槛使得许多企业、特别是中小微企业几乎无法享受到优惠（见图6）。

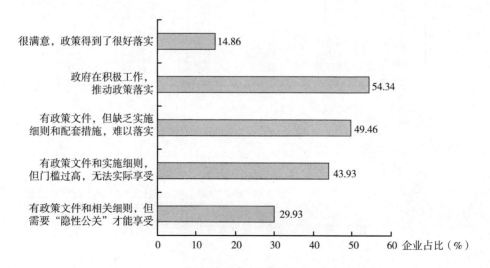

图6　企业对非公经济发展相关政策落实效果的看法

政策实施缺乏公允度。一是补贴评审程序繁杂，中小微企业难知情，因而也难于参与申请。二是政府部门对企业的财政补贴办法使大企业频受关照，而中小微企业难得"雨露"。特别是以投资额、税收贡献度等经济效益为评价指标，无形中造成了事实上的机会不均等。问卷调查显示，有39.37%的企业认为，在获得政府财政补贴等资源支持方面确实遇到了不公平待遇。

政策实施缺乏透明度。问卷调查数据显示，有48.16%的企业认为，在获得财政补贴方面，政府对申请资格、标准和程序的规定要么表述不够清晰，要么要求过于严格，多与企业实际情况不符；有44.47%的企业认为，中小微企业很难从政府或其他信息平台上获得扶持企业创新和发展方面的财政补贴信息，因而也就很难获得此类补贴；有40.35%的企业认为补贴评审过程缺乏透明度（见图7）。

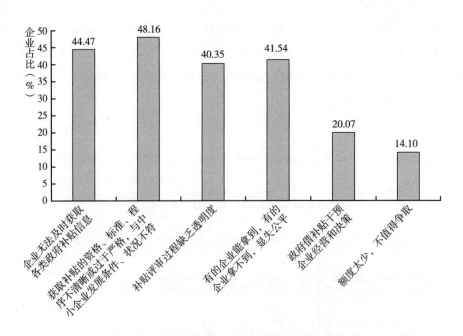

图7 非公有制企业对获取政府补贴问题的看法

4. "弹性执法"和"隐性公关"问题依然存在

由于现行法规和处罚条例设置的条款笼统、宽泛，执法者在具体执法过程中表现出较大的选择性和随意性。问卷调查显示，超过50%的企业把行政执法的随意性列为影响法制环境建设的最突出因素。同时，"潜规则""隐性公关"问题也给企业发展带来很大困扰。调查中，有近30%的受访企业表示要想享受到政策顾惠，只能按"潜规则"等办事。

（二）中小微企业融资难、融资贵问题突出

北京市中小微企业融资难的主要问题是，渠道过于狭窄、手续过于烦琐、抵押要求过于严格、信用审查过于苛刻。主要表现如下。

1. 金融生态环境欠佳，民营金融机构稀少

由于北京地区民营金融机构发展不足、国有大型金融机构处于全覆盖状态，金融生态环境存在明显的结构性缺陷。根据我们对全国商业银行企业贷款结构的分析，民生银行对民营小微企业的贷款余额占其总贷款余额的比重最高，达到了23.07%；工商银行其次，为20.9%；中信银行为12.76%；中国银行为11.98%；其余银行均不超过10%。这个统计数据近似表明，银行的产权归属关系越高、资产规模越大，对小微企业发放贷款的比重越低（见表2）。

表2　2012年不同类型商业银行对小微企业贷款情况比较

单位：亿元，%

银行类型	平均资产	小微企业贷款占企业贷款比重	小微企业贷款占银行资产比重
大型商业银行	115880	19.90	6.84
股份制银行	19533	22.10	6.98
城市商业银行	858	39.72	12.91
村镇银行	4	87.88	32.67

资料来源：据中国银监会相关数据计算。

注：村镇银行平均资产为2012年6月末数据。

近年来，市政府虽然批准设立了一些小额贷款公司，但从公司数量、从业人数、实收资本和贷款余额角度看，北京都不及津、沪、渝3个直辖市（见表3）。由此可见，北京市急需加快中小金融机构的发展步伐，特别是要积极扶持民营中小银行的发展。

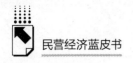

表3 全国及4个直辖市小额贷款公司发展状况比较

地区名称	公司数量(家)	从业人数(人)	实收资本(亿元)	贷款余额(亿元)
北京市	57	701	77.40	76.99
天津市	83	1172	100.37	99.75
上海市	94	950	124.75	157.17
重庆市	189	3941	341.62	401.54
全 国	7086	82610	6252.10	7043.49

资料来源：中国人民银行网站（截至2013年6月底）。

2. 银行融资成本过高，直接融资渠道过少

问卷调查显示，受访企业中，有38.7%的认为北京地区商业银行设定的中小微企业融资门槛太高、条件过于苛刻，44.58%的认为贷款手续过于复杂；36.77%的认为贷款综合费率（利率加其他各项费用）过高，多数中小微企业资金紧缺、有贷款需求，但贷不起款；24.95%的认为本企业难以获得贷款的主要原因是难以获得第三方担保；40.02%的认为政府颁布的针对中小微民营企业的融资扶持政策和优惠措施仍然过少，不足以帮助企业实现发展；23.75%的认为面向中小微民营企业的融资渠道太少（见图8）。特别是目前企

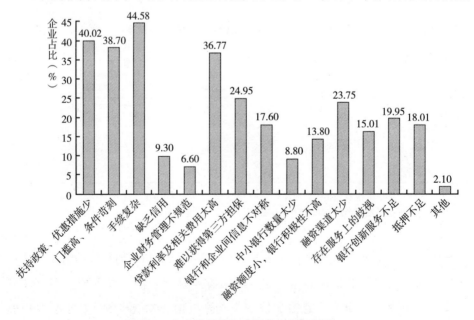

图8 中小微民营企业融资难原因判断

业上市门槛高，债券融资市场还不发达，中小微企业直接融资更加困难。在有关企业融资渠道的调查中，只有4.88%的企业选择了通过股市融资，3.58%的企业选择了企业债券。

（三）创新驱动中值得关注的问题

尽管北京市创新政策已经很完备，但是企业受到税费重、协调创新不强、公共服务平台作用欠缺以及人才缺失等问题的困扰，企业创新活力不强。

1. 企业税费负担重，科技投入动力不足

问卷调查显示，57.30%的科技类企业认为，税费负担过重仍然是影响企业实现更大发展的主要因素（见图9）。

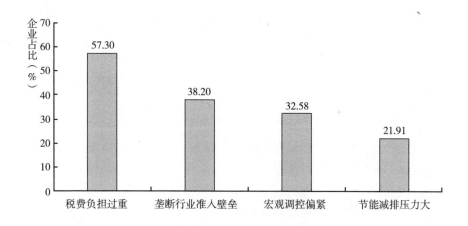

图9　受访科技类企业对企业发展影响因素的看法

问卷调查结果还表明，在受访的科技类企业中，超过60%的企业认为，企业税负占企业营业收入的比重为5%~15%（见图10）。

2. 产学研合作不充分，协同创新有待完善

尽管北京地区科研和文化机构众多，在全国的科技创新中起到巨大的引领和辐射作用，但是协同创新在资源整合上还有很大空间和潜力。问卷调查显示，受访企业中真正与高校或科研院所开展校企合作、进行联合科技攻关的只占37.74%（见图11）。

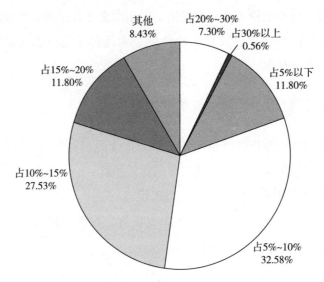

图10　科技类企业税收占营业收入的比重

注：“其他”指有一部分企业放弃回答该问题。

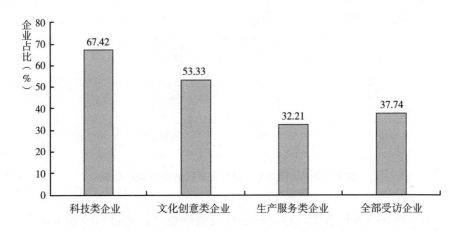

图11　企业与高校、科研院所联合科技攻关的情况

3. 政府作用未充分发挥，公共服务平台建设需加强

在当前的协同创新格局中，政府在发挥主导、嫁接和服务3个作用方面还有很大空间。北京市为科技成果转化提供中介服务的信息咨询机构、评估机构和技术交易市场不仅总量不足，而且结构单一。在为高校和企业科技成果转化提供指导、搭建校企沟通平台等方面，政府发挥作用的空间也相当广阔。问卷

调查显示，在改善创新环境方面，46.10%的企业希望通过政府牵线促成企业与高校、科研院所的深度技术合作；41.65%的企业希望政府为民营企业搭建共性技术创新平台。

4. 企业人才流失现象普遍，人才环境有待优化

在人才环境上，非公企业既面临人才总量不足、结构短缺的挑战，又遇到引才难、留住更难的困境。问卷调查显示，受访企业中，有75.6%的认为普遍存在企业人才流失现象。导致企业人才流失的原因是多方面的。问卷调查显示，有50%的企业认为问题在于难以提供较高薪酬和福利，有42.84%的企业认为员工个人问题，包括户口、住房、婚姻、子女入学等难解决是主要原因，有41.65%的企业认为人才流失是因为社会对民营企业仍存在偏见与歧视（见图12）。企业人才的大量流失，严重影响企业核心竞争力的培育。

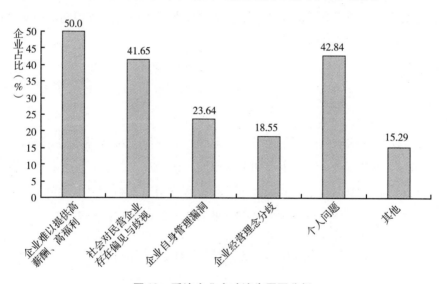

图12 受访企业人才流失原因分析

四 优化非公有制经济发展政策环境的意见和建议

（一）支持非公有制经济发展，完善体制机制

要进一步全面落实"两个毫不动摇"方针，着力促进非公经济健康发展，

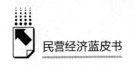
保护各种所有制产权和合法利益。秉承"积极扶大，着力促小，大小相济，和谐共赢"的理念，支持非公企业，特别是中小企业发展。在政策层面，对国有企业和非公企业、大企业和小企业公平对待、一视同仁。

建议市委、市政府建立支持非公经济发展协调机制，定期研究非公经济发展的重大问题，每年召开一次全市支持非公经济健康发展大会，研究建立非公经济发展的数据统计体系，把握非公经济发展的规模和方向。

（二）发挥市场决定作用，优化非公有制经济政策环境

实行统一的市场准入制度，在制定负面清单的基础上，积极支持非公企业依法平等进入清单之外的领域，特别是进入北京市基础设施领域，着力破除进入电信、能源、金融、教育、医疗等行业的不合理规定和做法。

建议带头推进工商登记注册改革，取消注册资本金，在较短期限内变企业审批许可制为核准登记制。

建议依照要管用、能落地的标准，对非公经济发展的政策措施进行全面梳理，要在广泛征求企业家意见的基础上，把制度细则作为政策完善的重点。

建议研究制定非公企业用地、用房政策。在区域规划调整和新城建设中，充分考虑各类中小微企业的生存和发展空间，鼓励和支持在开发区和产业集聚区建设更多适合中小微企业的标准化厂房，研究制定有利于中小微企业生产经营占用楼宇的产权分割政策，满足有贡献的非公企业在京落户需求。

（三）完善服务平台功能，充分发挥社会组织作用

提高行政服务效率，简化办事程序，搭建信息共享平台。对于发布和实施的制度，不仅要在网站上公布，而且要对政策实施的时间、对象、运行轨迹、流程等予以充分的介绍和说明。

建议在市政府的领导下，整合资源，搭建多方信息、多方需求、多方交易的综合服务平台。改进社会治理方式，激发社会组织活力。注重发挥社会组织特别是商协会的桥梁纽带作用，使之在政治引领、社会协商、经济服务、行业自律中为政府分忧，为企业服务。

（四）进一步完善金融体系，优化市场融资环境

一是推进金融机构改革，鼓励金融创新。在加强监管的前提下，支持建立更多能够自负盈亏、自担风险的民营银行，包括民营小额贷款公司、村镇银行、民营金融租赁公司、民营消费金融公司、民营典当行、民营拍卖行和民营融资担保公司，探索和推进个人借贷业务及网络金融服务业务。尝试在政府主导下，建立中小企业政策性银行。

建立银行贷款额度管理机制，扶持中小微企业。建议探索就不同类型金融机构对小微企业的贷款确立梯次额度，实施差异化监管；实行商业银行中小微民营企业贷款额度比例管理奖励制度。

二是建立再担保机制，实现担保风险共担。完善中小微企业融资增信机制，强化政府为企业贷款提供增信担保的风险补偿机制以及推行"企业联保"，建立再担保机制，以期企业贷款风险抵押、部分不良贷款损失由政府和企业共担。建立中小微企业信用评估制度和再担保风险评估制度。

三是扩大专项资金规模，完善资金管理。建议进一步扩大中小微民营企业专项资金的财政拨付规模，完善资金管理，提高使用效率，注重扶持政策的普惠性，优化审批发放方式。在"中小企业发展专项资金"的基础上，由市政府统一协调，鼓励各区县设立小微企业发展基金。加快建立和完善中小微企业风险投资基金，完善财政拨款补助和贴息贷款制度，特别要加大对民营企业创办的孵化器的扶持力度。

（五）深化科技体制改革，优化创新驱动环境

一是尽快改革针对中小企业"先征后返"的减免税政策。在上缴税金时直接给予中小企业减免税优惠。针对当前科技型中小企业增值税较高的现状，对企业给予一定比例的增值税退税，用于企业研发。从企业应纳税所得额中扣除用于科技投入的一部分支出，调动企业科技创新的积极性。

二是产学研协同创新，强化企业主体作用。建议在政策安排和政府服务上，把推进产学研衔接和实现科技成果顺利转化作为重点。积极引导中小微企业参与各类产业联盟、行业协会、科技社团，参与龙头企业领衔的产业链上下

游协同创新，参与制定共性技术和重要技术标准。鼓励和支持高等学校、科研院所与企业建立新型产业技术研究机构、联合实验室、工程技术研发平台、中试基地、成果转化基地，实现跨领域、跨学科的全产业链联合，强化重大科技成果就地转化的能力。强化企业在技术创新中的主体地位，建议在中关村自主创新示范区率先进行以企业为主的项目申报、资金扶持和成果转化试点工作。

鼓励和引导龙头企业打造开放式创新平台。发挥大型民营企业的引领作用，吸引、整合上下游经济技术资源和创新能动资源，形成上下游紧密结合、大中小企业协同配合的产业创新生态链。

健全孵化器的投融资功能。鼓励孵化器创业机构合作，建立孵化器体系内的风险投资网络，实现内部资金和项目共享。加强同一区域、同一领域的孵化器合作力度，实现孵化资源共享。

支持民营企业积极参与创业基地、创业园、创业孵化器的建设。鼓励和引导有条件的企业在海外设立研发、销售及售后服务中心，引导企业参照国际质量管理认证体系，加强企业管理和质量认证，提高企业竞争能力。

三是鼓励和支持民营科技企业增强核心竞争力，率先突破和掌握一批产业关键技术和核心发明专利，推动企业原始创新成果转化。积极探索和建立无形智力成果产权保护和利益分配机制，赋予产权主体阶段性市场垄断收益权。进一步加大知识产权保护力度，建议在全国率先建立知识产权法院。

（六）创新首都人才服务体系，优化人才发展环境

一是优化人才引进、培养及使用管理体系。围绕中关村人才特区建设和国家"千人计划""北京海外人才聚集工程"等重大人才工程，促进人才、技术、项目在京一体化落地。探索建立市场经济条件下的人才吸引与管理模式。

二是完善人才评价机制，优化人才评价标准。建立以科研能力和创新成果等为导向的科技人才评价体系，在制定专业技术职称评聘政策时，注重向参加技术转移、成果转化和产业化的人员倾斜。创新人才吸引政策，采取股权激励、科技奖励等方式，强化对科技人才及其团队的激励。

三是调整和完善人才落户政策。根据企业的税收、用工、社会效益等，探

索建立人才引进综合评价体系，每年给予优秀企业一定数量的户口指标；对有重要发明专利，或做出重大贡献的，或在全国技能大赛中获得优异名次的人才，优先解决北京户口。

四是完善人才培养的体制机制，整合人才培养资源。建议从首都人才集聚的实际情况出发，探索并建立企业人才培养基地。引导社会资本大力发展人才市场，建立由政府主导、企业有序参与的培训模式。有计划地对企业高技术人才进行培训，并通过校企合作、订单式培养加强企业人才队伍建设。

B.18

山东省非公有制经济发展报告

摘　要：

党的十八大明确提出，要"毫不动摇鼓励、支持、引导非公有制经济发展，保证各种所有制经济依法平等使用生产要素、公平参与市场竞争、同等受到法律保护"。十八届三中全会强调，"公有制经济和非公有制经济都是社会主义市场经济的重要组成部分，都是我国经济社会发展的重要基础"，重申"两个毫不动摇"，提出"公有制经济财产权不可侵犯，非公有制经济财产权同样不可侵犯"；强调要"坚持权利平等、机会平等、规则平等，废除对非公有制经济各种形式的不合理规定，消除各类隐性壁垒"。这些重要论述体现了我们党对非公有制经济认识的不断深化，为非公有制经济发展开辟了广阔空间。

山东省委、省政府高度重视非公有制经济发展，省委书记、省人大常委会主任姜异康，省委副书记、省长郭树清多次强调，非公有制经济是山东发展的一块"短板"，也蕴含着巨大的发展潜力。为全面掌握山东省非公有制经济发展情况，了解制约山东省非公有制经济发展的问题，探究加快山东省非公有制经济发展的举措，将"短板"做长，把山东省非公有制经济做强做大，省委统战部、省工商联专门组织力量，围绕促进山东省非公有制经济健康发展进行了专题调研并形成研究报告。

关键词：

山东省　非公有制经济　现状　问题　建议

一 山东省非公有制经济的发展历程

以党的十一届三中全会为标志，我国进入了改革开放和社会主义现代化建设的新时期。同全国一样，山东省的非公有制经济，也是随着改革开放的不断深入和社会主义市场经济体制的日趋完善逐步恢复和发展起来的。其发展历程与全国非公有制经济总体发展的时间区间相同，但也呈现出自身的阶段性特征，大致可以分为以下几个阶段。

1. 恢复起步阶段（1978～1980年）

1978年党的十一届三中全会的胜利召开为非公有制经济的恢复和发展创造了重大历史机遇。就在1978年底，山东省菏泽等地在农村经济领域率先实行农业生产"大包干"，即家庭联产承包责任制，同时逐步放开农村集市贸易，加之搭乘发展社队企业的顺风车，山东省农村个体工商业开始萌芽。与此同时，通过对社会主义的再认识，党和国家重新审视个体经济在社会主义条件下的地位和作用，针对当时短缺经济下社会上普遍存在的吃饭难、穿衣难、住宿难、行路难、修理难、就业难等问题，提出了允许个体经济发展的一些新政策，采取了把小商小贩、小手工业者与社会主义改造前的原工商业者区别开来，为原工商业者落实政策，批准一些有正式户口的闲散劳动力从事修理、服务和手工业等个体劳动等重要举措，山东省城镇个体经济开始恢复和起步。到1980年底，全省个体工商户迅速发展到9万户，比1978年底增长44倍。这一阶段，山东省的非公有制经济以个体经济为主，主要分布在第一和第三产业，规模较小，一些雇工超过7人的个体工商大户，已初具私营企业的雏形。

2. 全面复苏阶段（1981～1991年）

1982年10月，党的十二大明确提出："在农村和城市，都要鼓励劳动者个体经济在国家规定的范围内适当发展，作为公有制经济必要的、有益的补充。"这是改革开放以后我们党首次正式承认非公有制经济的原始形态——个体经济，对个体经济有限制的承认实际上已经打破了禁止私营经济发展的坚冰。一方面，法律、政策的利好加快了个体经济的复苏；另一方面，人们在解禁之后生活消费上开闸泄洪般的巨大需求，给个体经济提供了广阔的发展空

间，促进了山东省个体经济的长足发展。截至 1982 年底，全省个体工商户发展到 32.3 万户，从业人员达 40 万人。1983 ~ 1987 年，国务院先后颁布了《关于城镇劳动者合作经营的若干规定》《关于农村个体工商业的若干规定》《城乡个体工商业户管理暂行条例》。特别是 1987 年，党的十三大报告第一次正式使用"私营经济"的提法，1988 年 4 月通过的宪法修正案规定"国家允许私营经济在法律规定的范围内存在和发展"。萌芽已久、一直在夹缝中生存的私营经济摆脱了尴尬局面，开始名正言顺地浮出水面。1988 年 6 月，我国第一个私营经济专项法规——《私营企业管理暂行条例》颁行，同年山东省也出台了个体私营经济管理有关规定。随着党和国家、省委、省政府发展非公有制经济一系列方针政策的颁布实施，1987 ~ 1991 年，山东省个体私营经济全面复苏。全省个体工商户以年均 7.4% 的速度稳步递增。到 1991 年底，全省个体工商户发展到 132 万户，从业人员 249 万人，比 1982 年底分别增长306.8% 和 522.5%；私营企业从无到有，迅速发展到 6868 户，从业人员达11.7 万。这一阶段，山东省的非公有制经济打破了单一个体经济的格局，私营企业开始兴起，并向第二产业广泛延伸，呈现出初步繁荣的局面。

3. 快速扩张阶段（1992 ~ 1997 年）

1992 年春天邓小平南方谈话结束了长期困扰人们思想的在计划与市场问题上的争论，极大地优化了非公有制经济发展的舆论环境。同年 10 月，党的十四大明确提出把"建立和完善社会主义市场经济体制"作为我国经济体制改革的目标。1993 年 11 月，党的十四届三中全会进一步强调："坚持以公有制为主体、多种经济成分共同发展的方针。在积极促进国有经济和集体经济发展的同时，鼓励个体、私营、外资经济的发展，并依法加强管理。国家要为各种所有制经济平等参与市场竞争创造条件，对各类企业一视同仁"。1993 年，山东省政府首次召开全省个体私营经济工作会议。1994 年，省政府又相继出台了《山东省私营企业管理暂行条例》（鲁政发〔1994〕71 号）和《关于进一步鼓励个体私营经济发展的通知》（鲁政发〔1994〕90 号）。特别是 1997年，党的十五大明确提出非公有制经济是我国社会主义市场经济的重要组成部分，将其纳入我国社会主义初级阶段的基本经济制度，山东省各级党委、政府进一步加大了对个体私营经济的重视程度和支持力度，省政府发出《关于加快个体私营经济发展的通知》（鲁政发〔1997〕106号），省委、省政府召开全省个体私营经济工作电视会议，隆重表彰了一批个体私营经济工作先进集体和个人。党的一系列理论创新以及山东省的政策措施，彻底消除了个体私营业主的疑虑，从根本上调动了广大非公有制经济人士的积极性，山东省个体私营经济初步实现了由拾遗补阙向重要经济增长点、由限制发展向鼓励扶持发展、由部门行为向政府行为的转变，步入了总量快速扩张的发展阶段。这一阶段，全省个体工商户年均增长11.3%，比上五年（1987～1991年）年均增幅提高3.9个百分点；私营企业更是以年均42.8%的增幅快速发展，成为新中国成立以来非公有制经济发展最快、最好的时期，彰显了非公有制经济的巨大生机和活力。同时，一些机关公务员、国有企事业单位工作人员和高校毕业生"下海"经商创业，扩大和优化了非公有制经济人士队伍。不少私营企业积极参与国家经济体制改革，围绕国家经济发展战略积极调整产业结构、建立现代企业制度、提高经营管理水平，探索以劳动者的劳动联合和资本联合为主的股份合作制形式，促使山东省个体私营经济在总量扩张的同时实现素质提升。

4. 又快又好阶段（1998～2002年）

党的十五大报告和1998年的宪法修正案，把非公有制经济纳入我国基本经济制度，实现了由"有益补充"到"重要组成部分"的转变，山东省的非公有制经济进入了一个崭新的发展阶段。这个阶段是历年来省委、省政府重视程度最高、支持力度最大，个体私营经济又快又好发展的黄金时期。1998年，省政府召开了全省个体私营经济经验交流会议；1999年，省委、省政府制定出台了《关于加快全省个体经济、私营经济发展的决定》（鲁发〔1999〕22号）；2000年，省人大常委会通过并颁布了《山东省私营企业和个体工商户权益保护条例》；2001年，省政府出台了《关于进一步加快民营经济发展的意见》（鲁政发〔2001〕85号），可以说是年年都有新举措，而且在政策措施上每次都有新突破。2002年是山东省非公有制经济发展史上具有里程碑意义的一年。省委、省政府明确提出，外经外贸、高新技术、民营经济是山东经济发展的"三个亮点"。2002年初，省委、省政府召开了历年来规格最高、规模最大的全省民营经济工作会议，时任省委书记吴官正、省长张高丽出席会议并做重要讲话，会议以省委、省政府名义出台了《关于进一步加快民营经济发展的决定》（鲁发〔2002〕3号）。会后，全省各地迅速掀起了发展个体私营经济的热潮，推动山东省非公有制经济发展迈上了一个新的台阶。2002年，全省个体私营经济组织发展到163.7万户，比上年增长8.4%，其中私营企业17.6万户，增长21.59%，全年新登记私营企业4.8万户，增长22.8%，平均每天登记133户；个体私营经济组织从业人员达551万人，增长12.44%；注册资金1579亿元，增长39.7%，其中私营企业注册资金达1371亿元，增长44.1%；实缴税金99.3亿元，增长24.11%；实现营业收入10721亿元，增长32.88%；完成增加值3070亿元，增长24.64%。非公有制经济增加值占全省GDP的比重由上年的32.6%提高到36.5%。这一阶段，在总体实力增强的同时，山东省非公有制经济产业结构进一步优化，第三产业比重上升；科技型民营企业发展迅速，并形成一定规模；外贸出口增长势头良好，外向型企业队伍不断壮大，全省民营出口企业达1900多家，其中取得进出口资格的达1467家；由产权的单一制向混合制发展，有限责任公司成为私营企业的主要组织形式；特色经济发展较快，载体建设收效明显；东西部发展各具特色；非公有制经济人士队伍构成日趋优化。

5. 转型升级阶段（2003年至今）

2003年以来，我国非公有制经济发展的内外环境出现了重大变化。第一，国家促进非公有制经济发展的制度保障体系基本形成。全国人大十届二次会议通过的宪法修正案从法律上确立了非公有制经济人士的"建设者"地位，完善了保护合法私有财产的法律规定；党的十六届四中全会创新并丰富了促进非公有制经济发展的有关政策，把"正确处理坚持公有制为主体和促进非公有制经济发展的关系"作为党驾驭市场经济能力需要解决的首要问题和经济体制改革中根本性、全局性的问题；2005年初，国务院制定并颁发了《关于鼓励支持和引导个体经营等非公有制经济发展的若干意见》（即"非公经济36条"）。第二，科学发展观成为包括非公有制经济在内的各种经济成分健康发展的理论基础和行动指南。第三，国家实行的宏观调控政策对非公有制经济发展产生了积极而深远的影响。非公有制企业开始调整发展模式，同时更加注重增强大局意识和履行社会责任。第四，国内外经济日益复杂多变的竞争态势，促使成长型非公有制企业把练好内功作为企业发展的长远大计。山东省许多非公有制企业审时度势，开始加快产品、产业、投资、组织和市场结构调整，注意克服高投入、低产出、高增长、低效益、盲目扩张的问题；在经营方式上从粗放型向集约型转变，在组织形式上从传统型向现代型转变，在产业层次上从低级向高级转变，在经营理念上由无序竞争向有序竞争、分工协作、合作共赢转变；注意加强企业内部管理，提升科学管理水平，转型升级、科学发展成为山东省非公有制经济发展的主旋律。2003～2007年与上五年（1998～2002年）相比较，虽然增速出现回落，但发展质量明显提升，总体上保持了持续增长的发展态势。截至2007年底，全省个体私营经济组织达217.8万户，从业人员922.6万人，注册资金6620.4亿元，同比分别增长2.3%、3.13%和17.1%。全省非公有制经济增加值占全省GDP的比重达54.1%，比上年提高2.1个百分点，实现税收占全省税收总额的64%，比上年增加6个百分点。2008年，国际金融危机给山东省非公有制经济发展造成严重冲击和负面影响，全省广大非公有制经济人士在省委、省政府的坚定领导下，迎难而上、积极应对、共克时艰，全省经济到2009年就出现了企稳回升、逐步向好的局面。2009年，全省新登记私营企业8.7万户、个体工商户51.9万户，截至年底个体私营经济组织达262.8万户，从业人员1039.7万人，注册资金9962.7亿元，同比分别增长14.77%、14.13%和22%。2010年8月，在全省上下认真学习贯彻省委九届十次全会通过的《关于加快经济发展方式转变若干重要问题的意见》，加快转方式、调结构，确保经济社会平稳较快发展的关键时期，省委、省政府召开了全省促进民营经济发展大会，总结2002年以来全省民营经济发展情况，研究部署下步民营经济发展工作。会议隆重表彰了全省个体私营经济践行科学发展观示范企业和带头人，4个市县、有关省直部门和企业做了大会发言。同时，成立了全省促进民营经济发展工作领导小组，以省政府名义下发了《关于促进民营经济加快发展的意见》（鲁政发〔2010〕76号），在全省上下营造了发展非公有制经济的良好氛围。"十一五"期间，山东省个体私营经济组织数量始终保持稳中有升的持续增长态势，私营企业和个体工商户年均分别增长3.8万户和14.2万户。特别是"十一五"规划收官之年即2010年，是省委、省政府对非公有制经济发展出台政策最多、支持力度最大，山东省非公有制经济转方式、调结构、迈出重要步伐、发展又好又快的一年。全省新登记私营企业 10.3 万户、个体工商户 48.6 万户，同比分别增长 18.3% 和 20.1%。到 2010 年底，全省个体私营经济组织发展到 292.8 万户，从业人员达 1185 万人，注册资金 13257.4 亿元，同比分别增长 11.4%、13.9% 和 41.6%，比"十五"末分别增长 46.2%、46.5% 和 195.8%。其中，私营企业达 53 万户，从业人员 647.7 万人，注册资金 12409.3 亿元，同比分别增长 12.5%、13% 和 33.5%。全省私营企业注册资金总额首次突破万亿元大关，增幅比上年同期提高 11.8 个百分点。私营企业在全省各类经济中的比重进一步加大。2010 年，全省国有集体性质企业、外资企业期末实有户数和本期登记户数均呈下降趋势，年末全省实有各类企业 68.9 万户，注册资金 28724.5 亿元，私营企业所占比重分别为 77% 和 43.2%，比上年分别高出 2.7 和 4.2 个百分点，成为全省经济发展中最具活力的有生力量。

二 山东省非公有制经济发展的现状和主要贡献

（一）当前山东省非公有制经济发展的基本情况

进入"十二五"时期，省委、省政府把加快发展非公有制经济作为重要内容，纳入了山东省"十二五"规划，明确提出了力争非公有制经济比重每年提高 2 个百分点以上的发展目标。全省非公有制企业牢牢把握主题主线，更加注重自主创新、技术改造、节能减排、品牌打造、发展实体经济和新兴产业，努力向"专、精、特、新"方向发展，涌现出了一批行业龙头企业，形成了一批以龙头企业为引领、以重点产业和产品为链条、非公有制企业紧密配合的产业集群，不仅总量持续增长，而且发展的质量和效益大为提高，在加快经济发展方式转变、争创山东发展新优势、实现经济文化强省新跨越的征程中发挥了重要生力军作用。

"十二五"规划开局之年（2011 年），山东省非公有制经济承接和保持了"十一五"末又好又快的良好发展势头。一是总量稳步扩张。截至 2011 年底，全省各类非公有制经济市场主体达 325.1 万户，其中私营企业 59.8 万户，个体工商户 259.6 万户，同比分别增长 12.7% 和 8.3%。二是注册资金增幅远高于注册户数增幅。2011 年末私营企业注册资金达 15865.6 亿元，个体工商户注册资金 964.8 亿元，同比分别增长 27.9% 和 13.8%，比注册户数增幅分别高出 15.2 和 5.5 个百分点。三是在各类经济中的比重进一步提升。2011 年全省国有集体经济、外资经济市场主体户数、新登记户数仍呈减少态势，年末全省各种所有制市场主体为 340.3 万户，注册资金 35700.7 亿元，其中非公有制经济市场主体持续上扬，分别占到各类市场主体总数和注册资金的 95.9% 和 49.1%，所占比重比上年底分别提高 0.5 和 6 个百分点。四是投资热点继续向第三产业转移。全省一、二、三产业非公有制经济市场主体户数和新登记户数均呈增长趋势，但明显向第三产业倾斜，第三产业所占比重再创新高。三次产业非公有制经济比重为 3.1∶14.1∶82.8，新登记户数三次产业比重为 3.9∶10.3∶85.8，服务业成为非公有制经济投资热点，非公有制经济产业结构进一步优化。值得注意的是，在国家强力调控政策影响下，山东省房地产投资过热倾向得到有效遏制，2011 年新登记房地产业私营企业 4582 户，同比下降 4%。

2012 年，面对复杂的国内外经济形势，山东省非公有制经济在严峻挑战面前继续展现出蓬勃的生机和活力，保持了一定发展速度和较高发展质量。但受外部环境困难增多和国内经济下行压力加大等不利因素影响，全省非公有制经济市场主体增速趋缓，出现了回调势头。

（1）市场主体总量持续稳步增长，日益成为带动和促进各类市场主体持续发展的生力军。截至 2012 年底，全省实有各类市场主体 367.9 万户、注册资金 41379.1 亿元，其中非公有制经济市场主体为 352.7 万户、注册资金 21237.3 亿元，分别占总量的 95.9% 和 51.3%，同比分别增长 8.5% 和 21.2%。

（2）转型升级步伐加快，三大产业结构进一步优化。2012 年，全省一、二、三产业非公有制经济市场主体实有户数和资金结构分别为 3.5∶13.5∶83 和 6.9∶35.6∶57.5。现代农业和现代服务业发展势头强劲，第一、第三产业比重增加。由于第二产业受经济形势冲击较大，部分主营业务突出、效益良好的二产非公有制企业采取独资、参股等形式，剥离三产业务创办三产企业，第二产业比重呈明显下降趋势。

（3）涉农市场主体发展迅速，新登记户数和注册资金呈现出逆势增长的可喜局面。2012 年，全省第二、第三产业非公有制经济组织新登记户数降幅较大，而第一产业非公有制经济组织新登记户数和注册资金却逆势上扬，凸现出新的发展优势。2012年全省新登记涉及农、林、牧、副、渔业的私营企业2547户、个体工商户8364户，同比分别增长15.7%和12%；户均注册资金分别达到257.2万元和28.6万元，远远高于二、三产业。

（4）成为"蓝黄"两区和区域协调发展新引擎，对促进两区建设和区域协调发展起到重要支撑和积极推进作用。截至2012年底，山东半岛蓝色经济区实有私营企业和个体工商户分别占全省的50.3%和39.4%，黄河三角洲高效生态经济区实有私营企业和个体工商户分别占全省的9.1%和8.9%。非公有制经济市场主体数量居全省前三位的依次是青岛（46.6万户）、潍坊（37.6万户）、临沂（31万户），同比增长速度居全省前三位的依次是聊城（15.7%）、滨州（15.4%）和济宁（11.3%），潍坊、德州、临沂、菏泽的增长速度也均高于全省非公有制经济8.5%的平均水平。

（5）从业人员队伍持续壮大，就业主渠道作用日益突出。据人力资源和社会保障部门统计，2012年，全省实现城镇新增就业115.3万人，转移农村劳动力129.4万人。同年全省新登记私营企业和个体工商户从业人员为191.7万人，对就业的贡献率约为78.3%。

（6）新登记非公有制经济组织增速趋缓，民间投资活跃度有所下降。2012年，受国内外复杂经济形势影响，投资信心不足的问题十分突出，民间投资活跃度明显降低。该年全省非公有制经济市场主体增速趋缓，新登记非公有制经济市场主体55.7万户，注册资金2705.5亿元，同比分别下降5.6%和11.5%。以民间投资最为集中的私营企业为例，2012年全省新登记私营企业10.7万户，同比下降7.5%，比2011年净减少8627户；新登记私营企业注册资金2096亿元，同比下降17.7%，比2011年净减少451.3亿元。按企业数量和注册资金计算的私营企业投资活跃度分别为16.2%和11%，远低于2010年的水平，比2008年还低1.4和2.7个百分点。

令人振奋的是，2013年，在国家一系列稳增长政策和全省营造国内领先营商环境的努力推动下，全省民间资本十分活跃，一举扭转了2010年以来新登记数量下降的局面。到2013年底，全省实有各类市场主体达到412.6万户，实有注册资本金49768.6亿元，同比分别增长12.1%和20.7%。2013年全省新登记市场主体 69 万户，注册资金 5741.7 亿元，同比分别增长 22% 和 46.1%，均创历史最好水平。其中，6～12 月份，全省新登记市场主体 46.1 万户，注册资金 3776.7 亿元，同比分别增长 35.6% 和 56%，增幅比 1～5 月份分别提高了 34.2 和 25.8 个百分点，呈现加速发展的良好态势。

（二）山东省非公有制经济对经济社会发展的贡献

改革开放 30 多年来，山东省非公有制经济不断发展壮大，已成为改革开放的一个重要标志、中国特色社会主义的重要特征、实现中华民族伟大复兴中国梦的重要推动力量，为推进全省经济社会发展、加快经济文化强省建设做出了积极贡献。

（1）对市场主体和注册资金总量的贡献。非公有制经济作为新的重要增长极，已成为山东省各类市场主体的主力军和最具活力的成分。2013 年，全省新登记非公有制市场主体 68.1 万户，注册资金 3976.5 亿元，同比分别增长 22.2% 和 47%，占新登记市场主体和注册资金总量的 98.7% 和 69.3%。到年底，全省实有非公有制经济市场主体 397.4 万户，注册资金 27201.3 亿元，同比分别增长 12.7% 和 28.1%，占市场主体和注册资金总量的 96.3% 和 54.7%，同比上升了 0.5 和 3.2 个百分点。

（2）对经济增长的贡献。非公有制经济已成为山东省国民经济的重要组成部分和经济增长的重要支撑力量。除国有及国有控股以外的广义的非公有制经济占 GDP 的比重已超过 50%，其中个体私营经济已经占到 40% 以上。山东省经济发展的增量部分，有一半以上来自非公有制经济。2012 年山东省非公有制经济增加值占全省 GDP 的比重达 54.7%，其中个体私营经济增加值占 GDP 的比重达 43.9%。

（3）对企业技术创新的贡献。非公有制经济已成为山东省企业技术创新的助推器。2009 年、2010 年山东省向国家争取的 400 多个重点产业技术改造项目中，90% 以上的属于非公有制企业技术改造项目。目前这批项目大部分已建成投产，其他项目也正在抓紧建设。另有 40 多家非公有制企业的新能源产业化项目获得省级资金支持。省工商联调研数据显示，2012 年底入围的 270 家上规模（年营业收入 5 亿元以上）非公有制企业中，被省级以上科技管理部门认定为高新技术企业的有143家；持有专利的企业189家，拥有专利9575项，其中有效发明专利1722项；获得政府科技资金支持的企业153家，资金总额12.4亿元；获得各种科技奖励的企业65家，获得2012年国家科技进步奖14项、省科技进步奖45项、全国工商联科技进步奖6项；有37家企业牵头制定国际、国家或行业标准，86家企业参与制定国际、国家或行业标准。

（4）对就业的贡献。非公有制经济已成为山东省增加就业的主要渠道。截至2012年底，全省个体私营经济组织从业人员达1375万人，平均每户私营企业吸纳11.4人就业，平均每个个体工商户吸纳2.2人就业。据有关部门统计，广义的非公有制经济就业贡献率达90%以上，个体私营经济就业贡献率在80%左右。省工商联会同省人力资源和社会保障厅开展的"民企招聘周"活动，累计为高校毕业生提供就业岗位超过82.9万个。

（5）对财政收入的贡献。非公有制经济已成为山东省财政收入的重要来源。2012年全省270家上规模非公有制企业，纳税总额达511.4亿元，户均纳税1.89亿元，同比增长36.3%。2013年，全省个体私营经济组织纳税1315.3亿元，其中国税604.3亿元，地税711亿元。

（6）对对外贸易的贡献。随着"走出去"战略的实施，非公有制经济已成为山东省对外贸易的生力军。在全省已核准的2800多家境外企业中非公有制企业占半数以上，具有经营资格的162家外派劳务企业中非公有制企业超过90%，212家具有海外承包工程资质的企业中非公有制企业占10%。非公有制企业"走出去"已涵盖境外投资、工程承包、劳务合作等多个领域，涉及资源开发、纺织服装、电子电器、机械设备、食品加工等多个产业。2013年，山东省非公有制企业对外贸易保持快速发展势头，进出口增长19.2%，占全省比重达到51%，比上年提高4.5个百分点。

（7）对新农村建设的贡献。非公有制经济已成为山东省助推新农村建设的有生力量。在省委统战部、省工商联组织开展的"民企帮村"活动中，全省参与帮扶的非公有制企业达13468家，帮扶村庄9728个，其中结对帮扶4422个；在农村新建生产基地2385个，辐射4426个自然村，带动当地农民增收53.1亿元；新上项目4442个，总投资57亿元，转移农村剩余劳动力46万人；企业义务派出员工1962人到1542个村担任村干部并提供物质支持，其中192人当选为村支部书记或村委会主任。同时积极捐建光彩小学、敬老院、卫生室、文化室，修路架桥，打井引水，总投资达8亿多元；资助特困户27141家，特困生25320人次，捐助总额达1.5亿多元。

（8）对城乡居民增收的贡献。非公有制经济是城乡居民获得工资性收入和资本收入的源泉，改革开放以来山东省城乡居民家庭收入普遍较大幅度增加的一个主要原因就是非公有制经济的健康快速发展。截至2012年底，全省有私营企业66.05万户，户均注册资金288.1万元；个体工商户279.56万户，户均注册资金4.17万元。私营企业和个体工商户出资者419.5万人，再加上私营企业的高层管理人员和技术人员，可见有许多家庭过上了富裕和比较富裕的生活，这为让更多群众拥有财产性收入提供了重要保证。

（9）对社会公益事业的贡献。非公有制企业履行社会责任的自觉性不断增强，在做好自身企业的同时积极参与光彩事业和社会公益事业。近10年来，全省累计实施光彩事业项目4289个，到位资金131.62亿元，安排就业人员62.16万人，培训50.39人次，帮助64.67万人摆脱了贫困。全省非公有制经济人士累计为抗震救灾、筑路架桥、扶危济困、捐资助学等社会公益事业捐款捐物达33.74亿元。

（10）对人才队伍建设的贡献。随着非公有制经济的持续健康快速发展，山东省非公有制经济代表人士队伍不断发展壮大。截至2013年底，全省共有工商联会员184782个，其中企业会员115699个，占会员总数的62.6%；全省县级以上工商联执委14693人，其中企业家执委11928人，占执委总数的81.18%；全省工商联会员中担任县级以上人大代表、政协委员的有9723人，涌现出了500多名全国和省级优秀中国特色社会主义事业建设者。总体上看，这支队伍经济实力强、政治觉悟高、个人素质好、思想稳定、积极可靠，是推进经济文化强省建设、实现中华民族伟大复兴中国梦的重要依靠力量。

从深层次上说，没有市场经济体制改革，就没有非公有制经济恢复、发展、壮大的体制基础，而非公有制经济又推动和强化了市场经济体制改革。第一，非公有制经济具有天然的市场经济特征，是推动社会主义市场化改革的重要力量；第二，非公有制经济组织具有灵活的经营机制，按照市场方式参与经济活动，为市场经济的发展起到了示范效应；第三，非公有制经济本身在物质

文明建设中发挥重大作用的同时，也成为衡量我国市场化进程的重要指标；第四，非公有制经济的发展为冲破传统计划经济观念，促进社会主义市场经济体制的建立发挥了不可替代的作用，特别是影响和改变了人们的财富观念；第五，非公有制经济促进了劳动力资源的合理流动，对我国加速户籍改革、促进生产要素流动起到了催化作用。

三 山东省非公有制经济发展存在的主要问题及原因分析

（一）与苏浙粤三省的差距

山东省发展非公有制经济有着良好的禀赋条件和坚实的基础，近年来也一直保持了稳中有升的持续增长态势，但从全国视角加以审视，有两点需要我们高度注意。一是与个体私营经济增速领先的西部地区省份和发展提速的中部地区省份相比较，山东省增速趋缓的问题十分突出，而且一些重要指标低于全国平均水平。以私营企业为例，截至2012年底，山东省私营企业为66.05万户，比上年增长10.5%，但比贵州、重庆、广西、青海、西藏同期增速分别低41.6、17.5、15.1、14.3和11.5个百分点，比全国增速低1.7个百分点。从注册资金情况看，截至2012年底，山东省私营企业实有注册资金19026亿元，比上年增长19.9%，但比全国增幅低11.2个百分点；户均注册资金虽然略高于全国平均水平（全国户均286.4万元，山东省为288.1万元），但增长率比黑龙江、青海、新疆分别低42.4、17.6和15.9个百分点。二是尽管山东省处于全国非公有制经济发展的"第一方阵"，但与同处东部地区的非公有制经济发展先进省份（如广东、江苏、浙江）相比，非公有制经济的发展无论是数量还是质量，都还存在差距。2012年，山东省实现地区生产总值50013.24亿元，位居全国第三。但在人均GDP方面，江苏为68438.52元，浙江为63346.7元，广东为54324.53元，而山东为51895.49元，远低于苏浙粤三省。

山东省非公有制经济与苏浙粤三省的差距主要表现在以下几个方面。

（1）市场主体户数偏少。与苏浙粤相比，山东省非公有制经济市场主体户数偏低。截至2012年底，山东省私营企业、个体工商户有345.7万户，虽略高于浙江的 344 万户，但远低于广东的 487.52 万户和江苏的 484.1 万户。私营企业分别比江苏、广东、浙江少 65.24 万户、59.57 万户和 11.48 万户。如果按人均计算，山东省差距更为明显。江苏、浙江、广东平均每万人拥有私人企业分别为 155 户、139 户和 117 户，分别是山东省的 2.28、2.04 和 1.72 倍。个体工商户分别比广东、江苏少 64.36 万户和 55.21 万户。2013 年，尽管山东省市场主体增势强劲，但总量仍然偏少。山东省平均每万人拥有市场主体 426 户，不仅远低于江苏的 695.8 户、浙江的 680.7 户、广东的 549.7 户，而且低于全国 447.7 户的平均水平。山东省私营企业仅相当于广东、江苏、浙江的 49.3%、51.9% 和 80.5%，2013 年新登记私营企业仅相当于广东、江苏、浙江的 40.5%、55.1% 和 69.8%。

（2）资本实力不强。比较 2012 年末四省私营企业注册资金总额，江苏为 4.23 万亿元，广东为 3.07 万亿元，浙江为 2.33 万亿元，而山东省为 1.9 万亿元，分别比江苏、广东、浙江少 2.33 万亿、1.17 万亿和 0.43 万亿元。个体工商户注册资金分别比江苏、浙江少 2058.89 亿元和 275.72 亿元。2013 年，山东省新登记市场主体注册资金与全国 49.2% 的增幅相比，低了 3.1 个百分点，仅相当于广东、江苏、浙江的 42.9%、51.3% 和 89.3%。全国工商联发布的"2013 中国民营企业 500 强"榜单中，山东省入围企业 54 家，远远少于浙江的 139 家和江苏的 93 家。另据《2011 年度全国工商联上规模民营企业调研分析报告》，山东省上规模民营企业 252 家，分别比浙江、江苏少 679 家和 653 家，资产和营业收入总额分别比浙江低 17976.77 亿和 21853.56 亿元，比江苏低 17370.76 亿和 21534.15 亿元。

（3）从业人员数量较少。截至 2012 年底，山东省个体私营经济组织从业人员（含投资者和雇工人数）为 1375.01 万人，分别比江苏、广东、浙江少 857.87 万、433.93 万和 171.21 万人。其中，私营企业投资者总数为 139.91 万人，分别比江苏、广东、浙江少 193.31 万、101.34 万和 21.95 万人；雇工人数为 615.5 万人，分别比江苏、广东、浙江少 813.73 万、241.02 万和 209.54 万人。

（4）占 GDP 比重偏低。早在 2009 年，浙江省非公有制经济增加值就已占到全省 GDP 的 73.6%；2012 年江苏省非公有制经济增加值占全省 GDP 的比重

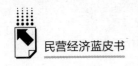

达到 66.7%，而山东省的这一数值为 54.7%，分别比浙江（2009 年水平）、江苏低 18.9 和 12 个百分点。

（5）外向度不高。2012 年四省非公有制企业出口总额，山东省为 558.7 亿美元，而广东为 1815.3 亿美元，浙江为 1409.4 亿美元，江苏为 964.4 亿美元，分别比我省高 1256.6 亿、850.7 亿和 405.7 亿美元；山东省非公有制企业出口额同比增长率为 16.5%，低于 21% 的全国平均水平。非公有制企业进口总额，山东省为 573.4 亿美元，虽然高于江苏的 496.5 亿美元和浙江的 385.5 亿美元，但与广东相比少 482.4 亿美元，同比增长率比江苏低 7.7 个百分点。

（6）转型升级、创新能力不强。截至 2012 年末，山东省民营企业上市公司为 86 家，注册资金为 1698.3 亿元，上市公司数量比广东、浙江、江苏分别少 146 家、107 家和 74 家，注册资金总额分别少 2916.8 亿、2848.9 亿和 2716.6 亿元。同比增长率虽然高于广东、浙江、江苏，但远低于山西、吉林、黑龙江、云南、内蒙古、湖北等中西部省区，比上述六省区平均增长率低 23.27 个百分点。全国工商联发布的 2011 年底全国民营企业 500 强数据显示，各省区入围企业进入战略性新兴产业的，浙江有 34 家，江苏有 29 家，山东省只有 14 家。山东省非公有制企业创新实力也远低于浙江和江苏。

（二）原因分析

1. 思想观念不够解放

与非公有制经济强省相比，山东省加快发展非公有制经济的全民意识有待提高。特别是有的领导干部思想认识还不够到位，发展非公有制经济的态度还不够坚定。主要表现在以下方面。

（1）重视国有企业，轻视非公有制企业。由于山东省国有经济比重大，国有大中型企业发展历史长、数量多，一些领导倚重国有经济而轻慢非公有制经济的观念形成惯性思维，往往对国有企业在政策上给予特殊待遇，在业务上给予特殊支持。例如，在有关部门、单位组织的图书目录评审工作中，向国有出版单位倾斜的现象比较明显。山东省在进行农家书屋、图书馆配置等政府采购招投标工作中，也存在重国有、轻民营的情况，导致民营书业无法公平参与竞争。有的非公经济代表人士说，"现在环境比以前有很大进步，但感觉国家对国有企业的支持在加大，而民营企业的生存环境受到挤压"。例如，"在市场准入和公平竞争方面，民营出版业面临一些不公正待遇，有关部门对教辅书籍进行目录管理，实际上把民营企业排斥在外"。再如，"民营医院与公立医院还存在很多不平等，2010 年 11 月，国务院办公厅转发的国家四部委《关于进一步鼓励和引导社会资本举办医疗机构的意见》至今还没有得到完全落实"。

（2）部分领导干部存在"惧私"心理。他们与国有企业管理者交往时没有心理压力，与非公有制经济人士交往或支持非公有制经济发展时往往担心人们怀疑营私舞弊。调研中有的企业家说，"现在一方面有的企业不愿求人，另一方面不少官员对支持民营企业还有顾虑，怕沾了民营企业就是蹚了浑水"；"当前最主要的问题是，党委、政府对国企、民企不能同等对待，这不光体现在政策上，更重要的是体现在观念上。现在不少政府官员一说是非公有制企业就不敢接触，应从根本上解决这个观念问题，提出国民待遇最重要的是观念上的国民待遇。党委、政府一方面要引导企业遵纪守法，同时又要引导官员对国企、民企一视同仁"。从调查问卷看，46% 的企业家认为"对民间投资存在所有制歧视"。在这种情况下，很多民营企业家通过多种方式寻求保护和支持，如争当党代表、人大代表、政协委员等，以期赢得社会的尊重和业务上的支持。

（3）重视大型企业，忽视小微企业。不少中小企业反映，一些地方政府领导注重抓能够"强市""强县"的大企业、大项目，在政策、资源、服务方面向大企业倾斜。在政治安排、进行表彰时，一般都注重企业规模，以资产论英雄，很少考虑到企业竞争力强、企业家素质高的中小企业。有的非公经济人士反映，"民营企业的地位比以前高了，大企业更受到党委、政府重视，但小微企业得到的关心和扶持还不够，许多小微企业感到迷茫"。

（4）重视非公有制经济发展，但对非公有制经济人士关心不够。一些地方领导在谋划非公有制经济工作时，往往强调经济增长指标，不重视思想政治引导工作，对待工商联工作，也是片面强调工商联的经济性，削弱或淡化工商联的统战性。尤其是一些基层党委、政府，几乎把工商联当成了招商引资专门机构，把经济服务工作作为工商联主要考核指标。目前，由于对非公有制经济

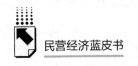

人士在工商联的安排不到位，一些已经加入工商联组织但未能得到妥善安排的非公有制经济人士意图另外寻求好的安排。

2. 非公有制经济发展政策环境尚不尽如人意

近年来山东省出台了一系列鼓励和支持非公有制经济发展的政策措施，但落实效果欠佳。主要问题如下。

（1）政策体系不够完善。缺乏具体的实施细则，导致很多政策只能是"雾里看花"。有的政策虽有细则但不明确、不具体，可操作性不强。问卷调查显示，64%的民营企业家认为民间投资遭遇"玻璃门""弹簧门"现象的主要原因是"政策缺乏可操作性，难以落地"。

（2）政策支持力度不大。对比浙江省在减税减负、政府采购、人才支持、土地保障、项目立项等方面的相关政策，山东省步子迈得不够大。例如，在省委、省政府的推动下，山东省设立的中小企业发展专项资金从数千万元增长到1.3亿元，但据了解仍远远少于广东、江苏，经济总量低于山东省的山西也已达到6亿元。

（3）有的政策调整不够及时。例如，有的融资性担保公司反映，《山东省融资性担保公司管理暂行办法》第四十三条规定，融资性担保公司以自有资金进行投资限于国债、金融债券及大型企业债务融资工具等信用等级较高的固定收益类金融产品，以及不存在利益冲突且总额不高于净资产20%的其他投资。这一规定标准过低，导致很多公司屡碰政策红线。

（4）政策执行不够到位。有的重大决策执行、措施不够到位，导致政令不畅，出现"中梗阻"现象。有的政策设定了较高的资金、资质门槛，形成"玻璃门"，把民间投资者挡在门外；有的政策不完善，形成"弹簧门"，使新进入的民间投资者进退两难；有些条款涉及多个部门，在具体执行过程中易出现多头管理的"旋转门"现象。由于缺乏监督和协调推进机制，导致有的政策打折扣，有的不能落地。

3. 服务非公有制经济发展的营商环境有待进一步优化

调查问卷显示，50%的企业表示对当前企业发展的外部环境满意。尽管全省各级党委、政府重视和支持非公有制经济发展，但非公有制企业普遍感觉是口头上很支持，行动上不落实，主要领导重视，办事人员轻视。主要表现如下。

（1）服务意识不够强。有的政府部门服务工作不够脚踏实地。有的还秉持以监管代替服务、以收费代替管理的旧观念，缺少主动服务民营企业的意识。有的企业反映，"当前政府给行政部门官员的权力太大，尤其是像管认证、管资质等的要害部门，服务的少，挑刺的多"。

（2）办事效率不够高。项目审批特别是新开工项目审批环节多、办理手续复杂、审批时间长。不少企业反映，一个建设项目从立项到最终建成，仅发改委、安监、环保、地震、气象、水利等主管部门要求提供的由中介机构出具的各类评估（评价）报告就有十几项，过于细碎烦琐，也给企业带来巨大的经济负担。另外，在项目许可审批过程中，各主管部门要求提供的很多审批材料互为前置，导致企业无所适从。一些事项没有法定审批时间，什么时间批了都行，没有责任追究。由于审批效率低，企业错过了最佳发展时机。有的企业家反映，"这几年感觉政府越来越强大，民营企业想做事比前几年更难。如果一个项目一年投不了产，就错过了机会，有的甚至是在国际上失去了竞争机会"。

（3）执法行为不当。企业管理部门对实体经济的管理过于混乱，各种收费、检查、培训仍然过多，致使部分实体经济的实际运营成本增加。有的非公经济代表人士反映，"现在政府太强势，管得太多，有些管得不正常或不该管"。还有的"感觉现存的主要问题是有法不依情况比较严重。很多时候领导一句话就可以决定一件事，政府一个会就可以否定一件事，建议要加强依法行政"。问卷调查显示，57%的企业反映，当前企业发展遇到的最主要的困难是"税费负担重"。有的小额贷款公司反映，"政策规定必须由社会评级机构评级后再予年检，评级费用为2万元，收费过高"。有的企业反映，"消防培训要求一个企业派5人参加，每人收费1200元，收费不合理"。也有企业反映，"个别部门指定由与它相关联的中介机构为企业服务，收费远远高于社会上其他中介机构"。

4. 非公有制企业面临的法治环境有待改善

调查问卷显示，43%的企业家认为当前法治环境一般，8%的企业表示不满意。主要问题如下。

（1）产权保护不到位。问卷调查显示，28%的企业家表示，他们熟悉的企业家已经移民或打算移民。62%的企业家认为移民的原因是"怕政策变，出于财产安全的需要。"有的非公代表人士说："现在社会上对民营企业和企业家还是有歧视的，这在财产保护和贷款等方面比较突出"。

（2）司法不公现象依然存在。审理经济纠纷案件中存在司法不公、司法腐败现象。在司法执法，尤其是跨省、市、县的案件执行过程中，人情案、地方保护主义屡禁不止，执行力度差。

（3）个别法律条款约束不对称。《劳动合同法》过分强调对企业的约束，而不约束员工的行为，对企业和员工双方的权责形成不公平对待。企业普遍反映，由于政策规定不合理，员工流动性太大，有的辞职员工侵犯企业的知识产权，影响企业的正常生产经营，企业成了用工的弱势群体。有的企业家认为，"经营中最困难的是人工成本增加太快，员工的要求越来越高，劳动合同只能约束企业，难以约束员工"。

5. 非公有制企业正面舆论氛围需要强化

非公有制经济对于繁荣城乡经济、增加财政收入、扩大社会就业、改善人民生活起到了不可替代的重要作用。但毋庸讳言，在经济体制改革过程中，一大批非公有制企业在初期不可避免地会有一些违规经营现象。对于这个发展过程，社会舆论还不够客观，也有个别新闻媒体、影视作品不是积极宣传民营企业家的地位和作用，而是夸大某些负面信息，将民营企业家与"贪""黑"联系在一起，甚至有的领导干部也这样认为。这助长了社会上某些人的"仇富"心理，不利于社会的和谐稳定。此外，虽然非公有制经济已在国民经济中占有举足轻重的地位，但由于长期在夹缝中生存，社会上很多人对非公有制企业的认识仍然是"不入主流""非正统"。民营企业家普遍反映，做企业没有得到应有的尊重和公平对待，事事求人，时时小心，处处为难。问卷调查显示，40%的企业家认为舆论环境一般。有的非公人士说，"民营企业渴望一种身份的认同，人们不愿到民营企业就业，民营企业家从某个角度讲也是弱势群体"。

6. 非公有制企业受垄断行业排挤

资源和市场垄断造成"弹簧门"，限制民营企业发展。调研显示，山东省民营企业在以下行业受限表现较为突出。

（1）石化行业。由于长期以来部门封锁、区域分割的管理体制，加上政策、法律、资金和技术上的壁垒，民营企业在油气行业的发展遇到不少困难。据山东省一家大型民营炼油企业反映，地方炼油企业一直不能获得原油进口资质，无法通过正常的市场渠道获得原油资源。原油供应紧张，企业一直处于"吃不饱"的状态，影响了企业现有产能的发挥，造成大量产能闲置浪费。没有原油进口资质，企业只能按原油内贸现款交易，面对国际油价频繁波动的形势，无法采取期货保值、锁价等经营手段有效规避油价波动风险，无法利用汇率与利率差降低原油采购成本，导致企业经营成本剧增。

（2）金融行业。融资问题是制约山东省非公有制经济发展的重要问题。据反映，山东省小额贷款公司有金融机构的定位，但暂时还享受不到某些金融政策。截至2013年底，山东省已批准设立小额贷款公司365家，其中约50%的小额贷款公司希望转成村镇银行。但按照银监会《小额贷款公司改制设立村镇银行暂行规定》的要求，村镇银行最大股东必须是银行业金融机构，且最大银行业金融机构股东持股比例不得低于村镇银行股本总额的20%。这也就意味着民资持股比例不多，无话语权，这是部分小额贷款公司转制积极性不高的主要原因，也是小额贷款公司改制为村镇银行的最大障碍。"在这种规定下，目前全国没有一家小额贷款公司转银行，因为都不愿意将控股权转手让给他人。"除股权问题外，小额贷款公司税负较重。与银行相比，小额贷款公司企业所得税税率为25%，营业税税率为5.5%，而银行则分别为12.5%和3%。截至2013年底，山东省已批准设立的365家小额贷款公司中，只有31家通过审批可以接入人民银行征信管理系统，91.5%的小额贷款公司还不能接入征信管理系统，无法对借款人和担保人的征信情况进行查询，不能全面了解和掌握其信用情况，增加了营业风险。

（3）文化出版行业。山东省一家民营文化企业，经过10多年的发展，已成为拥有出版物全国总发行权的大型民营出版发行企业，荣获中国新闻出版最高奖——出版政府奖，被省委宣传部、省财政厅、发改委联合认定为山东省重点文化企业，被省文化厅命名为山东省文化产业示范基地。即使是这样一家在全国民营书业综合排名第一的出版机构，也没有独立出版权（据了解，目前全国还没有一家民营企业享有独立出版权）。民营企业在出版图书时必须选择

与国有出版社合作。在教辅书推荐目录、图书采购招标等方面，也是国有出版社的图书更受益，民营出版企业很少受惠。

（4）医疗卫生行业。尽管国家没有明确规定不准民营企业进入医疗卫生行业，但民营医院在进入市场时遇到较多隐性壁垒。例如，国家明确规定民营医院在获得医保、新农合定点资质时与公立医院享有同等待遇，但在实际执行中，某些地区民营医院获得医保、公费医疗定点资格困难。在中小学生健康查体，部门组织公益科普宣传等时，明确规定不让民营医疗机构参与。据反映，1994年《医疗机构管理条例》实施以来，国家医疗机构标准已涵盖公立医疗机构的所有类别，但只有眼科、口腔、美容等少数类别适用于社会办机构，给审批医疗机构带来了障碍。还有人反映，在山东省地方药品零差率销售试点工作中，有的地方政府重点扶持县级公立医院和乡镇卫生院，而民营企业投资的医院则不在扶持范围内。

（5）基础设施。近年来，山东省放开对民营资本的限制，鼓励和引导民间资本进入基础设施领域，但在政策执行中民间资本投资基础设施项目仍然面临一些"玻璃门"。有的地方政府坚持要由国有企业承担基础设施建设，在项目挂牌交易时指定大型国有企业，有的则通过设置隐性门槛限制民营企业进入。山东省一家投资基础设施项目的民营企业负责人反映，整个市场的资源包括招投标都偏向于国企，民企只能在夹缝中生存。基础设施领域往往投资大、收益低、回报周期长，民间投资难以享受到国企在融资、政策性补贴、税收减免和政府注资等方面的优惠政策。民营企业即使参与市政项目，也常遇到各种困难和问题。

7. 非公有制企业发展受到内在因素制约

人才短缺、资金匮乏、创新乏力以及企业家本人发展激情不足，是制约非公有制企业发展的主要内在因素。

（1）招工难普遍存在，引进高端人才更难。非公有制企业存在人才结构性匮乏的问题。一方面，由于用工竞争日益激烈，劳动者可选择职业明显增多，部分劳动密集型企业招工日益艰难，特别是一线熟练工和技术人才严重短缺。有的企业反映，"生产一线工人来到公司后经过一系列的岗前培训，当能够胜任工作时又提出离职，人员流失严重"；另一方面，非公有制企业引进高端人才困难较大。"企业引进高端技术、管理人才时，出现不愿来、留不住的现象，原因主要是高新技术人才引进政策不够健全、城区生活环境与期望值相差较大"。调研中，有的企业负责人反映，企业急需引进的高层次金融、财务和外贸人才，一听说企业位于县级，就取消了意向。

（2）自有资金不足，融资渠道不畅。资金短缺是长期以来困扰和阻碍中小企业发展的突出问题。调研中了解到，超过70%的企业感到生产资金不足，中小企业特别是小微企业贷款需求满足率较低。由于小微企业规模小、自有资本少、可供抵押物不足、抗风险能力弱、财务制度不健全以及信用等级偏低等原因，金融机构对小微企业"惜贷"。近年来信贷规模缩减，致使小微企业的融资难度进一步加大。现在银行对小微企业的贷款利息普遍上浮50%。企业如果提前还款，要缴纳较大数额的违约金。一些银行强制企业部分贷款转为存款，捆绑搭售理财、保险、基金等金融产品。大量小微企业只好通过较高利率的民间借贷解决燃眉之急。

（3）企业技术创新能力较弱。非公有制企业主要集中在劳动密集型、技术含量低的商贸、建筑、制造等传统产业中，战略性新兴产业涉足不多，总体处于产业链底端。大多数中小型企业的创新资源十分匮乏，能力较弱，企业创新投入明显不足。在被调查的企业中，有三分之一的企业研发经费为零，近半数企业没有配备专职研究开发人员。中小企业的名牌产品大多数属于劳动密集型和资源密集型产品，名牌企业在质量管理、品牌知名度、美誉度、市场占有率、科技创新能力、品牌经营等方面都有待进一步提高，大部分企业在生产工艺、管理模式、人才机制等方面过于保守，缺乏核心竞争力。

（4）企业家自身创业激情不足。由于受社会地位、舆论氛围影响，不少企业家不愿再在企业发展上倾注心血，企业缺乏发展活力。

四 加快发展山东省非公有制经济的几点建议

加快发展山东省非公有制经济，要全面贯彻落实党的十八大、十八届三中全会和习近平总书记系列重要讲话特别是视察山东重要讲话精神，坚持改革思路和问题导向，充分发挥市场在资源配置中的决定性作用，放手、放胆、放权，鼓励、支持、引导非公有制经济发展；坚持权利平等、机会平等、规则平等原则，改革创新非公有制经济发展体制机制，着力破解资源、环境等要素制约，着力优化营商环境，大力宣传和表彰非公经济人士先进典型，提高民营企业家创业、创新的积极性，激发民营企业发展的活力和创造力，全力打造山东省经济增长新优势。

（一）强化措施，激发民营企业干事创业活力

（1）强化组织领导。各级党委、政府要强化对发展非公有制经济工作的领导，把非公有制经济发展工作摆上重要议事日程，研究解决重大问题。要深刻领会十八届三中全会对发展非公有制经济的内在要求，彻底淡化所有制概念，以更加解放的思想、更加开放的政策，全面推进山东省非公有制经济跨越发展，为促进非公有制经济发展提供坚强的组织保障。近两年来，浙江省先后召开了首届世界浙商大会、坚定不移推进民企转型升级万人大会，还准备召开全球浙商回乡投资万人大会，在全省营造了发展非公有制经济的良好氛围。吉林、安徽、云南等省也召开了非公有制经济发展大会，出台了一系列有力措施。建议山东省省委、省政府借鉴兄弟省份的做法，把发展非公有制经济提升到省级发展战略层面，作为开展党的群众路线教育实践活动的重要一环，适时召开促进民营经济发展会议和鲁商大会，全面部署促进非公有制经济发展有关工作，出台力度较大，具有公平性、普惠性、导向性和可操作性的政策并推动落实到位，努力营造全国领先的营商环境，促进山东省非公有制经济大发展、大繁荣。

（2）注重评选表彰。深入开展"山东省优秀中国特色社会主义事业优秀建设者""实力百家、创新百强、公益百星"三百评选表彰活动，在全省范围评选一批非公有制企业先进典型及代表人士。建议选择适当时机以省委、省政府名义隆重表彰一批实力较强、发展潜力较大、热心公益慈善事业的非公有制企业，对为全省经济社会发展做出突出贡献的"山东省优秀中国特色社会主义事业建设者"进行隆重表彰，让受表彰的"优秀建设者"享受省"五一"奖章待遇，受表彰的"三百企业"享受一定的优惠政策，突出导向作用，在全省营造党委政府重视、全社会支持促进"两个健康"

的良好氛围。

（3）加强宣传引导。各级党委、政府要加大宣传力度，及时传达中央和山东省关于非公有制经济发展的方针政策，帮助企业准确把握发展方向，调整产业结构，增强发展后劲。要充分利用电视、报纸、网络等各种媒体并开设专频专栏，广泛宣传中央和山东省关于鼓励、支持、引导非公有制经济发展的方针、政策和措施，宣传非公有制经济在建设经济文化强省中的重要地位和作用，宣传非公有制经济人士在诚信经营、创造价值、奉献社会等方面的光荣事迹，在全社会大力营造崇尚创业创新、开明开放、诚信守约、宽容失败、合作共赢的舆论氛围，营造重商、亲商、安商、扶商、富商的良好环境，让创业者和经商者经济上实惠、政治上荣耀、社会上体面，带动更多的有志之士特别是优秀青年增强创业、创新的热情，激发非公有制经济发展活力和创造力，增强山东省非公有制经济发展的内生原动力。

（4）优化营商环境。建立全省推进民营经济发展工作联席会议制度，加强协调配合，统筹拟定民营经济发展战略规划，拟定综合性重大政策，评价和考核发展成效，优化民营企业发展环境。要结合开展党的群众路线教育实践活动，进一步简政放权、转变工作作风，探索开展服务对接、对话交流等活动，建立政法、发改委等联席会议制度，定期听取非公有制经济人士的意见建议，形成问计于企、问政于企、问需于企的长效机制，为非公有制经济发展营造良好的市场、政策、法制和社会环境。积极搭建非公有制经济人士交流合作平台，推动解决企业生产经营中遇到的实际问题，让非公有制经济人士感受到教育实践活动带来的成果，感受到信任和温暖，提升非公有制经济人士对党和政府的信任度。

（二）抢抓机遇，为民营经济转型升级提供动力支持

（1）激发非公有制经济内生动力。2014年是山东省非公有制经济发展难得的机遇之年。上半年要召开全省促进民营经济发展会议，年底前要承办全国工商联十一届三次执委会暨全国知名民营企业家助推山东转调创投资洽谈会。各级各部门要把开好"两个会议"作为促进民营经济发展的重大机遇，推动山东省民营企业积极与全国工商联执委企业、民营企业500强等进行对接，以

商招商,在合作中展现民营经济的优势和活力,提升山东省民营企业发展层次和水平。要积极引导民营经济积极参与"两区一圈一带"建设,在金融、石油、电力、铁路、资源开发、公用事业等领域,向民间资本推出一批含金量高、企业急需、有利于加快转型升级的项目,发挥示范引领作用,加快形成"两区一圈一带"发展的强大合力和持续后劲。要把发展民营经济与推进新型城镇化结合起来,推动民营经济发展阵地前移,解决民营经济发展"城镇热、农村冷"的问题,以产业化推进城镇化,以民营经济的大发展推动城镇化提质加速。出台鼓励农民创业、大学生创业的扶持政策,迅速提高民营经济市场主体户数。

(2)积极发展混合所有制经济。紧紧抓住国家鼓励发展混合所有制经济的大好机遇,先行一步、大胆尝试,推动混合所有制经济加快发展,为全省非公有制经济发展注入强大活力。要深化国有企业改革,降低门槛,放宽市场准入,及时发布国有企业改制重组招股招商信息,支持非公有制企业通过资产收购、产权受让、参股控股、合资合作等多种方式,全面参与国有企业的改制重组,开展与央企、外地国企的合资合作。鼓励发展非公有制资本控股的混合所有制企业,支持国有企业母公司通过出让股份、增资扩股、合资合作引入非公有制资本。创新民间投资进入途径,实施股权出让、组建投资基金、业主招标、特许经营权转让、综合补偿等措施。推动非公有制企业管理转型,建立现代企业制度,实行公司法人治理结构,为与国有资本良性合作奠定制度基础。发展混合所有制经济,要充分考虑非公有制经济人士的感受,坚持"效率优先,自觉自愿,互惠共赢"的原则,不搞"拉郎配"和"硬性摊派"。要取消国有资本的过多行政干预,依法保护非公有资本的参与权、话语权、收益权,保证非公有制财产在混合所有制经济中不受侵犯。

(三)大力鼓励科技创新,用好、重奖科技人才,提升非公有制企业核心竞争力

(1)完善民营科技创新政策。设立科技计划和基金等支持企业技术创新,鼓励企业平等竞争和实施国家科技计划项目;实施税收激励政策,鼓励企业增加研发投入。鼓励民营企业自建技术中心、研究中心、工程中心、产

品中心、创新中心、重点实验室研究开发机构，对达到省级以上标准的，由省级专项资金给予补助，企业所在地政府要配套支持。加大对民营企业研发扶持力度，使民营企业研发机构在承担国家科技任务、人才引进等方面，享受与公办研发机构同等政策。对研发投入达到规定比例的民营企业，同级政府可给予企业研发和技改资金扶持。经省级机构认定的高新技术民营企业迁入山东省后，3年有效期内不再重新认定，享受高新技术企业所得税优惠政策。非公有制企业引进急需且紧缺的高层次外国专家或高技能外国人才以及外省"两院"院士，并签订劳动合同的，政府应在相关专项资金中给予补助。

（2）健全民营科技创新激励机制。对科技创新有特殊贡献的研发机构和人员，同级政府可依据其做出的贡献给予重奖。对建立博士后科研工作站和主持国家标准制定的民营企业，政府给予奖励。鼓励企业兼并国外先进科技型企业和聘用国外专家，经省级主管部门认定后，政府奖励并购资金和聘用费用的10%，由省和当地政府从专项资金中给予补助。在非公有制企业中大胆探索建立按劳分配和按生产要素分配相结合的多元化分配体制，鼓励资本、技术、管理等生产要素参与分配。鼓励非公企业专业技术人员从事科技成果的转化工作，大胆探索和实践科技成果转化的分配形式，充分体现贡献多少收获多少的原则，体现人才的市场价值。

（3）构建民营科技创新服务体系。大力培育技术市场，加快建设省技术产权交易市场，搭建省科技成果转化服务平台，促进科技成果转化和技术转让。积极推进科技资源共享，提高科技资源使用效率。在年度海内外高层次人才招聘中，专门面向非公有制企业发布岗位需求征集通知，为非公有制企业和各类高层次人才搭建引进平台和桥梁。建立和完善非公有制企业专业技术人才职称评定服务工作体系，更好地提供人才评价服务。要进一步落实关于大力引进和培养人才的有关政策规定，为科技人员的自主创新创造良好的制度环境。进一步畅通非公有制企业专业技术人员参选省有突出贡献的专业技术人才、享受省政府特殊津贴专家的渠道。健全各类人员到非公有制企业从业的劳动就业、人事、医疗、社会保障等制度，积极帮助非公有制企业员工解决住房、户籍、子女入托入学等实际困难。

（四）破解发展瓶颈，实现所有市场主体一视同仁、公平竞争

（1）破解资金瓶颈。一要加大政策资金引导扶持力度。建议省级财政设立支持非公有制经济发展专项资金，重点用于技术改造创新、新产品开发、市场开拓等方面。设立省非公有制经济发展基金，基金来源包括财政预算安排、基金收益和捐赠等，重点支持各类处于初创期的高成长性、科技创新型、劳动密集型非公有制企业。各级政府性资金要明确规则、统一标准，对民间投资主体同等对待，不得单独对民间投资主体设置附加条件。对符合有关规定、通过审核的民间投资项目，在安排政府性资金时不得歧视。二要深化金融改革，创新金融服务，解决非公有制企业"融资难""融资贵"问题。建议在全国率先探索成立由民间资本发起设立自担风险的非公有制银行，大力发展农村村镇银行、城镇社区银行，放宽对小额贷款公司、融资性担保公司、资金互助合作社等小型金融机构的限制，推动民间融资阳光化、规范化发展，为小微企业提供多层次融资服务。加大对非公有制金融机构的财税支持力度，全面落实支持小微企业发展的金融政策，加快小微企业信用担保体系建设，建立小微企业贷款风险补偿基金，对金融机构发放小微企业贷款按增量给予适当补助，对小微企业不良贷款损失给予适当风险补偿，提高对非公有制企业的担保增信能力。建立银监部门考核银行、企业评价银行的办法，督促各大国有商业银行和地方银行增加对优良非公有制企业的信用贷款和中长期贷款支持，适当提高不良贷款容忍度，对信贷人员实行尽职免责制度。引导非公有制企业建立企业间的互助基金，以骨干企业为主体，开展互助性信用担保。加快非公有制企业上市培育，大力支持和扶助具有一定规模、发展前景好的成长型非公有制企业上市融资。

（2）破解土地瓶颈。一要保障非公有制企业用地。建议加快推行土地使用权网上招拍挂，保证非公有制企业用地与国有、集体及其他企业用地者享受同等待遇。在年度土地利用计划指标安排上，坚持对非公有制企业和其他各类投资主体一视同仁，统一调剂安排用地指标，更好地缓解非公有制企业用地难问题。建立非公有制骨干企业用地专项保障制度，重点非公有制企业项目用地纳入省级预留用地计划指标予以保障，加大非公有制企业用地供给规模。二要鼓励非公有制企业节约集约用地。建议采取土地优惠政策与集约用地挂钩的办法，引导非公有制企业提高土地利用率。大力推行"飞地经济"模式，通过健全税收分成、强化用地保障等激励措施，鼓励招商引资的新上工业项目集中连片建设、集群发展。利用闲置房产和厂房发展楼宇经济，为中小微企业提供经营场所。对于优先优惠配置给项目的土地，可采取先租后征的方式，先出租给企业，待企业使用若干年后，视其投入产出情况再决定是否出让，切实防止土地征而未用、浪费土地现象的发生。

（3）破解人才瓶颈。实施非公有制企业家培养工程。将对非公有制企业家的培训工作纳入省级人才规划，作为各级党校、行政学院、社会主义学院的重要培训内容，培育一批有理想、有抱负、有创业精神的现代鲁商。建立健全职业经理人制度，创造有利于职业经理人生长的环境，积极培养和引进高素质职业经理人。建立规范有序的职业经理人市场，建立统一的职业经理人才信息库，降低企业与职业经理人的信息搜寻成本，减少信息不对称带来的负面影响。加强制度建设，建立职业经理人评价标准和激励机制，促进职业经理人加强自律，规范职业道德。加强高等院校和非公有制企业对接合作，共建高技能人才"订单式"培养示范基地。非公有制企业引进急需紧缺的高层次外国专家或高技能外国人才以及外省"两院"院士，并签订劳动合同的，政府应在相关专项资金中给予补助。聘请省外优秀非公有制企业家担任省政府经济顾问，为山东省非公有制经济发展提供意见和建议。

（五）加强服务体系建设，提升服务非公有制经济发展的能力和水平

（1）提高政府服务水平和效率。结合当前正在开展的党的群众路线教育实践活动，进一步转变政府职能、简政放权，下放行政审批权限，凡是下级行政机关实质性审查、上级行政机关只作程序性审查的审批事项，一律采取授权或委托方式下放到下级行政机关办理。全面推行并认真落实政务服务公开、政务服务承诺制，办事时限既有法律规定又有承诺规定的，一律按承诺规定限时办结。加快电子政务建设，积极推行网上咨询、预审，全面推行网上审批、并联审批，相关职能部门要互联互通、平行运作，实行"一站式"服务。按照"法无授权不可为"的原则，编制并公开部门"执法权力清单"，严格依照法定

权限和程序行使权力、履行职责。整合行政执法主体，相对集中执法权，推进跨部门、跨行业综合执法。推行行政执法责任制，对于行政不作为和执法不当造成非公有制企业利益受损害的，要求相关人员依法予以赔偿，并追究其责任。

（2）完善社会化服务体系。整合协调各类服务资源，建立以政府公共服务为引导、公益性服务为基础、商业性服务为支撑的企业社会化综合服务体系。通过引导社会投资、财政资金支持等多种形式，培育一批支持带动能力强、具有共性服务功能的企业公共服务平台。推动平台网络建设，实现各类服务平台互联互通、资源共享。受财政资助的科技平台、科研设施等专业技术服务资源，要向所有企业提供开放性服务，适当减免中小微企业使用费。规范推进政府向社会力量购买服务的工作，坚持公开、公平、公正原则，通过竞争择优方式选择承接主体，激发社会组织、机构和企业等社会力量的活力。强化对承接主体职能完成情况的监督，建立奖惩制度，规范承接职能转移资质。规范中介机构涉企收费，对非公有制企业中介机构服务费给予适当减免，切实减轻企业负担。取消依附于行政许可的各种中介服务，引导和扶持集中建设中介服务超市，企业在中介服务超市中自由选择中介服务商，提高服务效率、降低服务成本、提升服务质量。

（3）充分发挥工商联及各类行业商会协会作用。重点培育、优先发展中国特色社会主义行业商会协会，探索一业多会，引入竞争机制。成立行业商会协会，直接向民政部门依法申请登记，并限期实现行业商会协会与行政机关脱钩。鼓励、支持和引导行业商会协会自愿加入工商联组织，充分发挥工商联在行业商会协会改革发展中的促进作用，指导和推动商会组织完善法人治理结构、规范内部管理、依照法律和章程开展活动，充分发挥宣传政策、提供服务、反映诉求、维护权益、加强自律的作用。支持工商联参与制定行业协会商会政策法规的有关工作。发挥工商联作为民营经济领域协商民主的重要渠道的作用，更加活跃有序地组织工商界的界别协商。鼓励和扶持各类行业商会协会建设总部基地，鼓励行业企业入驻总部大楼，发挥资源共享优势，形成集聚效应，增强对外辐射能力，增强服务民营经济的功能。积极推动个体私营经济协会工作转型发展，成立市、县工商机关个体私营经济服务中心，围绕个体私营企业的现实需求，不断强化服务理念，完善服务体系，创新服务手段，积极为民营企业提供创业培训、政策咨询、法律维权、就业指导、人才交流等服务，支持创业创新。

（4）切实维护非公有制企业合法权益。非公有制企业的合法权益受法律保护不可侵犯。没有法律依据、未经法定程序，不得查封、扣押、冻结、侵占非公有制业户的财产和资金。进一步加强对非公有制企业合法权益的立法保护，研究制定涉及非公有制企业重大权益的地方性法规和政策规定时，要听取有关商会、非公有制企业代表及社会各界的意见和建议，充分反映非公有制企业的合理诉求。畅通行政复议渠道，加强行政救济和司法救济，依法保护非公有制企业主的人身权、名誉权、经营权和财产权以及非公有制企业的字号、专利、商标、商业秘密等知识产权，依法打击侵害非公有制企业合法权益的违法犯罪行为。建立统一的非公有制企业投（申）诉和受理平台，进一步完善非公有制企业维权投诉和处理保障机制。完善经济纠纷调解、仲裁、诉讼协调解决机制，及时有效化解非公有制业户各类纠纷。严格规范企业收费行为，除国家法律法规、国务院财政、物价主管部门和省人民政府规定的收费项目外，任何部门和单位不准向非公有制企业收费、罚款、集资和摊派。

（六）健全完善工作机制，为非公有制经济发展提供制度保障

从一定程度上讲，山东省发展非公有制经济不缺政策，缺的是政策的真正落实。只有全力整治政策落实中的"中梗阻""底梗阻"现象，确保基础政策落实到位，才能从根本上实现非公有制经济发展有大的起色。一要积极开展发展非公有制经济政策的宣传培训，省、市、县主管部门要将发展非公有制经济政策作为每年的宣传工作重点，并列入当年培训计划。组织编印宣传培训资料，通过媒体新闻报道、刊发专版、播出专题片等方式，定期对社会公众进行系统宣传。有计划地对非公有制企业和个体工商户代表进行免费培训。二要构建发展非公有制经济政策信息发布专业平台。进一步完善山东省中小企业信息网，构建覆盖全省各市县的发展非公有制经济政策信息发布专业平台。全方位发布山东省现行的发展非公有制经济政策的信息，并分门别类地进行政策解读。设立全省统一的中小企业服务热线，为中小企业提供政策咨询、反映服务需求的渠道。三要建立政策落实评估机制。依托工商联组织，对各职能部门出

台的政策开展第三方独立评估，形成评估报告，积极反映政策落实过程中存在的问题，推动政策制定更加科学合理，落实更加到位。四要建立问责机制，省里成立专项工作组，通过抽查、暗访等多种形式，对各地落实发展非公有制经济政策情况进行监督检查，发现政策不落实、落实不到位问题，追究相关领导责任。五要强化对各市发展非公有制经济工作考核，将考核结果作为评先树优、提拔使用干部的重要依据。六要设立非公有制企业行政投诉救助机制，对非公有制企业的投诉，相关部门要认真处理，并及时向投诉企业反馈办理情况。对于玩忽职守、贻误工作等违纪行为，依照党纪政纪有关规定，严肃追究相关人员责任。

（七）强化对非公有制经济人士的政治引导，加大安排使用力度

非公有制经济和非公有制经济人士二者天然不可分割。对非公有制经济人士做思想政治工作的水平直接影响到非公有制经济的发展水平。特别是在经济社会深刻转型期，内外部环境较为复杂，思想观念多元多样多变，重视和加强政治引导、做好非公有制经济人士的思想政治工作尤为必要。

（1）政治上充分肯定非公有制经济人士的地位和作用。在推动公有制经济发展中，各级党委、政府要切实转变重视招商引资而疏于引导教育、关注经济增长而忽视人的健康成长等"见物不见人"的错误观念，高度重视做好非公有制经济人士的思想政治工作。建议党委和政府都要建立经常同非公有制经济人士沟通交流的联席会议制度，每年听取一次非公有制经济人士队伍建设工作汇报，召开一次非公有制经济发展工作座谈会，听取他们的意见和建议，帮助解决思想上的主要困惑和发展中的突出问题。要做好非公有制经济人士的政治安排工作，拓宽政治参与渠道，引导非公有制经济人士积极参加政治生活和社会事务，提高非公有制经济人士在人大代表、政协委员中的比例。发展和吸纳工商联会员中的非公有制经济人士加入民主党派，在同党委统战部交流情况、交换意见的同时，应听取所在地方工商联党组的意见。党委宣传部门和新闻媒体，要坚持以正面引导为主，重视宣传先进典型，摘掉社会上的"有色眼镜"，"医治"仇富心理，形成尊重非公有制经济人士、崇尚创业创新的良好氛围，让他们切身感受到应有的信任和尊重。党委、政府要指导和支持工商

联做好非公有制经济人士的思想政治工作，将对非公有制经济人士的教育培训纳入同级人才培训计划，给予必要的经费保障。建议省里组织开展贯彻落实《中共中央国务院关于加强和改进新形势下工商联工作的意见》（中发〔2010〕16 号）和《中共山东省委、山东省人民政府贯彻〈中共中央国务院关于加强和改进新形势下工商联工作的意见〉的实施意见》（鲁发〔2011〕6 号）专项督察活动。建议适时召开全省非公有制经济人士思想政治工作会议，总结工作经验，研究非公有制经济人士成长规律，提出新形势下加强和改进工作的任务措施。

（2）实现非公企业党建工作与企业生产经营互融互促。非公有制经济党建工作是党的建设的重要内容，是增强党的执政能力的现实需要，也是非公有制企业做大做强做久的迫切要求。要完善党委统一领导、党委组织部牵头抓总、非公有制经济组织党工委统筹负责、有关部门协同配合的民营企业党建工作领导体制和工作机制。省非公有制组织党工委负责统筹协调和指导全省非公有制经济组织的党建工作，宣传和贯彻党的路线、方针、政策，促进中央和省委各项决策部署在非公有制经济组织的贯彻落实，指导各级非公有制经济组织党工委抓好非公有制经济组织的党建工作。积极推动非公有制企业建立党组织，不断扩大党的组织覆盖和工作覆盖。探索建立党组织发挥实质性作用的工作制度和保障机制，按照企业需要、党员欢迎、职工赞成的原则，把党组织活动与企业生产经营管理紧密结合起来，实现目标同向、互促共进，以更好地发挥企业党组织在促进民营经济发展中的重要作用。以党建带动群团组织建设，建立健全民营企业工会、妇联、共青团等群团组织，鼓励和支持其积极开展群众工作、妇女工作、青年工作，服务职工群众，服务企业生产经营，维护职工合法权益。强化各级党委对民营企业党建工作的领导，落实民营企业党建工作责任制，健全和完善考核评价体系，鼓励和支持非公有制经济组织党建工作探索创新。

（3）建立非公有制经济人士理想信念教育实践活动长效机制。2013 年以来在全省范围内开展的非公有制经济人士理想信念教育实践活动，突出"民营企业家与中国梦"的主题，把解决思想问题与解决实际问题紧密结合，取得了显著成效，对于进一步增强非公有制经济人士做大做强企业的信心，推动

非公有制经济加快发展发挥了重要作用。建议党委、政府积极支持统战部、工商联继续深入开展好这项活动，培育、深化、创新工作品牌，深化对非公有制经济人士思想政治工作规律性的认识，把实践证明行之有效的做法固定下来，形成长效机制，在更大范围、更高层次上推动山东省非公有制经济健康发展和非公有制经济人士健康成长。

课题组组长：颜世元

课题组副组长：孙孺声

课题组成员：栾文通　司学志　李承新　于宝莲　李　涛

社会科学文献出版社

皮书系列

"皮书"起源于十七、十八世纪的英国,主要指官方或社会组织正式发表的重要文件或报告,多以"白皮书"命名。在中国,"皮书"这一概念被社会广泛接受,并被成功运作、发展成为一种全新的出版形态,则源于中国社会科学院社会科学文献出版社。

皮书是对中国与世界发展状况和热点问题进行年度监测,以专业的角度、专家的视野和实证研究方法,针对某一领域或区域现状与发展态势展开分析和预测,具备权威性、前沿性、原创性、实证性、时效性等特点的连续性公开出版物,由一系列权威研究报告组成。皮书系列是社会科学文献出版社编辑出版的蓝皮书、绿皮书、黄皮书等的统称。

皮书系列的作者以中国社会科学院、著名高校、地方社会科学院的研究人员为主,多为国内一流研究机构的权威专家学者,他们的看法和观点代表了学界对中国与世界的现实和未来最高水平的解读与分析。

自20世纪90年代末推出以《经济蓝皮书》为开端的皮书系列以来,社会科学文献出版社至今已累计出版皮书千余部,内容涵盖经济、社会、政法、文化传媒、行业、地方发展、国际形势等领域。皮书系列已成为社会科学文献出版社的著名图书品牌和中国社会科学院的知名学术品牌。

皮书系列在数字出版和国际出版方面成就斐然。皮书数据库被评为"2008~2009年度数字出版知名品牌";《经济蓝皮书》《社会蓝皮书》等十几种皮书每年还由国外知名学术出版机构出版英文版、俄文版、韩文版和日文版,面向全球发行。

2011年,皮书系列正式列入"十二五"国家重点出版规划项目;2012年,部分重点皮书列入中国社会科学院承担的国家哲学社会科学创新工程项目;2014年,35种院外皮书使用"中国社会科学院创新工程学术出版项目"标识。

法 律 声 明

　　"皮书系列"（含蓝皮书、绿皮书、黄皮书）由社会科学文献出版社最早使用并对外推广，现已成为中国图书市场上流行的品牌，是社会科学文献出版社的品牌图书。社会科学文献出版社拥有该系列图书的专有出版权和网络传播权，其 LOGO（ ▚ ）与"经济蓝皮书"、"社会蓝皮书"等皮书名称已在中华人民共和国工商行政管理总局商标局登记注册，社会科学文献出版社合法拥有其商标专用权。

　　未经社会科学文献出版社的授权和许可，任何复制、模仿或以其他方式侵害"皮书系列"和 LOGO（ ▚ ）、"经济蓝皮书"、"社会蓝皮书"等皮书名称商标专用权的行为均属于侵权行为，社会科学文献出版社将采取法律手段追究其法律责任，维护合法权益。

　　欢迎社会各界人士对侵犯社会科学文献出版社上述权利的违法行为进行举报。电话：010－59367121，电子邮箱：fawubu@ ssap. cn。

社会科学文献出版社